内部統制の有効性と
コーポレート・ガバナンス

著
藤原英賢
Fujiwara Hidetaka

A Study of the Relationship between
Effectivity of Internal Control and
Characteristics of Corporate Governance

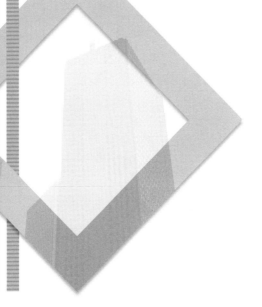

同文舘出版

はしがき

　内部統制への関心が高まっている。この背景には会社法と金融商品取引法における内部統制報告制度の導入がある。経営者による内部統制の有効性の評価とその結果の報告によって，これまで外部から確認できなかった内部統制の問題を識別することができるようになった。わが国では内部統制報告制度導入前後からこの制度に関わる研究報告が増加した。

　こうした社会的背景のもと，本研究の目的は，開示された内部統制の問題とコーポレート・ガバナンスの関係を検証し，わが国の内部統制の問題の開示要因を明らかにすることである。内部統制とともにコーポレート・ガバナンスは近年注目されている。2015（平成27）年には日本版コーポレートガバナンス・コードが導入された。わが国の経営者を規律付ける仕組みとしてのコーポレート・ガバナンスが有効に機能することで，その役割である内部統制の整備，運用，評価と開示が適切に遂行されることが期待される。一方で，コーポレート・ガバナンスが有効に機能することを阻害する要因もある。こうした要因が内部統制の開示にどのような影響を及ぼすのかを検証した。

　わが国企業は岐路に立たされている。年功序列や終身雇用が崩れつつある今，従業員の忠誠心によって規律を維持することが困難になりつつある。従業員が組織の目的を理解し，ルールを守りながら業務に従事するためには有効な内部統制が必要になるだろう。事業活動の大規模化・国際化によって従業員が適切に業務を遂行しているのかどうかを経営者が把握することも難しくなっている。それに対する不信は厳格なルールを従業員に押し付けることで安心する経営者を生み出すことになるのだろう。

　会社で多くの人間が働いている。経営者から最前線で働く従業員がお互いを信頼し，会社の目的を達成するために日夜努力している。また投資家は会社の事業活動やそれを反映する財務報告を信頼し，投資する。こうした信頼関係の基礎に内部統制やコーポレート・ガバナンスがある。こうした考えを背景にして内部統制とコーポレート・ガバナンスに着目した。

本研究はコーポレート・ガバナンスの機能を阻害する危険性がある要因や有効性を高める要因が内部統制の問題開示にどのような影響を与えているのかを検証した。両者の関係を明らかにすることは，内部統制やコーポレート・ガバナンスの機能が財務報告の品質や証券市場に与える影響に関する検証の基礎を提供する。

　以下本研究を遂行する際にお世話になった皆様にお礼申し上げる。東北大学経済学部に入学して以降，高田敏文先生には常に研究と教育の重要性をご指導いただいた。先生のご指導がなければ今の私はなかった。勉強不足でいろいろなご迷惑をおかけしたにもかかわらず辛抱強く見守っていただいたことに深く感謝している。研究と教育を通じて先生の学恩に報いたいと考え，努めていることでご海容いただきたい。

　最初の就職先である愛知淑徳大学ビジネス研究科の先生方にもお礼申し上げる。特に石川雅之先生と三浦克人先生にはお世話になった。そして次の就職先である追手門学院大学の先生方には研究上のご配慮をいただいている。川端保至先生，李建先生，山下克之先生，宮宇地俊岳先生，井上秀一先生には大変お世話になっている。すでに他大学へ移られたが梶原晃先生には就職時よりご指導・ご配慮の方いただいた。改めてお礼申し上げる。

　私が大学院時代からご指導いただいた諸先輩方・後輩の皆様にもお礼申し上げる。及川拓也先生（千葉商科大学），高橋美穂子先生（東北大学），大橋良生先生（会津大学短期大学部）には常日頃よりご指導をいただいている。東北大学で事務補佐員として働いていたときの同僚である井上美恵子氏にも感謝申し上げる。

　この研究の基礎となった部分については，日本監査研究学会第36回全国大会で報告した研究，日本会計研究学会第74回大会で報告した内容が含まれている。これらの報告に際し，伊豫田隆俊先生（甲南大学），浅野信博先生（大阪市立大学）をはじめ参加していただいた先生から有益なコメントを頂戴した。

　また，東北会計研究会，監査研究会で報告した内容も本研究の一部を構成している。参加していただいた先生，大学院生から有益なコメントを頂戴した。木村史彦先生（東北大学）と町田祥弘先生（青山学院大学）をはじめとする諸先

生方にお礼申し上げる。

　本研究については，愛知淑徳大学研究助成，一般社団法人日本内部監査協会2012年度研究助成，追手門学院大学若手研究奨励費のご支援を受けた。改めてお礼申し上げる。

　本書の出版を引き受けていただいた同文舘出版株式会社にもお礼申し上げる。中島治久氏，青柳裕之氏そして有村知記氏には大変お世話になった。心からの感謝を申し上げ，謝辞としたい。

　この研究成果の刊行については独立行政法人日本学術振興会平成28年度科学研究費助成事業（科学研究費補助金）研究成果公開促進費（学術図書）に採択され，交付を受けることとなった。ここに心よりの謝意を申し上げる。

　最後に家族へ感謝申し上げる。生来怠け者のわたしを励ましてくれた妻理穂，そして義父曠一，義母かおるにお礼申し上げる。

はしがき　i

第1章　本研究の目的と背景
- Ⅰ　本研究の目的 …………………………………………………… 4
- Ⅱ　本研究におけるコーポレート・ガバナンスの意義 ………… 6
- Ⅲ　コーポレート・ガバナンスと内部統制 ……………………… 10
- Ⅳ　本研究の構成 …………………………………………………… 11

第2章　内部統制の概念整理
- Ⅰ　問題の所在 ……………………………………………………… 16
- Ⅱ　内部統制の定義 ………………………………………………… 17
  1．わが国における内部統制の定義 …………………………… 17
  2．COSOによる定義 …………………………………………… 20
  3．内部統制の目的 ……………………………………………… 25
  4．内部統制の基本的要素 ……………………………………… 35
- Ⅲ　内部統制に関する議論の変遷 ………………………………… 51
  1．わが国における内部統制議論 ……………………………… 51
  2．アメリカにおける内部統制議論 …………………………… 57
- Ⅳ　内部統制の限界 ………………………………………………… 60

第3章　内部統制報告制度の概観
- Ⅰ　内部統制報告制度導入前史 …………………………………… 68
- Ⅱ　内部統制基準での経営者による内部統制報告 ……………… 81
  1．内部統制報告の意義 ………………………………………… 81
- Ⅲ　内部統制基準における内部統制監査 ………………………… 88
  1．内部統制監査の意義 ………………………………………… 88
  2．内部統制監査に関する監査手続 …………………………… 92
  3．財務諸表監査と内部統制監査の関係 ……………………… 96
  4．内部統制監査報告書 ………………………………………… 101

- Ⅳ　内部統制監査に係るコスト負担の軽減 …………………………… 108
  - 1．トップダウン型のリスク・アプローチの活用 ……………… 109
  - 2．内部統制の不備の区分 ………………………………………… 110
  - 3．ダイレクト・レポーティングの不採用 ……………………… 110
  - 4．内部統制監査と財務諸表監査の一体的実施 ………………… 112
  - 5．内部統制監査のコスト ………………………………………… 113
- Ⅴ　内部統制報告制度改訂の動き ………………………………………… 117
  - 1．改訂の背景 ……………………………………………………… 117
  - 2．主な改訂点 ……………………………………………………… 118
  - 3．アメリカでの内部統制監査の改訂 …………………………… 124

第4章　内部統制の問題とその開示

- Ⅰ　本章の課題とその背景 ………………………………………………… 128
- Ⅱ　内部統制の問題の意義 ………………………………………………… 130
  - 1．内部統制の問題の定義 ………………………………………… 130
  - 2．内部統制の問題開示に係る問題 ……………………………… 135
  - 3．内部統制の問題と不正 ………………………………………… 138
- Ⅲ　先行研究の概観 ………………………………………………………… 140
  - 1．わが国における実態調査の結果 ……………………………… 140
  - 2．問題の要因分析又は開示に係る要因分析 …………………… 142
- Ⅳ　わが国における内部統制の問題開示会社の実態調査 ……………… 153
  - 1．記述的調査 ……………………………………………………… 153
  - 2．内部統制の問題開示会社と対照企業の選択 ………………… 157
  - 3．比較調査 ………………………………………………………… 161
- Ⅴ　小括 ……………………………………………………………………… 180

第5章　内部統制の問題開示と経営者の性質

- Ⅰ　問題の所在 ……………………………………………………………… 184
  - 1．本章の目的と背景 ……………………………………………… 184
  - 2．制度的背景 ……………………………………………………… 185
  - 3．本章の構成 ……………………………………………………… 187
- Ⅱ　先行研究の概観 ………………………………………………………… 188
- Ⅲ　リサーチ・デザイン …………………………………………………… 192
  - 1．仮説 ……………………………………………………………… 192

2．検証方法 ……………………………………………… 193
Ⅳ　検証結果の解釈 ………………………………………… 194
　　1．記述統計量の結果 …………………………………… 194
　　2．平均値の差の検定の結果 …………………………… 195
　　3．仮説の検証結果 ……………………………………… 196
Ⅴ　小括 ……………………………………………………… 198

第6章　内部統制の問題開示と取締役会の性質

Ⅰ　問題の所在 ……………………………………………… 202
　　1．本章の目的と背景 …………………………………… 202
　　2．制度的背景 …………………………………………… 203
　　3．本章の構成 …………………………………………… 206
Ⅱ　先行研究の概観 ………………………………………… 207
Ⅲ　リサーチ・デザイン …………………………………… 212
　　1．仮説 …………………………………………………… 212
　　2．検証方法 ……………………………………………… 213
Ⅳ　検証結果とその解釈 …………………………………… 214
　　1．記述統計量 …………………………………………… 214
　　2．平均値の差の検定の結果 …………………………… 214
　　3．仮説の検証結果 ……………………………………… 215
Ⅴ　小括 ……………………………………………………… 216

第7章　内部統制の問題開示と社外取締役の性質

Ⅰ　問題の所在 ……………………………………………… 220
　　1．本章の目的とその背景 ……………………………… 220
　　2．制度的背景 …………………………………………… 221
　　3．本章の構成 …………………………………………… 222
Ⅱ　先行研究の概観 ………………………………………… 223
Ⅲ　リサーチ・デザイン …………………………………… 226
　　1．仮説 …………………………………………………… 226
　　2．検証方法 ……………………………………………… 227
Ⅳ　検証結果とその解釈 …………………………………… 228
　　1．記述統計量 …………………………………………… 228

         2．平均値の差の検定の結果 ································ 229
         3．仮説の検証結果 ······································ 230
    Ⅴ　小括 ·· 231

第8章　内部統制の問題開示と監査役の性質

    Ⅰ　問題の所在 ·· 234
         1．本章の目的と背景 ···································· 234
         2．制度的背景 ·· 236
         3．本章の構成 ·· 238
    Ⅱ　先行研究の概観 ·· 238
    Ⅲ　リサーチ・デザイン ······································ 244
         1．仮説 ·· 244
         2．検証方法 ·· 247
    Ⅳ　検証結果とその解釈 ······································ 248
         1．記述統計量 ·· 248
         2．平均値の差の検定の結果 ······························ 249
         3．仮説の検証結果 ······································ 250
    Ⅴ　小括 ·· 252

第9章　内部統制の問題開示と内部監査の性質

    Ⅰ　問題の所在 ·· 256
         1．本章の目的とその背景 ································ 256
         2．制度的背景 ·· 257
         3．本章の構成 ·· 258
    Ⅱ　先行研究の概観 ·· 258
    Ⅲ　リサーチ・デザイン ······································ 265
         1．仮説 ·· 265
         2．検証方法 ·· 265
    Ⅳ　検証結果とその解釈 ······································ 266
         1．記述統計量 ·· 266
         2．平均値の差の検定の結果 ······························ 266
         3．仮説の検証結果 ······································ 267
    Ⅴ　小括 ·· 268

第10章　内部統制の問題開示と所有構造の関係

- Ⅰ　問題の所在 ……………………………………………………………… 270
  - 1．本章の目的とその背景 ……………………………… 270
  - 2．本章の構成 …………………………………………… 272
- Ⅱ　先行研究の概観 ………………………………………………………… 272
- Ⅲ　リサーチ・デザイン …………………………………………………… 273
  - 1．仮説 …………………………………………………… 273
  - 2．検証方法 ……………………………………………… 275
- Ⅳ　検証結果とその解釈 …………………………………………………… 276
  - 1．記述統計量 …………………………………………… 276
  - 2．平均値の差の検定の結果 …………………………… 277
  - 3．仮説の検証結果 ……………………………………… 278
- Ⅴ　小括 ……………………………………………………………………… 279

第11章　本研究のまとめと今後の課題

- Ⅰ　本研究のまとめ ………………………………………………………… 282
  - 1．研究目的からみた本研究の調査結果 ……………… 282
  - 2．本研究の成果の意義 ………………………………… 283
- Ⅱ　今後の課題 ……………………………………………………………… 285

参考文献　289
索　　引　311

内部統制の有効性と
コーポレート・ガバナンス

第 *1* 章

本研究の目的と背景

I 本研究の目的

　本研究の目的は，コーポレート・ガバナンスの性質が内部統制[1]の問題開示要因となるのかどうかを検証し，内部統制の問題が存在している場合に，経営者の開示行動に影響する要因を特定することである。内部統制の問題開示については経営者が開示する内部統制報告書の情報を利用した。

　内部統制への関心はここ数年高まっている。それは会社法で内部統制の構築が義務付けられたことを背景にしているのであろう。経営者は内部統制の構築と整備・運用だけではなく，その状況を評価し，その結果を開示する。そして評価結果の適正性について監査を受けなければならない。内部統制報告制度の導入によってわが国企業の内部統制への関心は確かに高まった。一方で，この関心の高まりは「制度にどのように対応したらよいか」や「効率よく制度が求める内容を達成するためにはどうしたらよいのか」といったものになっている可能性もある。「適正な内部統制がいったい会社に何をもたらすのだろうか」や逆に「内部統制に問題があった場合，会社にどのような問題をもたらすのだろうか？」といった疑問についての報告はわずかである。内部統制報告制度の導入の関心を集めるようになったけれども，もしかするとそれは制度導入に対する関心であって内部統制に対するものではないかもしれない。

　本研究は内部統制の問題の開示要因に着目している。ここで内部統制の問題とは，内部統制報告書で開示された重要な欠陥もしくは開示すべき重要な不備をいう。内部統制報告制度導入以降のアーカイバルデータを利用した開示要因に係る研究は内部統制の問題の開示の有無に帰着する。この視点での問題は，内部統制の問題開示の有無は，内部統制の問題が存在したのか否か，そして内部統制の問題が存在している場合，それを開示するのか否かと段階を踏んで検討することになることである（図表1−1参照）。外部から確認できるのは，会社が内部統制の問題を開示したのか否かだけである。内部統制の問題が開示さ

---

[1] 本研究では特に指定しない場合や基準で明確に示されている場合を除いて財務報告に係る内部統制を指す。

図表1-1　内部統制の問題開示のプロセス[2]

```
                    ○
          ┌─────────┴─────────┐
     内部統制に              内部統制に
     問題あり                問題なし
   ┌─────┴─────┐                │
 内部統制の   内部統制の        内部統制の
 問題開示     問題不開示        問題不開示
```

れていない場合，内部統制の問題の有無については判断できないのである。この問題は内部統制の問題を生じさせる要因の特定を困難なものにしている。会社に特定の要因を植え付けたり，組織を変更させたりすることでそれらが内部統制の問題を発生させるのかどうかを検証することはできない。介入できない条件では，何が内部統制の問題を生じさせているのかを検証することは非常な困難を伴う。本研究が内部統制の問題の開示に着目しているのは，こうした理由である。

本研究では内部統制の問題が存在している企業群とそれが存在している可能性が高い対照企業群を比較することでコーポレート・ガバナンスの性質による影響を特定しようと試みた。対照企業群は，内部統制の問題が生じる要因，例えば収益性の悪化の程度等が近いことを基準として選択した。傾向スコア・マッチングと呼ばれる手法で検証対象を選択している。

海外のアーカイバルデータを利用した先行諸研究でコーポレート・ガバナン

---

[2] 内部統制の問題がないにもかかわらず，内部統制の軽微な不備を拡大解釈し，それを問題として開示する可能性もある。内部統制の問題を開示せずに不正が露見した場合，経営者の管理責任が強く問われるのなら，こうした行動を選択することはあり得る。わが国の開示実務の現状を踏まえると，内部統制の問題を開示するよりも開示しないことを選択する傾向があるため，内部統制の問題がない会社で内部統制の問題を開示しているケースを除外した。

スの性質と内部統制の問題の開示との関係を検証したものが散見されるものの，その結果は一貫していない。先行諸研究が背景としているコーポレート・ガバナンスの内容は，本研究が対象とする日本企業のそれとは異なることが指摘されている。また法制度や会社文化が異なるため，その検証結果をわが国に適用することで得られる知見は限定的なものになるだろう。本研究の意義は両者の関係に係る議論について新たな視点と証拠を提供することにある。

　内部統制への関心は「適正な内部統制が会社に何をもたらすのか？」又は「内部統制の問題は会社に何をもたらすのか？」とするのなら，「内部統制の問題を開示する要因は何か」を検証することとの関係を明らかにしておく必要がある。本研究の課題は基礎的なものと位置づけている。図表1-1に立ち返れば，内部統制の問題の有無と問題開示の有無が必ずしも一致していない。内部統制の問題が開示されていないことは内部統制の問題が存在しないことにはならないのである。内部統制の問題の開示については問題の存在以外の要因が働いていることを意味している。その要因を特定することで最初の課題の解決に貢献することになる。本研究の課題を解決し，検証することは内部統制研究に一定の意義がある。

II　本研究におけるコーポレート・ガバナンスの意義

　本研究は内部統制の問題開示とコーポレート・ガバナンスの性質の関係を検証する。内部統制については後章で説明することになるが，ここではコーポレート・ガバナンスの意義について概観する。コーポレート・ガバナンスについては多くの研究が報告されている。海道（2009）は狭義のコーポレート・ガバナンス概念とは，取締役会に代表されるトップ・マネジメント機関の構造と機能あるいは取締役会の意思決定における株主の権利の問題を指し，広義のコーポレート・ガバナンス概念とは公開企業とは何をするのか，誰が会社を支配するのか，企業活動から生じるリスクや収益をどのように負担・分配するのかについて把握されるものである，としている。「コーポレート・ガバナンスとは何か」について検討すればここから延々と説明することになり，本題に入るこ

とはできなくなるだろう。本研究に関わる部分についてその概観を示していく。

コーポレート・ガバナンスとは何かについて多数の報告がある。例えば、胥 (1998) によるとコーポレート・ガバナンスは安易な破産、無配をさせない仕組みであるとしている。これは会社が株主利益を最大化し、長期的に安定した経営を行うためにコーポレート・ガバナンスが不可欠であることを背景にしていると解するが、この視点での定義は他でもなされている。土屋 (2006) の定義は「企業主権者、すなわち企業所有者は株主であり、株式会社は株主の利益を最大化するように統治されなければならない」である。この定義はBerle and Means (1932) にはじまる所有と経営の分離に基づくものである。会社の所有者を株主と定義し、経営の執行については株主では困難が伴うので、専門的能力や知識を有している経営者に委ねている。経営を委ねられる経営者は株主からその執行を常時監視されているわけではない。そのため株主の利益と経営者の利益が相反する際に後者を優先する危険性がある。こうした行動を野放しにしていると所有者の利益に貢献する経営は実現しない。経営者を監視する仕組みを設置することで株主利益の最大化を実現しようとするものである。この定義にも議論の余地が残されている。例えば、会社の所有者は株主であるが、会社の運営資金を融資する債権者や工場・店に隣接する住民等の利益と株主利益との相反をどのように解決するのだろうか。具体的にいえば、工場排水を浄化する設備を導入することは地域住民の生活を守るために必要であるが、株主に直接利益をもたらすわけではない。さてどうしたものか。この例でも分かる通り、現代の企業は株主だけではなく多くのステークホルダーを考慮する必要がある。もう一つの議論は株主利益を最大化すると簡単にいうけれども株主の利益とはいったい何かに関するものである[3]。長期保有を予定する株主と短期保有目的の株主とでは利益が相反する可能性がある。この場合どのように利害を調整すればよいのだろうか。

こうした議論を背景としていると解しているが、最近の研究や制度における定義は変化している。例えば、小佐野 (2001)、宮島 (2011) はコーポレート・

---

[3] 淵田 (2013) は株主主権論やそれを基礎とするコーポレート・ガバナンス理論が実証的に支持されていない場合、今後のコーポレート・ガバナンス理論はどうあるべきかを検討している。

ガバナンスをステークホルダー全体の経済的厚生の増進を図るために経営者を規律付ける制度的仕組みのデザインと捉え，その具体的な目的を長期的な企業価値の最大化としている。また，向山（1999）はコーポレート・ガバナンスを企業のパワーバランスの問題と捉え，狭義には意思決定の中心に位置する経営者と株主・債権者との間の権利と義務，権力行使と責任の構造としている。久保克行（2010）はコーポレート・ガバナンスとは様々な利害関係者の利害を経営者の意思決定に反映するための仕組みであるとしている。

　実務上の定義として日本版コーポレートガバナンス・コードを挙げておく。2015（平成27）年に公表された[4] 日本版コーポレートガバナンス・コード[5] では，コーポレート・ガバナンスは「会社が，株主をはじめ顧客・従業員・地域社会等の立場を踏まえた上で，透明・公正かつ迅速・果断な意思決定を行うための仕組み」と定義される[6]。本研究の対象である内部統制は会社全体に関わるものなのだからそれに対応するコーポレート・ガバナンスの定義は株主のみに着目するわけにはいかない。本研究ではコーポレート・ガバナンスを後者の視点で定義する。

　コーポレート・ガバナンスの定義とあわせてわが国企業のコーポレート・ガバナンスの特徴についても概観しておく必要がある。戦後日本企業はアメリカ

---

[4] 東京証券取引所は2004年に「上場会社コーポレート・ガバナンス原則」を公表している。この原則は2009年に改訂された。また2014年にはスチュワードシップ・コードが公表されている。

[5] 1999年5月に経済協力開発機構（OECD）からコーポレート・ガバナンス原則が公表された。OECD原則は各国のコーポレート・ガバナンスに対する法的・制度的な規制上のフレームワークの評価と改善を支援するとともに，健全なガバナンスの発展プロセスにおいてその役割を果たしている証券取引所，投資家，企業およびその他の利害関係者に対して指針と示唆を与えることを意図している。また健全なガバナンスの基本原則を遵守する水準が投資意思決定にとって重要な要因となっているとし，ガバナンスの実践と増大する国際的な投資ポートフォリオには関連性があることを指摘している。情報開示と創出する企業内部の監視・統制機構の整備，特に内部統制と監査体制の強化を包括する財務報告の創出機構の改善を，取締役会の責任の問題として明示的に関連付けている（古庄 2000）。

　エンロン事件等の企業不祥事が相次いで露見した結果，2004年に改訂された。この原則によるとコーポレート・ガバナンスの枠組みは市場の透明性や効率性を促進し，法規制と合致し，各当局間の責任の所在を明確にするものでなければならないとしている（神山 2004）。

[6] コーポレート・ガバナンスコードについては竹中（2015）は2点の問題を指摘している。①企業効率問題や企業倫理問題についてこのコードが果たして実効性をもつのかどうか②社会倫理的な視点でコーポレート・ガバナンス問題が意味をもつためには企業だけではなく様々なステークホルダーが本コードを持つ必要が有ることはすでに指摘した通りである。

やヨーロッパ諸国とは異なる形で企業組織を形成し，企業文化を醸成してきた。こうした背景を無視することを日本企業を対象とした研究ではできない。向山 (1999) は，日本のコーポレート・ガバナンスの特徴として①株式の相互持合，②メインバンクの存在，③政府と企業との関係，④企業間関係を挙げる。そして日本型経営システムは「信頼」あるいは「忠誠」に根ざしたシステムであることを主張している。メインバンクの存在は，フリー・キャッシュが豊富かつ高収入の投資機会が乏しい時に，経営者のモラル・ハザードがより深刻になるため，情報を集中的に収集する銀行によるモニタリングの重要性が増すことを胥 (1998) が指摘している。海道 (2009) は終身雇用，年功序列制，企業内組合を挙げている。宮島 (2011) はメインバンク関係，株式相互持合，内部昇進者による取締役会で特徴づけられるとしている。株式の相互持合は会社の最高意思決定機関である株主総会を形骸化させる危険性がある。終身雇用や年功序列制は取締役会等が内部出身者によって構成され，取締役会や監査役会の監視機能に制約を与えていたのかもしれない。日本型企業の特徴は明示的な監視機能の喪失である。海道 (2009) は日本型経営の問題点として内部監視機能が機能不全に陥っていることを挙げている。服部 (2002) は日本のコーポレート・ガバナンスの問題点として，①代表取締役へのチェックが機能しない，②大株主である株式相互持合の株主のチェックやモニタリングが機能しない，③日本企業は社内組織指向が強く，企業外部に対して閉鎖的な性質が強い，④経営者のモラル・ハザードが生じてきたとしている。

　内部監視機能が弱い経営慣行のもとで経営者の行動を監視していたのはメインバンクであった。業績を監視し，もし業績が悪化した場合，融資判断を通じて経営者に対して何らかの助言を与えたり，それでも困難な状況になれば，行員を出向させ，内部から監視したりすることで牽制していた。

　メインバンクシステムが機能していれば内部監視のシステムはそれほど必要なかった。それに経済成長著しい時期に経営者の経営責任と彼らの行動を看過した監視責任を問わなければならないことは稀だった。従業員に対する統制もそれほど重要ではなかった。なぜならば長期雇用と年功序列によって従業員は最初に就職した会社に長期間雇用されることを前提としていたからである。万

が一解雇された場合，その後の受け皿を見つけるコストが非常に大きい社会であった。もしかしたら会社内の監視や統制に要するコストを削減し，それらを研究・技術開発や生産活動に投下できたから経済成長が実現できたのかもしれない。監視・統制へのコストを削減できた環境は1990年代前半のバブル経済崩壊によって変容した。

　日本企業の特徴に大きな変化が生じたのは1997年の銀行危機にあるとしている（宮島 2011）。銀行の業績悪化によってメインバンクシステムによる監視システムが弱まった。日本企業での経営者を監視する仕組みを再編する必要に迫られたのである。宮島編（2008）は2000年代半ばに経営組織改革は，①経営の執行と監督の分離，②取締役会の規模縮小，③社外取締役の機能強化の3つの要素で構成されていると指摘している。皮肉なことに経済成長が鈍化した結果，会社内の監視や統制の仕組みを整備する必要が生じたのである。

コーポレート・ガバナンスと内部統制

　コーポレート・ガバナンスと内部統制の関係はどのようなものなのだろうか？コーポレート・ガバナンスの機能を内部統制が補完するのか。逆にコーポレート・ガバナンスが内部統制の機能を補完するのか。別の見方だとコーポレート・ガバナンスの機能を内部統制が代替するのか。おそらくどれでもない。内部統制が会社の従業員を対象としている一方で，コーポレート・ガバナンスは経営者を対象としていることで異なっている。つまり対象が異なるプロセスなのだからお互いを補完しあう関係でもないし，代替関係でもない。

　一方，COSO（2013）は両者の関係を図表1－2のように示している。全社的リスクマネジメント（ERM）は内部統制よりも広範囲にわたり，内部統制を踏まえた上でリスクにより着目したものである。内部統制は全社的リスクマネジメントに不可欠な部分であり，全社的リスクマネジメントはガバナンス・プロセス全体の一部である。内部統制はガバナンス・プロセスに内包されているのである。コーポレート・ガバナンスが有効に機能していれば，内部統制の有効性も高まる。逆にコーポレート・ガバナンスが有効に機能していないならば，

図表1-2　ガバナンスと内部統制の関係（COSO 2013より）

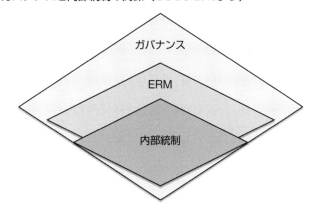

内部統制の有効性も下がる。

　コーポレート・ガバナンスにせよ内部統制にせよ注目を浴びたのは企業不祥事との関係である。不祥事との関係で両者の関係を検討した武田（2010）は，リスクマネジメントに基づいた内部統制システムとガバナンスシステムがコンプライアンス体制の基本となるとしている。内部統制システムは取締役会および経営者も包摂したものではあるが，内部統制システムの構築の責任は彼らにあるのであって，彼らがその責任を果たさないか，又は内部統制を無視すれば機能しないことになる。この欠陥を補うためにガバナンスシステムの強化が求められる，としている。

　内部統制が有効に機能しない理由として，経営者による無視や無効化等が挙げられる。経営者がこうした行為をしないように取締役会等が適切な内部統制を構築するための基本方針を定める必要がある。本研究では有効なコーポレート・ガバナンスの存在は，会社の内部統制も有効にする関係を仮定している。

Ⅳ　本研究の構成

　本研究の主眼は内部統制の有効性がコーポレート・ガバナンスの性質とどのような関係にあるのかを明らかにすることにある。本研究は，まず研究の眼目

である内部統制の概念を整理し，内部統制の定義と目的，構成要素，その限界について検討した。次に内部統制報告制度の概観を整理した。まず内部統制報告制度が導入される背景を整理し，次に会社法と金融商品取引法での要請について検討した。そして，内部統制報告制度の枠組みを規定する内部統制基準の概要について検討した。特に経営者による内部統制報告と内部統制監査について調査した結果を報告している。わが国の内部統制報告制度の特徴についても検討した。内部統制報告制度導入に際しての懸念事項のうち最も大きいのはコスト負担の増加であった。コスト負担を考慮した枠組みでわが国では導入された。これに関連する論点を整理し，既存の検証結果を概観する。

4章ではわが国の内部統制の問題開示会社の実態調査を行った結果を報告する。具体的にはまず内部統制報告制度における内部統制の問題がどのように定義されているのかを示す。次にわが国の内部統制報告制度における問題開示の実態調査を行った先行研究を概観する。そして内部統制の問題開示会社のうち本研究の検証対象となった会社を市場別，業種別に分類した。また，先行諸研究の結果を踏まえ，本研究の対照企業群を選択する方法と結果についても説明した。選択方法は，内部統制の問題開示と関連する可能性がある財務指標を独立変数とした傾向スコア・マッチングである。そして内部統制の問題開示企業群と対照企業群との間に財務指標の違いがあるのかどうかを検証した。検討した性質は規模，設立年数，従業員の平均年齢，従業員の平均従事年数，子会社数，海外子会社数，売上高成長率，収益性，監査人の規模，監査法人の交代である。特に売上高成長率と収益性については問題開示後3期間の推移も調べた。また監査人の交代についても問題開示後3期間について調査した。

5章から10章は内部統制とコーポレート・ガバナンスの性質の関係を検証した。5章は内部統制の問題開示と経営者の性質の関係を検証している。適正な内部統制の構築責任を負う経営者の性質が内部統制の問題開示にどのような影響を与えているのかを検証する。経営者の性質として出身，年齢，持株比率を選択した。6章は，内部統制の問題開示と取締役会の性質を検証した。適正な内部統制の構築について基本方針を定めることを役割としている取締役会の性質が内部統制の問題開示にどのような影響を与えているのかを調査した結果を

報告している。取締役会の性質として，取締役会の規模，親族の有無，持株比率を検討した。7章は内部統制の問題開示と社外取締役の性質の関係を調査した結果を報告している。社外取締役の存在は取締役会による経営に対する監視機能を向上させると予想した。社外取締役の性質として，社外取締役の割合と専門性（法律・会計），持株比率を選択した。8章は内部統制の問題開示と監査役の性質の関係を検証した結果を報告している。内部統制が有効に機能するためには監査役の充実が必要になる。監査役の社外比率と親族，以前の取締役の有無，専門性（法律・会計），監査役の持株比率を検討した。9章は内部統制の問題開示と内部監査の性質の関係を検証した。内部監査は内部統制の中核ともいえる存在である。内部監査が充実していることは内部統制の有効性を高めることに繋がると期待される。この関係を検証することが本章の目的であるが，内部監査に関する情報の開示が乏しいため，限定的な証拠の報告となった。検証した内部監査の性質は規模だけである。10章は内部統制の問題開示と所有構造の関係を検証した。所有構造の状況がコーポレート・ガバナンスの性質に影響する可能性がある。従業員，銀行金融機関，海外持株比率，トップ10の大

図表1-3　本研究の構成

株主の保有割合を本研究では検証した。

　11章は，本研究のまとめと今後の課題を示している。内部統制の問題開示の有無とコーポレート・ガバナンスの関係を検証した結果を踏まえ，本研究の結論をまとめた。そして内部統制とコーポレート・ガバナンスの今後について検討した結果を報告している。

第2章

内部統制の概念整理

I 問題の所在

　内部統制の議論は幅広い。「群盲象を評す」と呼ばれる寓話があるけれどもまさに内部統制の議論はそのようである。どのような立場から見るかでその姿形の見え方が変わっていく。もしかしたら最適な組織形態がこの世に存在しないのと同様に内部統制も最適な形は存在しないのだろう。

　内部統制報告制度の導入によって，今では様々な立場から内部統制のあり方について検討や議論が盛んになった。世界中で標準的な定義と認められるCOSOが存在するため，内部統制の定義に言及することはほとんどない。しかし，20世紀初頭に行われた内部統制の議論の中心はあくまで会計・監査に携わる人々であり，適切な財務報告のための内部統制のあり方を模索することであった。そのため近代監査の歴史は内部統制の歴史である（鳥羽 1994）。近代監査の進化とともに外部監査人が内部統制をどのように評価するのかも変化してきた。

　本章では内部統制の概念を整理していく。まず現在の内部統制の定義とその背景にあるCOSO（1992; 2013）について触れていく。特に両報告書がわが国の監査実務にどのように影響してきたのかを検討する。そして内部統制の本質について先行研究ではどのように検討されてきたのかに触れる。

　現行の内部統制基準の定義は内部統制の目的と構成要素で成り立っている。次に内部統制の目的と構成要素について検討した。またそれぞれについて検討した先行研究についても触れる。

　そして内部統制が会計・監査の立場でどのように議論されてきたのかを検討する。最初にわが国での内部統制概念に関わる議論を概観し，アメリカでの議論も概括する。監査実務において内部統制と密接に関わる部分を規定する主な監査基準ならびに監査実務指針を中心に検討した。

　内部統制基準の成立の背景には会社法や金融商品取引法による内部統制報告制度の導入がある。これらの制度的背景については第3章で詳細を述べる。ほとんどの場合，アーカイバルな研究では検証対象となる事象や状況の定義は基

準・指針を前提にする。外部データを利用した検証の前提となる基準の概念の基礎を本章で検討することで研究の枠組をより強固なものにしようと試みている。

本章の構成は下記の通りである。Ⅱでは内部統制の概念整理を行った。ここではわが国の内部統制の定義を示し，その裏付けとなる各種報告書の概観を明らかにする。次に内部統制の目的と構成要素に触れ，それぞれが学術的にどのように議論されてきたのかを整理する。Ⅲでは内部統制概念の議論の変遷について説明する。まずわが国での監査基準における内部統制の記述を検討し，監査実務での内部統制の意義付けの変化を検討する。次にアメリカの監査基準・実務指針の主だったところを検討し，概念整理をする。Ⅳは内部統制の限界とそれに関する先行研究の議論を整理する。Ⅴは本章のまとめを示す。

Ⅱ 内部統制の定義

内部統制に関する議論が拡大してきたのは財務諸表監査の目的が変化した20世紀初頭である。ただこの内部統制とは何かについての議論ではなく会社の内部統制を監査人が財務諸表監査の局面でどのように活用すればよいのかに焦点があたっている。内部統制の定義に関する議論が集約されたのは1992年に公表されたCOSO報告書だろう。この定義に従ってわが国の内部統制基準は内部統制とは何かを示している。ここではまず内部統制の定義についての様々な議論を概観する。

1．わが国における内部統制の定義

わが国で内部統制が本格的に議論され始めた契機は会社法や金融商品取引法である。両法では，内部統制の構築と運用が義務付けられ，経営者による評価と報告，それに対する監査が規定された。わが国の内部統制実務の基礎は金融庁が公表する「財務報告に係る内部統制の評価及び監査の基準並びに財務報告に係る内部統制の評価及び監査に関する実施基準の改訂に関する意見書」（以下「内部統制基準」）である。ここではまずこの意見書における内部統制の説

明を示す。

> 内部統制とは，基本的に，業務の有効性及び効率性，財務報告の信頼性，事業活動に関わる法令等の遵守並びに資産の保全の4つの目的が達成されているとの合理的な保証を得るために，業務に組み込まれ，組織内のすべての者によって遂行されるプロセスをいい，統制環境，リスクの評価と対応，統制活動，情報と伝達，モニタリング（監視活動）及びIT（情報技術）への対応の6つの基本的要素から構成される。

この定義は下記に示すCOSO（1992）を踏まえたものである[1]。鳥羽他（2015）は内部統制について経営者が企業の経営目的を有効かつ効率的に遂行するために設定した業務を統制するための仕組みであると説明している。

この定義を基礎として「同基準では内部統制の有効性をどのように評価すればよいのか」「内部統制の不備の重要性をどのように判断すればよいのか」「内部統制の問題をどのように報告すればよいのか」といった課題に対して説明を加えている。

内部統制は4つの目的と6つの基本的要素で構成される。内部統制の本質は一体どこにあるのだろうか。内部統制の本質が内部牽制機能にあると主張しているのは森（1998），鳥羽他（2015）である。他には高原（1999），内藤（2011）は内部統制システムを有効に機能するために，統制活動が重要な役割を果たしているとしている。

また基本的要素相互の関係を踏まえた検討として森（1992;1998）がある。森（1992）は，統制の重層化と管理のプロセス性あるいはサイクル性から生じる

---

[1] ドイツにおける内部統制システムの定義は下記の通りである。社団法人ドイツ経済監査士協会監査基準260号「決算監査枠組みにおける内部統制システム」では内部統制システムは企業において経営者により実施される原則，手続き及び処置を含み，これらは次の領域に関する経営者の決定を組織的に実行することを確実にするものである。
　・企業活動の有効性と経済性の保障（ここにはまた，資産の保全が含まれる）
　・内部及び外部の会計報告の正規性と信頼性
　・企業にとって重要な法規定の遵守
　ドイツの規定では内部統制システムには，取締役によるリスク早期認識システムに関する措置も含まれている（小松 2007）。小松（2006）ではこの定義は米国での定義に極めて接近したものであるけれども形成過程では「企業領域における統制と透明性に関する法律」を通じた法律の改正によって導入された監視システムの議論が大きく反映されていると指摘されている。

統制と他の管理要素との関連性，最後に統制は実態を統制し，情報をも統制し，情報は実態の統制の手段として用いられることを挙げる。森（1998）によれば内部統制の概念は時代とともに変遷し，その中核的要素は統制手続であり，それに統制環境と会計システムを重ねる３層構造であるとしている。

　基本的要素ではなく目的に関連付けた本質に関する議論もある。藤川（2009）によれば内部統制は，本来的には，経営者自身によって不正を防止するシステム，管理会計的手法を駆使して経営効率を図るシステム，法令を遵守するシステム等として構築されるべきものである。このように不正を未然に防ぐシステムとして内部統制を検討した研究として，野村（2005），田端（2008）がある。野村（2005）は内部統制の確立が経営者の内部統制を逸脱した不正な報告に対して一定の抑止効果をもつと指摘している。田端（2008）は内部統制を会計不正をなくすための過程であるとしている。そして内部統制は多くの利害関係者の期待を満足させるものでなくてはならないとしている。

　他には業務の有効性や効率性を向上させる視点から内部統制を検討した研究として松井（2003），武井（2007），岡（2008），姜（2009）がある。松井（2003）は企業価値向上に結びつく内部統制概念であるためにはリスク管理プロセスの中で位置づけて内部統制概念を理解することを論じている。武井（2007）は，内部統制システムの整備が企業価値を高めるのかどうかについて，組織内の現場で働くものの「性弱説」を補うことで会社の健全性や効率性を高める効果を挙げられると指摘している。また，姜（2009）は企業価値と内部統制システムの関連で，クボタとオムロンの活動をケースとして検討した。内部統制を知的資産として捉え，企業の価値創出の源泉とする視点を提案している。岡（2008）は内部統制の本質は自社に潜在化した課題を顕在化させ，企業経営のより良い姿を目指し続けることであると主張する。

　内部統制基準が公表される以前には内部統制を内部牽制組織と内部監査組織の両者からなり，それは不正や過失を発見ないし，防止するとともに，企業の定める会計手続きが守られているか否かを検査するものと説明するものもある（檜田 1994）。他には，松本（2008）は内部統制のポイントとして業務を的確に進めるために適切なルールがあるか又はルール通りに業務が進められているか

の2点を挙げている。

　内部統制基準における定義は包括的であり、それを起点とした実務の遂行は難しいのかもしれない。この点について町田（2008）によると、本質的に内部統制は日々の業務に深く根ざしており、各企業の置かれた環境や企業の規模・業容等によって全く異なるものとなるため、法規等によって一律に規定することができないと指摘している。こういう手続を内部統制といいます、と定義したら多種多様な目的をもつ現在の企業に対応できない。大枠を定め、それを会社の実情にあわせて基本的要素を組み合わせ適切な内部統制を構築・運用することが求められていると解する。また詳細かつ具体的に記述すると、事業活動の変化や組織の変化に対応させていかなければならないはずの内部統制が陳腐化することに繋がる危険性もある。この定義は組織内に必ず存在する内部統制の基本的要素を巧みに抽出した定義であると考える。

2．COSOによる定義

　内部統制の定義に触れると必ず言及しなければならないのはCOSOレポートである。内部統制を全社的なビジネスプロセスの一部とみなすのはトレッドウェイ委員会支援組織委員会の報告が公表されて以降急速に広まった[2]。トレッドウェイ委員会支援組織委員会はトレッドウェイ委員会を組織した5つの団体・組織が共同して設立した委員会である[3]。この報告書による定義は下記の通りである。

> 内部統制とは、業務の有効性と効率性と財務報告の信頼性、関連法規の遵守といった目的の達成に関して合理的な保証を提供することを意図した、事業体の取締役会、経営者およびその他の構成員によって遂行されるプロセスである。

　この報告書とわが国の内部統制基準による内部統制の定義の違いは、資産の

---

[2] トレッドウェイ委員会支援組織委員会の活動・歴史についてはLandsittel and Rittenberg (2010)に詳細が示されている。八田・町田（2007）には、全世界における内部統制議論のデファクト・スタンダードとしてCOSOが受け入れられるようになったとしている。

[3] アメリカ公認会計士協会、アメリカ会計学会、財務担当経営者協会、内部監査協会、全米会計人協会である。

保全が目的に含まれていない点にある。内部統制基準ではわが国企業の状況へ対応させる必要があったことが理由であると解している。

現在の内部統制の議論の基礎となっているCOSO (1992) が斬新だったのは，全社的なビジネスプロセスとして捉えた点である。そしてその派生として，株主の視点からの内部統制を議論した点も特徴として挙げられる。経営者が事業活動の目的達成のために従業員を規律付けるプロセスであることを強調した議論が主であったが，内部統制が有効に機能しない場合は，株主価値が毀損する危険性を指摘している[4]。不正な財務報告以外にも会社の信用を失墜させる事件はある。例えば，食品偽装事件や重要な法令違反などである。こうした事件を未然に防ぐことで株主価値を維持・向上させる役割を内部統制に期待している。また，内部統制プロセスの直接の担い手は従業員であるが，そのデザインは経営者，取締役会を含む管理者が遂行するプロセスであるとしている点も特徴としている[5]。他には，COSO (1992) の定義が一般に認められた内部統制概念となっているのは，その柔軟性と包括性に理由があると高田 (2003) は指摘している。

COSO報告書による定義は，2002年改訂の監査基準で導入された。詳細は後に譲るが，八田 (2004) はリスク・アプローチを徹底するために，内部統制とは何かを明らかにし，その評定に基づいて監査戦略を立案することが不可欠であり，また，それは重要な虚偽の表示を看過しないことにもなると説明している。

山浦 (2004) によれば内部統制は基本的には企業側が自己の管理目的で設置，運営する機能であり，財務諸表の監査のために内部統制概念を定義し，ステレオタイプの内部統制を押し付けることは本末転倒であるとの指摘に対して国際標準としてのCOSO (1992) の意義を根拠として監査基準に当該概念を導入したことの批判に当たらないとしている。

COSO報告書公表後，2006年にはInternal Control over Financial Reporting − Guidance for Smaller Public Companies, followed by Guidance on Monitoring

---

4) 企業不正に対する内部統制と経営者不正の問題について八田 (2011) が考察している。
5) この特徴に関する議論は鳥羽 (2007)，鳥羽他 (2015) を基礎としている。

Internal Control Systems（簡易版COSO）が公表されている。1996年にはデリバティブ取引における内部統制の問題についての報告書を公表したり，2004年にはEnterprise Risk Management－Integrated Framework（全社的リスクマネジメント　フレームワーク編）を公表したりしている[6]。後者については2009年にGuidance on Monitoring Internal Control Systems（COSO内部統制システムモニタリングガイダンス）を公表している。COSOが実施した調査で，ある組織では，一定の領域で有効なモニタリングを行っているが，内部統制の有効性についての結論を裏付けるために，モニタリング結果を十分に利用せず，既存のモニタリング作業を通じて経営者がすでに十分な裏付けを得ている統制をテストするために整備された余計な内部統制の評価手続を付け加えようとしていたことが判明したことが公表の背景にある。中村（2009）によるとCOSOは論理的に展開したモニタリングモデルを提示し，モニタリングについての基本的理解を得られるように，原則をより具体化，明確化し，併せて包括的な事例を加えることにより組織の内部統制システムの有効性および効率性に資するガイダンスとなることを目的としたことに意義がある。

　全社的ビジネスプロセスの一種として内部統制を位置づけたCOSO（1992）は2013年5月14日に改訂された[7]。この改訂は1992年に公表されて以降，会社を取り巻く環境が変化したことを背景としている。新日本有限責任監査法人編（2014）は，その背景として①グローバルな事業展開，②規制の強化，③M&Aの増加を挙げている。この改訂によって1992年当初の5つの構成要素を継承しつつ，これを非営利事業も含めた事業体一般の財務および非財務に関する報告目的，業務目的，コンプライアンス目的の実務に広く適用できるように各構成要素に関連付けられた17の原則と87の着眼点を提示した。さらに，外部財務報

---

[6]　堀江（2009）は内部統制概念が企業リスクマネジメント（ERM）に拡張したことで外部監査と内部監査にどのような影響が生じるかを論じている。

[7]　八田（2015）はCOSO（2013）の視点に立脚すると，内部統制はより広範な概念とされるガバナンスの中核に位置づけられており，最近のわが国における一連のガバナンス改革においても係る視点に依拠した対応が求められているとしている。旧来のガバナンス議論や内部統制議論の大半は企業不正の防止および早期発見といったコンプライアンス問題やアカウンタビリティーの履行といった視点に焦点が当てられていたものから，企業の繁栄ないしは組織の持続的成長といった事業活動の促進に資するための内部統制およびガバナンス議論へと舵を切ることが重要なのであると指摘している。

告に係る内部統制の解説では90の適用方法，141の適用事例を提示し，一層の体系化，明確化が図られた。またCOSO（2013）では従来のフレームワークからの改訂のポイントを11点挙げている。それぞれについては図表2-1に要約した。

　COSO（2013）で提示された17の原則は5つの構成要素ごとに設定されている。これらは図表2-2に要約した。

図表2-1　COSO（2013）の変更点の概要

・原則主義のアプローチの採用
・有効な内部統制に係る要件の明確化
・報告目的のカテゴリーの拡大
・内部統制における目的設定の明確化
・市場と業務のグローバル化の考慮
・ガバナンスに関する概念の強調
・ビジネスモデルと組織構造の違いの考慮
・法律，規則，規制および基準における要求と複雑性の考慮
・業務遂行能力と説明責任に対する期待の考慮
・増大するテクノロジーとの関連性を反映
・不正防止に対する期待を検討することの強調

（注）COSO（2013）に従って作成した。

図表2-2　COSO（2013）における17の原則

内部統制の構成要素	原則
統制環境	1．組織は，誠実性と倫理観に対するコミットメントを表明する。
	2．取締役会は経営者から独立していることを表明し，かつ，内部統制の整備および運用状況について監督を行う。
	3．経営者は取締役会の監督の下，内部統制の目的を達成するに当たり，組織構造，報告経路および適切な権限と責任を確立する。
	4．組織は，内部統制の目的に合わせて，有能な個人を惹きつけ，育成し，かつ，維持することに対するコミットメントを表明する。
	5．組織は，内部統制の目的を達成するに当たり，内部統制に対する責任を個々人に持たせる。

リスク評価	6．組織は，内部統制の目的に関連するリスクの識別と評価ができるように十分な明確さを備えた内部統制の目的を明示する。
	7．組織は，自らの目的達成に関連する事業体全体にわたるリスクを識別し，当該リスクの管理の仕方を決定するための基礎としてのリスクを分析する。
	8．組織は，内部統制の目的の達成に対するリスクの評価において，不正の可能性について検討する。
	9．組織は，内部統制システムに重大な影響を及ぼし得る変化を識別し，評価する。
統制活動	10．組織は，内部統制の目的に対するリスクを許容可能な水準まで低減するのに役立つ統制活動を選択し，整備する。
	11．組織は，内部統制の目的の達成を支援するテクノロジーに関する全般的統制活動を選択し，整備する。
	12．組織は，期待されていることを明確にした方針および方針を実行するための手続きを通じて，統制活動を展開する。
情報と伝達	13．組織は，内部統制が機能することを支援する，関連性のある質の高い情報を入手または作成して利用する。
	14．組織は，内部統制が機能することを支援するために必要な，内部統制の目的と内部統制に対する責任を含む情報を組織内部に伝達する。
	15．組織は，内部統制が機能することに影響を及ぼす事項に関して，外部の関係者との間での情報伝達を行う。
モニタリング活動	16．組織は，内部統制の構成要素が存在し，機能していることを確かめるために，日常的評価および／または独立的評価を選択し，整備および運用する。
	17．組織は，適時に内部統制の不備を評価し，必要に応じて，それを適時に上級経営者および取締役会を含む，是正措置を講じる責任を負うものに対して伝達する。

　これらの原則に従って着眼点や適用方法が例示されている。結城（2013）は，統制環境について改訂前後でその視点に大きな違いがないとしている。ただし，旧フレームワークでは事業体レベルの目的や活動レベルの目的が内部統制に含まれないことのみが簡潔に説明されたため，活動レベルの目的設定に影響をおよぼす活動が内部統制として位置づけられるのかどうかは必ずしも明確ではなかったとしている。新フレームワークでは目的設定そのものは内部統制を構成しないが，事業体の目的と副次的目的が整合するように目的を評価し，調整す

ることを明らかにしている。堀江（1998）はCOSO報告書の構図を「統制目的→リスク評価→統制活動」と想定していることから，リスク評価とリスク管理とが区別されていると指摘している。

　わが国の内部統制報告制度が導入され，内部統制基準が改訂された後にCOSOも改訂となった。確かに内部統制報告制度の導入によって内部統制概念が人口に膾炙するようになった。一方で，一度整備してしまえば問題はないとする向きもある。こうした背景のもと，箱田他（2014）はCOSO（2013）を踏まえ，8分野21項目の提言を行っている。

　トレッドウェイ委員会支援組織委員会による一連の報告は，事業活動全体に対する内部統制の重要性を強調し，社会に普及させた点で貢献がある。内部統制からの恩恵は財務諸表監査の担い手である公認会計士だけではなく，会社内外の利害関係者も受けていることを指摘した。

3．内部統制の目的

　わが国の内部統制基準では内部統制の目的について以下のように説明している。

> 　内部統制には4つの目的があり，それぞれは独立しているが，相互に関連している。
> ○業務の有効性及び効率性とは，事業活動の目的の達成のため，業務の有効性及び効率性を高めることをいう。
> ○財務報告の信頼性とは，財務諸表及び財務諸表に重要な影響を及ぼす可能性のある情報の信頼性を確保することをいう。
> ○事業活動に関わる法令等の遵守とは，事業活動に関わる法令その他の規範の遵守を促進することをいう。
> ○資産の保全とは，資産の取得，使用及び処分が正当な手続及び承認の下に行われるよう，資産の保全を図ることをいう。

　内部統制基準で4つの目的が挙げられているが，金融商品取引法で導入された内部統制報告制度の対象となるのは財務報告の信頼性に係る内部統制である。それ以外の目的の内部統制の整備及び運用を制度は直接求めているわけではない。とはいえ，財務報告は企業活動を集約したものであるのだから，財務報告

の信頼性以外の目的のための内部統制の評価が必要になるケースもありうる。経営者が内部統制を整備し，運用する際，目的相互間の関連性を理解する必要がある。わが国の内部統制報告制度は，財務報告の信頼性をより向上させることを目的としている。この目的を達成するために，経営者は内部統制を整備・運用することが求められている。

業務の有効性及び効率性について

　業務の有効性及び効率性の意味について説明する。まず業務とは，組織の事業活動の目的を達成するため，全ての組織内の者が日々継続して取り組む活動であると内部統制実施基準は説明している。業務の効率性は，組織が目的を達成しようとする際に，時間，人員，コスト等の組織内外の資源が合理的に使用される程度であると内部統制実施基準は説明している。業務の有効性及び効率性に係る内部統制は，業務がどの程度達成されているのか，資源が合理的に使用されているのかどうかを評価する。こうした体制を設けることで，業務の有効性及び効率性に関する目標を達成する。

　業務の有効性と効率性を目的とする内部統制の存在は，内部統制報告制度を導入する前後で指摘された問題と関係している。内部統制報告制度の導入によって企業のコスト負担が過重なものになるとの懸念があった。内部統制の中には業務の有効性と効率性を高めることを目的とするものがあるのなら，財務報告に係る内部統制と併存させることでコスト負担の増加を最小限にすることができるのかもしれない。財務報告に係る内部統制にばかり目を向けがちではあるが，この目的に係る内部統制の整備・運用は事業活動に係るコストを減らし，業務の有効性を高めることに寄与する。

財務報告の信頼性について

　財務報告は組織内外の利害関係者がその活動を把握するために重要な情報である。信頼できる財務情報の存在は当該組織の社会的信用の維持・向上に貢献する。財務報告の信頼性に係る内部統制は財務報告に重要な虚偽表示が生じることがないよう，必要な体制を整備し，運用することで，財務報告の信頼性を

高めることを支援する。

　内部統制報告制度が導入された目的は，財務報告の信頼性をさらに向上させることにあった。21世紀初頭から相次いで発覚した社会的影響力をもつ会社の不正な財務報告の露見を端緒とした財務報告改革の重要な柱の一つだった。この制度が導入された目的を踏まえると，財務報告の信頼性を高めるために，経営者は適切な内部統制を構築運用されることが求められることになる。

　わが国の内部統制報告制度で経営者の内部統制評価および報告の対象であるためか，多くの研究はこの目的に係る内部統制に着目している。アーカイバルデータによる研究で着目されるのは内部統制報告書もしくは内部統制監査報告書である。経営者にせよ監査人にせよ，これらの報告書で有効性に言及しているのは財務報告に係る内部統制である。そのため経営者の評価や監査人の意見表明から，財務報告の信頼性を向上させる目的をもつと認識している内部統制が，財務報告の信頼性とどのように関係しているのかを検証する。

　根本的な問題であるが，財務報告の信頼性とは何だろうか。信頼できる財務報告は会社に対する利害関係者の信頼の基礎になることは疑いの余地はないだろう。会社と利害関係者の信頼関係の構築について財務報告はどのような役割を担っているのだろうか。一般的に信頼の背後には期待がある。会社と利害関係をもっている人々や組織は当然何かしらの期待をもっているはずである。会社に対して何も期待しないけれども利害関係だけを有していることは想定できないためである。利害関係者は会社の財務報告に対して何を期待するのだろうか。少なくとも財務報告によって会社のみえない部分がみえるようになることを期待するはずである。そして財務報告によって会社が不当に利害関係者の取り分を減らし，自分のものにしようとしていないことも期待するだろう。会社が嘘をついて自分の取り分を奪おうとしていることを期待する利害関係者はいない。会社の財務報告に期待する内容と実際の内容に乖離があった場合，利害関係者の会社に対する不信が生まれる。

　本研究では財務報告は利害関係者と会社の間の信頼関係の構築のためのコミュニケーションツールとして捉えている。信頼は企業経営の基礎である。これを勝ちとるために，会社は利害関係者が期待する報告を行わなければならない。

会社が外部者とコミュニケーションするチャンネルは財務報告だけではない。様々な情報が市場に溢れかえっているのである。会社全体の不祥事だけに注意するだけでは不十分であり，会社の構成員が適切に行動するためのプロセスを設定する必要がある。その中でも制度として定着し，証券市場におけるインフラとして機能することが期待される財務報告は適正なものでなければならない。財務報告に係る内部統制はこうした報告を適切にするために準備されるものと解している。

　こうした研究課題でポイントになるのは，財務報告の信頼性をどのように認識するのかである。多くの先行諸研究ではこれを裁量的会計発生高やキャッシュ・フロー予測精度等で表現している。簡単に触れておくと，会計上の利益は発生主義会計に基づいて計算される。発生主義会計では現金の裏付けがなくても収益を認識し費用を計上することができる。そして，経営者の見積りや判断の余地が残されている。これらは会社の実態を適正に表示するために有用であるとされる。一方で，これらの基準を経営者が自らの利益のために利用することもできる。発生主義会計の適用については経営者の方が情報利用者に比べ詳しく知っている。その情報格差を利用して経営者の利益に従った財務報告が作成されるかもしれない。経営者がこうした意図をもった財務報告を行っているかの程度を測定するための手法として裁量的発生高の推定がある[8]。会計利益の性質に着目して財務報告の信頼性と内部統制の関係を検証することで，会社の内部統制が経営者が作成する財務報告に対し，どのような働きかけをするのかを検証することには意義がある。

　財務報告の信頼性との関係で中島（2010; 2011）はキャッシュ・フロー予測精度が米国企業改革法適用前後で変化したのかどうかと会計発生高（アクルーアルズ）の質とキャッシュ・フロー予測精度の関係を明らかにし，裁量的発生高や経営者の裁量行動とキャッシュ・フロー予測精度との関連性がSOX法適用前後で変化したのかを検証した。検証の結果，SOX基準適用日本企業は，SOX法

---

[8] 当然この手法も完全ではない。まず発生主義会計なのだから当然キャッシュ・フローと会計利益の間には乖離が生じる。その中で経営者の意図をもたない部分を控除するのだが，これらを表現する変数をどのように設定するかは問題である。

適用以降，内部統制の整備によって機会主義的な裁量行動が抑制されるようになり，予測精度が高まった可能性があることを示した。一方でSOX法適用後実態的裁量行動が増加したことで予測精度が低下し，総じてSOX法適用以降予測精度には変化が見られなかったと報告している。

中島 (2011; 2013) は内部統制報告制度の導入によって日本企業の利益の質と裁量行動の意図に影響を与えていたかどうかを解明しようと試みた。分析の結果，内部統制報告制度導入以降，問題が開示されなかった企業は会計発生高の質，予測精度ともに改善されたこと，そして内部統制の問題開示企業は会計的裁量行動が観察されたが，内部統制に問題がない会社は同制度導入後，実態的裁量行動が観察されなくなったこと，内部統制の問題開示会社の会計的裁量行動は会計発生高の質が会計発生高と有意な関連性を有していることから，機会主義的意図を有する可能性が高く，内部統制の問題を開示していない会社の会計的裁量行動は会計発生高の質が会計発生高と有意な関連性を有していないため，情報伝達的意図を有するものに変更した可能性が高いと報告している。

矢澤 (2010) は利益の質と内部統制の問題との関係を検証している。検証の結果，利益の捻出と内部統制の問題開示は有意な関係が見られないものの，利益の圧縮とは正の関係が観察された。とくに，決算・財務レベルでの開示と利益の圧縮とは強い関係が示唆されている。

内部統制と財務報告の関係を調査した結果をDoyle et al. (2007)，Ashbaugh-Skaife et al. (2008)，Chan et al. (2008)，Nagy (2010)，Goh and Li (2011)，Van de Poel and Vanstraelen (2011)，Myllymaki (2014) が報告している[9]。

Doyle et al. (2007) は，アクルーアルズの質と内部統制環境の関係を検証するため，2002年から2005年を分析期間として内部統制の問題を報告した645社とそうではない会社2,943社を対象に検証を行った。内部統制環境の問題は利益マネジメントを通じたバイアスのあるアクルーアルズと，アクルーアルズの生成における意図しないエラーを発生させるとしている。検証には，内部統制

---

9) 財務報告の質を検証する際にアクルーアルズを利用して検証しているものがほとんどであるが，Cohen et al. (2008)は会社の財務報告プロセスへの改革が米国企業改革法施行後急速に進展したため，アクルーアルズを利用した方法よりも実態的な会計調整行動を行っている可能性を示唆している。

の問題は，アクルーアルズの質と負の関係にあるとする仮説と，全社レベルの問題は，決算・報告プロセスにおける問題よりもアクルーアルズの質と強い負の関係にあるとする仮説を設定した。検証の結果，どちらの仮説とも整合する証拠を得た。特に決算・報告プロセスにおける内部統制の問題は，アクルーアルズの質と関係していない可能性を示す証拠を得た。これは決算・報告プロセスにおける問題を外部監査が補っている可能性を示唆しているのかもしれない。全体として内部統制環境の整備が高質のアクルーアルズを生み出す基礎となると結論している。

　Ashbaugh-Skaife et al.(2008)は，内部統制の問題とその是正がアクルーアルズの質にどのように影響しているのかを調査した。内部統制の問題を開示している会社では，相対的に低いアクルーアルズの質をもつ財務報告を行っている傾向を示す証拠を報告した。この結果を受けて，内部統制の問題が誤謬や意図していないミスを看過している可能性を示唆していると推論した。また，内部統制の是正はアクルーアルズの質を改善していることを報告している[10]。

　Chan et al.(2008)は，内部統制の問題を開示した会社は他の会社に比べ，内部統制の問題を開示している傾向があるのかどうかについて検証した。内部統制監査報告書で内部統制の問題を開示された会社は，そうではない会社に比べ，大きな期待外アクルーアルズを計上していることがわかった。内部統制監査の実施によって問題が発見されることで，内部統制そして財務報告の改善を促していると主張している。

　Nagy(2010)は，内部統制監査へ対応することが財務報告の質の向上につながっているのかを調査した。検証結果は，内部統制監査への対応と財務諸表に存在する重要な虚偽表示の間に負の関係を識別した。つまり内部統制監査が所期の目的である財務諸表の信頼性の向上を達成できていると評価している。

　Goh et al.(2011)は，内部統制と条件付きの保守主義会計の関係を検証した。保守主義会計は，エージェンシー間の紛争を緩和し，経営者による投資意思決

---

[10] Altamuro and Beatty(2010)は，連邦預金保険公社改善法の内部統制条項が財務報告に与える影響を検証した。検証結果は同法律の対象となった会社では利益の持続性が向上していることを示している。

定を向上させるとしている。内部統制が強固な場合，会社は保守主義の役割を理解して財務報告を実施する。一方で，内部統制の問題がある会社は会計数値の見積りの誤りを看過する可能性が高い。ここでは仮説として，内部統制の質と保守主義は無関係であることと，内部統制の問題があるが是正される見込みがある会社と，問題が長期化する可能性のある会社で保守主義の傾向に違いがないことを設定した。前者の仮説を検証するために内部統制の問題を開示した会社1,146社と，内部統制の問題を開示していない会社6,401社を対象とした。後者の仮説は516社を対象として検証された。この検証では，保守主義の指標として利益変化の持続性，発生主義ベースの損失認識，利益の時系列傾向を利用した。検証の結果は，どちらの仮説とも対象が整合的であることを示している。つまり内部統制に問題があることを開示した会社は，そうではない会社に比べ保守主義を採用しない傾向があることを報告した。この傾向は，問題を開示した会社が保守主義の役割とその利点を理解していない可能性を示唆している。

　Van de Poel and Vanstraelen (2011) は，オランダの内部統制報告制度のもとでは内部統制報告書の記載内容がアクルーアルズの質との関係が識別できなかったと報告している。オランダの内部統制報告制度は"遵守せよ，さもなければ説明せよ (Comply or Explain)"方式である。この検証結果は，米国と異なる思想をもった制度のもとでは異なる検証結果が得られることを報告している。

　Myllymäki (2014) は，内部統制監査報告書での問題開示が，将来の財務報告の虚偽表示と関係しているかどうかについて検証し，問題開示企業はそうではない会社に比べ，開示後2年間で不正な財務報告が発生する可能性が上昇していることを報告している。

　内部統制の問題がどのように財務報告に影響しているのかについての検証結果がいくつか報告されている。その証拠は混在しているものの，多くは内部統制の問題が財務報告の信頼性を下げている傾向を示している。つまり内部統制の有効性を向上させる取組は財務報告の信頼性を高めることに貢献するため，それに積極的に取り組むだけの意義があることを示唆している。

　しかし，内部統制の有効性と財務報告の関係を検証した研究には基本的な問題が存在している。彼らが利用している財務諸表が監査済みの財務諸表であり，

内部統制の問題によって生じた異常な会計発生高の大部分は財務諸表監査のプロセスで発見され修正されているはずである。先行研究の検証結果は内部統制の問題によって生じた異常な虚偽記載が財務諸表監査を通じても解消されることはないため，会社の自発的な内部統制の問題の是正が必要であると解釈することもできる。別の視点からだと利用している情報は財務諸表監査を経ているため，内部統制の有効性と財務報告の関係を示す証拠には交絡している変数が存在しているのかもしれない。

　我が国では内部統制の問題を是正した後に問題が開示されているケースがほとんどである。内部統制の問題が是正されている状況で作成された財務諸表は当然その影響が存在していないことになる。是正済の内部統制の問題を開示した会社と問題を開示していない会社の間に生じる会計発生高の違いはなぜ生じるのかを検討する必要があるだろう。

　内部統制の問題を会社も監査人も識別できなかったが，事後的に発見された場合だと，内部統制の問題によって生じた財務諸表上の問題が残されている可能性がある。訂正報告書で内部統制の問題を事後的に開示した会社を検証の中心においたら，こうした問題を克服できるのかもしれない。

　内部統制の有効性と財務報告の信頼性の関係を検証することは内部統制報告制度の意義を探求することで重要な意義を有している。先行諸研究の多くは両者の間に正の関係がある可能性を示している。内部統制の有効性が下がることで財務報告の信頼性も下がる関係であることを示唆している。しかし内部統制の問題を開示している会社もそうではない会社も，財務諸表監査を経て財務報告を行っている。両者に違いがあることは財務諸表監査の役割に疑問を抱かせることになる。財務報告に重要な影響を与えていないとする内部統制報告書での説明にも疑問を抱かせることになる[11]。内部統制の問題を事後的に発見した会社を対象に検証することで，内部統制の問題の発見と財務報告のタイミングをずらすことができる。こうした工夫が両者の関係の解明に必要になるだろう。

---

11) 検出される期待外アクルーアルズがさして重要でないならそれが看過されるのはケースとして想定できる。

事業活動に関わる法令等の遵守について

　内部統制の目的の一つに事業活動に関わる法令等の遵守がある。組織全体や組織の構成員が法令の遵守を怠ったり，社会規範を逸脱したりすると，組織の存続すら危うくなる。会社は社会の公器である。会社が存続し，発展していくためには法令等の遵守体制を整備する必要がある。これらの体制が適切に整備・運用されることで，持続的な成長が期待できるのである。

　内部統制の議論はコンプライアンスの問題と深く関わっている。先に挙げた財務報告の信頼性に関わる内部統制についてもその議論の背後には不正な財務報告がある。不正な財務報告にせよ食品偽装にせよ，不祥事が一つ明るみになることで社会的影響力がある会社でさえ，業績の悪化といった経営上の問題が発生するのである。会社の構成員は，法令等を遵守し，それぞれの職務に励まなければならない。

　久保田（2009）は，この目的のために構築された内部統制が有効に機能するためには，第1に統制環境の整備，運用において，企業倫理・コンプライアンス活動と同様にすべての従業員が法令や自社の行動基準の意義を理解し，手順・規程・マニュアルを自主的・自律的に遵守させる必要があるとしている。第2に，これらを実践し定着させるために，事業活動に関係する法令，自社の行動基準，規程，規則を含めた内部規範を各統制レベルの統制活動を結びつける。第3に経営者をはじめ管理者，担当者が各統制レベルの活動に関与することが重要になるとしている。

　神田（2006）は内部統制の目的として不正防止と企業の発展・繁栄を挙げている。ここでの不正防止とはコンプライアンスとリスク管理を含んだ意味としている。また永石（2004）は内部統制システム構築の中身として，コンプライアンス体制の構築もその大きなものの一つであると指摘する。コンプライアンス体制とは，企業活動で組織の末端まで法令違反をさせない仕組みである。コンプライアンス体制とは地域社会や環境倫理を含むもので法律にさえ違反しなければどんなことをしてもよいとするものではない。永石（2004）の指摘によれば，企業の収益性向上を過度に意識するあまり，視聴率，合格率を上げることを至上命題とし，業務担当取締役，代表取締役が必要以上のはっぱをかけて

いた，あるいは他の取締役がそれを知りながら放置していたことになれば，前者では監督義務違反，後者ではビジネス倫理に従った指導監督をしなかったものとして善管注意義務違反が問題となるとしている。

資産の保全について

資産が不正に又は誤って取得，使用及び処分された場合，会社の事業活動や，社会的信用に大きな影響を与える可能性がある。あるはずの財産がなくなっていた場合，事業活動の適切な遂行を阻害するだろう。そして，あるはずのない財産がなぜか存在する場合もそれに費やされた費用は事業活動と無関係な支出になる可能性がある。こうした問題を回避するために，資産が正当な手続及び承認の下に購入，利用，処分（廃棄）される体制が必要になる。

この目的は，COSOによる定義とわが国の会社法の規程を調整し，追加されたものと解している。もし事業活動以外の目的で組織の財産を購入・使用・処分されたら，会社の社会的信用や事業活動に影響が出るから，それに対応した体制をとる必要がある。

この見解には別の見方も存在する。大学教員なら一度は経験したことがあるだろう。研究費の執行についての一悶着である。勤務する大学や日本学術振興会から研究の支援を受けることは大変ありがたいが，研究費等の執行について多くのルールが存在し，それを守ることで無駄な出費が発生する。こうした無駄を省くことでより効率的な研究費の執行が可能になるかもしれない。なぜこうしたルールが必要なのだろうか。

大学から支給される研究費は大学の財産である。日本学術振興会の科学研究費は国の財産である。こうした財産を本来の研究目的以外のものに不正又は誤って使用されると科学研究費制度に対する疑いの目や大学の財産の毀損につながる。こうした問題を回避するために，多くのルールを用意する必要がある。こうしたルールが必要になるのは，大学と教員，又は国と教員の信頼関係が薄いことが理由である。もし国や大学が「研究活動に集中している教員が個人利用の目的のために研究費を使用することはないだろう」と大学教員を信用してれば，煩雑な手続を必要としないはずである。

本研究の基礎には会社に対する信頼の構築がある。資産保全を目的とした内部統制は，会社の構成員内もしくは会社と利害関係者間での信頼関係が希薄なほど重要性を増すが，一方でそれらを整備・運用するためのコストは当然発生することになる。

その他

内部統制基準に示されている目的とは異なるものを指摘している研究として中井（2009）は雪印乳業やオムロンの内部統制の社内実践を概観し，内部統制の中心課題は企業のコンプライアンスや誠実な財務報告よりも管理会計の領域である戦略的意思決定，マネジメント・コントロール，日常管理とそれに関わるリスク・マネジメントを経営者が的確に遂行していくことを保証し，それらを監視・報告するシステムの確立であると指摘している。また赤堀（2007）は内部統制システム構築の究極の目的は，予期されない事故や不祥事を防ぎ，ブランド価値に代表される，企業価値や信頼性の低下，売上の減少，株価の暴落などを通じての，企業財務の毀損，消費者，投資家，従業員，協力・関連企業，地域社会などの離反による損害の発生を極力減らすことであると述べている。

内部統制の目的に対する検討は，もしかしたら論者の視点に依存している可能性がある。例えば，事業の有効性と効率性の向上を目的とした内部統制は，管理会計目的をもった視点に沿っているだろう。そして財務報告の信頼性の向上を目的とした内部統制は会計や監査の視点から議論されることになるだろう。事業に関わる法令等の遵守や資産の保全を目的とした内部統制は法律家の視点なのかもしれない。内部統制は会社組織に張り巡らされているものである。組織と一体になっている内部統制をどの視点からみるかでその姿形は変わる。

4．内部統制の基本的要素

わが国の内部統制を定義する内部統制基準ではその基本的要素として6つ挙げている。それぞれと上記の4つの目的を対応させた図は図表2-3の通りである。

COSO（1992）によれば内部統制の構成要素は，一つの構成要素が次の構成

図表2-3 内部統制の目的と構成要素の関係

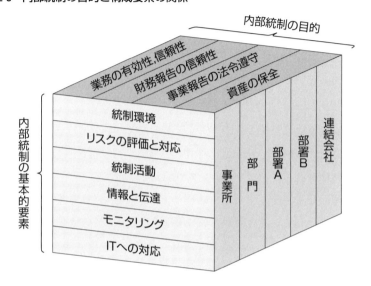

要素だけに影響を与える直列のプロセスではない。いずれの構成要素も他の構成要素に影響を与えることができ，また影響を与えるものである意味で多面的多方向なプロセスである。

　図表2-3は，内部統制の目的とその目的達成のために必要とされる内部統制の構成要素との間には直接的な関係があることを示している。例えば，情報と伝達については，内部統制の目的の全てに必要とされる。

　内部統制基準では内部統制の基本的要素を以下のように説明している。

内部統制の基本的要素の概略
（1）統制環境
　統制環境とは，組織の気風を決定し，組織内のすべての者の統制に対する意識に影響を与えるとともに，他の基本的要素の基礎をなし，リスクの評価と対応，統制活動，情報と伝達，モニタリング及びITへの対応に影響を及ぼす基盤をいう。
（2）リスクの評価と対応
　リスクの評価と対応とは，組織目標の達成に影響を与える事象について，組

織目標の達成を阻害する要因をリスクとして識別，分析及び評価し，当該リスクへの適切な対応を行う一連のプロセスをいう。

（3）統制活動

統制活動とは，経営者の命令及び指示が適切に実行されることを確保するために定める方針及び手続きをいう。統制活動には，権限及び職責の付与，職務の分掌等の広範な方針及び手続が含まれる。このような方針及び手続は，業務のプロセスに組み込まれるべきものであり，組織内のすべての者において遂行されることにより機能するものである。

（4）情報と伝達

情報と伝達とは，必要な情報が識別，把握及び処理され，組織内外及び関係者相互に正しく伝えられることを確保することをいう。組織内のすべての者が各々の職務の遂行に必要とする情報は，適時かつ適切に，識別，把握，処理及び伝達されなければならない。また，必要な情報が伝達されるだけでなく，それが受け手に正しく理解され，その情報を必要とする組織内のすべての者に共有される事が重要である。一般に，情報の識別，把握，処理及び伝達は，人的及び機械化された情報システムを通して行われる。

（5）モニタリング

モニタリングとは，内部統制が有効に機能していることを継続的に評価するプロセスをいう。モニタリングにより，内部統制は常に監視，評価及び是正されることになる。モニタリングには，業務に組み込まれて行われる日常的モニタリング及び業務から独立した視点から実施される独立的評価がある。両者は個別に又は組み合わせて行われる場合がある。

（6）ITへの対応

ITへの対応とは，組織目標を達成するために予め適切な方針及び手続を定め，それを踏まえて，業務の実施において組織の内外のITに対し適切に対応することをいう。ITへの対応は，内部統制の他の基本的要素と必ずしも独立に存在するものではないが，組織の業務内容がITに大きく依存している場合や組織の情報システムがITを高度に取り入れている場合等には，内部統制の目的を達成するために不可欠の要素として，内部統制の有効性に係る判断の規準となる。

統制環境について

統制環境としては，例えば，次の事項が挙げられる。

（1）誠実性と倫理観

組織が有する誠実性及び倫理観は，組織の気風を決定する重要な要因であり，

組織内のすべての者の社会道徳上の判断に大きな影響を与える。誠実性及び倫理観について様々な取組みが考えられるが,例えば,組織の基本的な理念やそれに沿った倫理規定,行動指針等を作成し,これらの遵守を確保するための内部統制を構築し,経営者自らが関与してその運用の有効性を確保することが挙げられる[12]。

COSO (1992) では,誠実性と倫理観は重要な統制環境要因と指摘されている。事業体の名声は非常に大切なものであるので,行動の基準は法の遵守だけに終わるものであってはならない。社会は名声を優良な企業に授けるにあたって,それ以上のことを期待している。内部統制の有効性は,それを設定し,管理し,そして監視する人々の誠実性と倫理的価値観の水準を超えることはできない。誠実性と倫理的価値観は統制環境の不可欠な要素であり,内部統制のそれ以外の構成要素の設計・管理及び監視に影響を与える。誠実性は企業活動のあらゆる段階における倫理的な行動の前提である。また倫理的行動と経営者の誠実性は「企業文化」の産物である。この企業文化には倫理的基準と行動的基準,係る基準の伝達方法及びそれらが実施に移され,強化される方法を含んでいる。

森 (1997) によれば,不祥事を防止するように企業倫理を有効化するためには,企業倫理を確保するシステムが必要である。企業倫理を企業の内部統制に組み込むことが必要である。

(2) 経営者の意向及び姿勢

経営者は会社を代表する存在である。その思考や行動様式は会社組織の基本的な方針に重要な影響を及ぼす。また,経営者が従業員に対してどのようにその意向や方針を伝えるのかで彼らの行動は影響を受ける。例えば,経営者が財務報告の重要性を認識して,適正な財務報告を尊重するなら,従業員はその指示に従い,適切な財務報告の実現に向けた体制の下で業務を遂行する。

経営者によって示される情報,そして日常的な行動,事業活動に関わる様々な判断は,組織の構成員の意識に浸透し,その内部統制に影響を及ぼす。経営

[12) 内部統制実施基準 I.2. (1) ①

者の心理や思考は直接観察することはできない。しかし，経営者の性格や思考を社訓や社是，経営理念，経営計画，倫理規程，行動指針等に反映されている。これらを従業員に浸透させることで，経営者の意向を踏まえた事業活動が遂行されるのである。

経営者の意向や姿勢が内部統制の整備と運用に影響していると指摘している報告は存在するが，両者の関係をアーカイバルデータで検証した結果はほとんど存在しない。本書では第5章で基本的な要因について検証した結果を報告している。経営者は善良であり会社内外の人間から搾取することはないだろうとする仮定も，経営者は機会があれば他者の財産を掠めとるとする仮定も極端すぎる。他の人々と同様に経営者はリスクにさらされることで機会主義的な行動をとるのかもしれない。リスクにさらされたときに経営者の機会主義的な行動を抑制する仕組みをどのように設計するのかは内部統制研究の課題だろう。

他の要因としてCOSO（1992）は財務報告に対する姿勢，選択可能な会計原則の中から保守的な会計原則を選択するか，それとも利益の捻出に結びつく会計原則を選択するか等の会計原則の選択に対する姿勢，会計上の見積りの際の慎重さと保守的な姿勢及びデータ処理，会計担当者に対する姿勢などを挙げている。

赤堀（2007）は「内部統制の所有者は経営者である」とし，経営者自らが主体的に健全な経営を推進しない限り内部統制を有効に機能させることは不可能であると指摘している。

(3) 経営方針及び経営戦略

内部統制実施基準では，経営方針及び経営戦略を統制環境の一部として挙げている。目的を達成するために，どのような方針を採用するのか，そして戦略を採用するのかは，構成員に影響を与えるだろう。こうした方針や戦略は各業務への資源配分の決定要因になる。経営方針及び経営戦略に基づく組織全体の目的を達成するために予算を配分することになる。配分された予算に従い，従業員は業務を執行する。予算配分を受けた業務部門は，それぞれに目標をもつことになるため，組織の目的は細分化されることになる。細分化された目的と

業務に関する内部統制が設定されるため，予算配分の背後にある経営方針や戦略，そして組織の目的がその目的の達成に影響する。

（4）取締役会及び監査役又は監査委員会の有する機能

内部統制実施基準では取締役会及び監査役又は監査委員会の有する機能を統制環境の構成要因の一部として挙げている。取締役会及び監査役会又は監査委員会はコーポレート・ガバナンスを構成している。武井（2007）は統制環境における監査役監査の重要性を主張している。

これらの会社法上の機関は取締役の業務を監視する責任を負っている。取締役及び監査役会又は監査委員会は経営者や特定の利害関係者から独立して意見を述べることができる。モニタリングに必要な正しい情報を適時かつ適切に得ているか等の業務の有効性は組織のモニタリングの有効性を判断する要因となる。

コーポレート・ガバナンスが経営者を規律付けるために有効に機能していることは内部統制の有効性の向上につながると期待できる。取締役会及び監査役又は監査委員会の機能を阻害する要因を会社が抱えていたなら，その有効性も下がる可能性がある。本研究では内部統制の有効性とコーポレート・ガバナンスの阻害要因の関係を検証した。

（5）組織構造及び慣行

組織構造及び慣行も統制環境の一部として内部統制実施基準は挙げている。組織とは2人以上の人間で構成され，何かしらの目的を共有しているものである。組織の目的を達成するために，組織構造をどのように形成するかで情報の伝達の有効性が影響を受ける。組織形態や権限及び職責，人事制度，報酬制度は，経営者が，組織内外の要因に従って構築する。この要因には組織規模や，業務の内容，製品・サービスの種類，市場の性格，地理的分散，従業員構成等がある。

組織の慣行は組織における行動の善悪についての判断指針となる。組織慣行は従業員の行動を縛る。組織内に問題があったとしても指摘しにくい慣行は，

統制活動や情報と伝達，モニタリングの有効性に影響を及ぼすだろう。組織慣行の形成は，組織内外の要因が複雑に絡み合う。例えば，組織内部の要因としては組織の歴史，規模，業務の内容，従業員構成が挙げられる。企業外部の要因としては市場，取引先，株主，親会社，地域特性，産業固有の規制等がある。

　長年にわたる事業活動によって，内部統制の成熟度が高まるため，内部統制の問題はむしろ新興企業に発生しやすいと先行諸研究は指摘している。これは，組織が長い間蓄積した慣行が内部統制の有効性を阻害することはないことを想定しているが，組織慣行が組織の存続・発展の障害となる要因があると判断した場合，経営者が適切な理念，計画等を示す必要があるだろう。

(6) 権限及び職責

　権限と職責も内部統制実施基準で統制環境の一部として挙げられている。権限は組織の活動を遂行するため付与された権利とし，職責は遂行すべき活動を遂行する責任と義務を意味している。事業活動における職責と権限は適切な者に割り当てられていることが重要である。

　組織の分権化は，その合理化又は水平化を伴う場合もあれば，合理化又は水平化によって分権化が進む可能性もある。権限を適切な者に配分することで内部統制の有効性を高めることを期待している。一方で組織の分権化は組織の専門化を進めることになる。構成員が自分の職責と権限の範囲内で行動することは内部統制の有効性を高めるのかもしれないが，同僚の業務内容への理解が進まなくなる危険性がある。組織内でどの程度の水準で分権化を進めるのかを決め，それが適切なのかどうかを継続的に検討することが重要なのかもしれない。

(7) 人的資源に対する方針と管理[13]

　内部統制実施基準では人的資源に対する方針と管理が統制環境の一部として挙げられている。人的資源とは会社の資源のうちヒトに関するものである。構成員をどのように管理するのか，そしてその方針がどのように設定するのかは内部統制の有効性に影響するのだろう。この方針とは雇用，昇進，給与，研修

---

13) 内部統制基準Ⅰ.2.(1)

等の方針である。

　COSO（1992）では人的資源に関していかなる管理が行われるかは，彼らの誠実性，倫理的行動及び能力について，事業体が従業員に期待している水準を伝えるメッセージによって示される。急速な技術革新や競争の激化による影響を部分的に受け，企業が直面する様々な問題は変化する。一層複雑化するので，従業員が新たな問題に備えて十分な知識や技術を身につけておくことは非常に重要である。そのため社内研修や自習又は現場教育も含まれている。

　具体的な要素として，利益計上など財務報告に対する姿勢や取締役会及び監査役又は監査委員会による監視，財務報告プロセスや内部統制システムに関する組織的，人的構成などが挙げられる。

　久保他（2005）は日本企業のコントロールメカニズムとして経営理念が重要な役割を果すことを主張した。日本企業は株主主権型企業よりも従業員が企業への持分をもつステークホルダー型企業としてとらえることができる。その場合，経営者や従業員の行動をコントロールするためには，何よりもまず企業の目的を明確化して各成員に行動の指針とその評価の基準を与えることが必要である。その役割を果たしているのが経営理念であると主張している。

　統制環境は他の構成要素の基礎となるものである。南（2010）は内部統制の基盤を整備する上で統制環境は最も重要な基本的要素と位置づけている。

　統制環境について堀江（2008b）は1979年のミナハン委員会報告書とCOSO（1992）を比較している。まず統制環境として抽出すべき要因は事業体ごとに統制環境は同一ではないから，どう一般化するかを問題としている。そして統制環境には誠実性や能力といった人的属性の要因と人の集合を前提とする組織的属性，人や組織が動くための基盤となる機能的属性の要因が識別される。統制環境には外部環境と内部環境があり，外部環境は与件として受け入れざるを得ない制御不能な要因であり，その有効性を評定する意味はないと指摘している。一方で内部環境は内部統制システムに直接的な影響を与える要因であって，主観性は払拭できないものの，程度判定は可能であり，内容や働きを制御できる要因としている。

リスクの評価と対応について

　内部統制実施基準におけるリスクとは組織目標の達成を阻害する要因を意味している。リスクには組織の外部要因と内部要因とに分けられる。外部要因としては天災，盗難，市場競争の激化，為替や資源相場の変動等が挙げられる。また内部要因としては，情報システムの故障や不具合，会計処理の誤謬・不正行為の発生，個人情報及び高度な経営判断に関わる情報の流失又は漏洩といった内容を挙げられる。

　例示されている要因を考慮しても内部統制実施基準におけるリスクは会社組織の事業活動に対して負の影響を与える。当然，会社の置かれている状況によってさらされるリスクに違いが現れるため，どのようにリスクを評価し，リスクに対応すればよいのかを一律に示すことはできない。

　ここでリスクの評価は，組織の目標達成に影響を与える事象につき，それを阻害する要因を識別・分析・評価するプロセスをいう。リスク評価は，組織内外で発生するリスクと組織の職能や活動単位の目標に関わる業務別のリスクに分類し，当該目標への影響を調査する。

　リスクの評価のプロセスは，①リスクを適切に識別すること，②リスクを適切に分析及び評価するために，識別したリスクを分類することで構成される。①では，組織目標の達成にどの程度影響を与えるのかを把握し，リスクを特定する。②で行われる分類では，例えば，全社的なリスクか業務プロセスのリスクかといった観点や過去に生じたリスクか未経験のリスクなのかの観点がある。

　全社的なリスクとは，組織全体の目標の達成を阻害するリスクである。内部統制実施基準では，財政状態，経営成績及びキャッシュ・フローの状況の異常な変動，特定の取引先・製品・技術等への依存，特有の法的規制・取引慣行・経営方針，重要な訴訟事件用の発生，経営者個人への依存等が挙げられている。

　業務プロセスのリスクについては，通常，業務の中に組み込まれた統制活動等で対応することとなるが，全社的なリスクについては他の統制環境の構成要素で対応することになる。

　リスクにはすでに存在しているリスクと未経験のリスクがある。前者はどのような影響を受けるのかを経験で理解しているけれども，後者はどういう影響

が生じるかについては不透明であることが多い。このため，より慎重に検討する必要があるのは未経験のリスクである。

COSO (1992) は事業体レベルのリスクとしていくつか例を挙げている。外部要因として，
- 技術の進歩は，研究開発の性格と時期に影響を与え，あるいは調達上の変化をもたらす場合がある。
- 顧客のニーズまたは期待の変化は製品開発，生産プロセス，顧客へのサービス，価格決定あるいは製品保証に影響を与える場合がある。
- 競争は，マーケティングあるいは顧客に変化を与える場合がある。
- 新しい法規は，経営方針と経営戦略の変更を余儀なくさせる場合がある。
- 自然災害は，業務あるいは情報システムに変化を与え，また，不測の事態への対応に関する計画の必要性をとりわけ強調する。
- 経済の変化は，財務活動，資本的支出および設備の拡張に関する意思決定に影響を及ぼす場合がある。

また内部要因として，以下の5つの例を挙げている。
- 情報システムの処理上の混乱は，事業体の業務に悪い影響を与える場合がある。
- 従業員の質および教育訓練と動機づけの方法は，事業体内部の統制意識の水準に影響を与える場合がある。
- 経営者の責任の変化は，特定の統制手段が実行される方法に影響を与える場合がある。
- 事業体の活動の性格と従業員が資産に容易に近づけることは，資源の横領の一因になりうる。
- 何ら発言しない，あるいは有効に機能しない取締役会または監査委員会は，軽率な行動を許してしまう場合がある。

事業活動を取り巻く環境は日々刻々と変化していく。その変化に対応すると同時にリスク評価も行う必要がある。その評価について特に注意をするべき状況としてCOSO (1992) は8つの例を挙げている。
- 事業活動を取り巻く環境の変化
- 新任の役員と新入社員

・新しく設計された情報システムあるいは改良された情報システム
・急速な成長
・新しい技術
・新しい生産ライン・新製品・新しい活動
・事業体のリストラ
・海外事業

のそれぞれについて経営者が注意しなければならないとしている。

　内部統制実施基準ではリスクの対応とは，リスクの評価を受けて，当該リスクへの適切な対応を選択するプロセスとしている。そしてリスクへの対応には，その回避と低減，又は受容等がある。
　リスクの回避とは，その原因になる活動を見合わせたり，中止したりすることを意味し，リスクの低減とはその発生可能性や影響を低くすることを意味している。リスクの移転とはリスクの全部又は一部を組織の外部へ移すことをいう。リスクの受容とはリスクの発生可能性や影響に変化を及ぼすような対応をとらないことを意味している。
　リスクを回避するのかそれとも受容するのかは発生可能性や影響額を考慮して決定する。もし非常に大きな影響を受けるのなら回避することが適切だろうし，ほとんど発生しないし発生したとしても対応可能である場合受容することの方が適切であると考えられる。
　坂井（2010）は内部統制はリスクの原因に働きかけ，リスクの発生可能性を低くすることで，リスクを軽減するとみなした。また，森田（2008）は，内部統制は不正を防止・発見するための有効な手段の一つである。ただし，社長や部長など権限を有する管理職等のチェックも受けずに独断専行で行われる不正の問題が内部統制においてもっとも大きいリスクであると主張している。

統制活動について

　内部統制実施基準では，統制活動の具体的な例として明確な職務の文章や内部牽制，継続記録の維持，適時の実地検査等の物理的な資産管理の活動を挙げ

ている。統制活動の種類としてCOSO（1992）は下記の6つの例を挙げている。
・最高経営陣の段階で行われるレビュー
・職能または活動の直接的管理
・情報処理
・物理的統制
・業務指標
・職務の分掌

　これらの活動は経営方針や経営戦略を適切に遂行するため，又は経営目的の達成に貢献することが期待される。

情報と伝達について

　情報と伝達については内部統制の構成要素の一つとして挙げられている。会社組織の中で情報とその伝達手段の重要性は高まっている。会社組織が大きくなればなるほど，複雑になればなるほど，その重要性は高くなる。会社内部における情報は組織の上層と下層，そして，横方向に伝達する手段が効果的でなければならない。そして会社外部との情報の伝達については顧客，納入業者，株主等の外部利害関係との間で効果的でなければならない。

　例えば，上層の管理層に中間層の管理者が情報を伝達する必要があれば，中間層の統制責任を履行しなければならないことが，最高経営責任者のメッセージとなる。分権化が進む組織では自分の職責を認識するためには，その業務報告を伝達することは有効である。

　情報が組織内で適正に伝達されない場合，事業活動の適切な遂行を阻害することになる。組織内で誰が一体どのような業務をどのようなプロセスで実施しているのかが分からなくなる危険性がある。もし組織内部で問題が生じたときに関係者が情報を受け取っていないと問題の解決が遅れ，深刻になる。日常的な情報伝達が適正に行われることを促す統制プロセスは円滑な組織運営につながる。言い換えれば，必要な情報が適時に組織内の適切な者に伝達される必要がある。経営者が組織内における情報システムを通して，経営方針等を組織の構成員に伝達し，重要な情報が，特に，組織の上層部に適時かつ適切に伝達さ

れる手段を確保する必要がある。最高経営陣が組織に存在する問題を把握できていないことは問題である。もし内部で共有できていない不正や問題を外部者が先に知ってしまった場合，対応が遅れ，会社の社会的信用が低くなるかもしれない。会社の持続的な成長を実現するためには組織内外の情報伝達経路を確保する必要がある。

　会社外部に対する情報伝達については，法令に基づく財務情報の開示を含め，適切に遂行されなければならない。組織から情報を伝達することもあれば，外部から情報が伝達されることもあるので，双方向の情報伝達経路が設けられることが求められる。

　日常的な情報伝達活動だけではなく，イレギュラーな情報伝達経路を確保する必要がある。特に，内部通報制度は，組織内部の不正を発見する際に有益な情報をもたらす可能性もある。内部通報制度を設ける際には，経営者や取締役会，監査役，又は監査委員会，顧問弁護士等に情報が伝達されるようにしなければならない。内部通報制度が有効に機能するには，通報者を保護する必要がある。通報者が不利益を被るような事態に陥るのならこの制度は機能不全に陥るだろう。一方で，誰かを出し抜くことを目的として，虚偽の告発が行われないために，情報の信憑性を確認するための方針と手続を準備することも重要である。不正を発見するためには内部統制を整備するよりも内部通報制度を強化した方が効率的であるとする向きもある。内部統制は組織全体に張り巡らされるものであるので問題ない構成員もその対象となる。周囲が問題ある行動を発見した場合，それを然るべき窓口に通報することで問題を是正することの方が効率的である可能性もある。内部通報制度については補章で検討した。

モニタリングについて

　内部統制は監視を必要としている。内部統制のプロセスを整備したとしてもそれが有効に機能しなければ画餅に帰すことになる。内部統制が当初の予定通りに機能していることを何かしらの形で評価する必要がある。モニタリング活動の意義は内部統制システムの質を継続的に評価することにある。モニタリング活動は，日常的モニタリングと独立的評価，あるいはその両者を組み合わせ

て行われる。日常的モニタリングは業務の過程の中で行われる。それが通常の管理活動と監督活動及び経営管理者が自己の職責を果たす際に行うその他の活動を含んでいる。独立的評価の範囲と頻度は，基本的にはリスクの評価と日常的モニタリングの有効性に基づいて決定される。独立的評価は上位管理層によるモニタリング活動である。内部統制の問題は，経営上層部に，そして特に重要な事項については最高経営責任者と取締役会に報告されなければならない。

　日常的モニタリング活動は，経営管理部門や業務改善プロジェクトといった通常業務に組み込まれて内部統制が有効に機能しているのかどうかを監視する活動である。菊池他（2010）によると，業務活動を遂行する部門で実施される内部統制の自己点検ないし自己評価も日常的モニタリングに含まれる。

　COSO（1992）は，日常的モニタリングとして以下の7つを例示している。

・経営者は通常の管理活動を遂行する中で，内部統制システムが現時点においても機能しているとの証拠を入手する。業務報告書が財務報告システムと統合ないし調整され，かつ，日常的モニタリングとして業務の管理に利用されている場合には，重大な誤謬もしくは予想された結果に反する例外事項は即座に発見されるのかもしれない。内部統制の有効性はこうした例外事項を適時かつ完全に報告することでそれを解決することで高められる。

・外部の関係者からの情報の伝達は事業体内部で作成された情報の直接的裏付けとなったり，もしくは問題の存在を示唆する。

・適切な組織構造と監督活動を通じて，統制活動が監視され，また欠陥事項が検出される。この仕組みは従業員不正の抑止力となる。

・情報システムによって記録されるデータは，資産の現物と照合される。

・内部監査人と外部監査人は内部統制を強化しうる方法に関して定期的に勧告を行う。

・研修セミナー，計画策定会議及びその他の会合は内部統制が有効に機能しているのかどうかを経営者が見直すことができる重要な機会である。こうした会合を通じて，統制上の問題点を示唆する問題が具体的に明らかにされるだけではなく，しばしば関係者の統制意識の程度も明らかになる。

・組織の構成員は企業の行為綱領を理解しているのかどうかについて，また，

それを遵守しているかどうかについて，明確に述べるよう定期的に求められる。

これらの内容は内部統制の構成要素のそれぞれがもつ重要な側面を対象としていることを示していると説明している。

独立的評価とは日常的モニタリングでは発見できないような経営上の問題がないかを別の視点から評価するために定期的又は随時に行われるものである。独立的評価は，経営者，取締役会，監査役又は監査委員会，内部監査を通じて実施されるものである。内部統制を評価することもそれ自体一つのプロセスである。内部統制を評価する際に利用できるツールには，チェックリストや質問書及びフローチャート等がある。モニタリングには内部統制の文書化が必要になるが，それがどの程度必要なのかは規模，複雑性等の要因で異なる。規模の大きな会社では内部統制の文書化が果たす役割は大きいが，そうではない会社では相対的に小さいのかもしれない。

内部統制の有効性を維持・向上させるには，モニタリング活動が有効に機能する必要がある。内部統制の有効性を評価する人々は組織の活動及び評価の対象となる内部統制の各基本的要素を理解しておく必要がある。

内部統制の評価，特に日常的モニタリングと独立的評価によって明らかになった内部統制の問題をどのように取り扱うのかは重要なポイントになる。問題を適切な相手に伝えないと問題が適切に処理されない可能性がある。内部統制の問題は最終的に経営者，取締役会，監査役等に対して報告される。

モニタリングに関する統制手続の例として，帳簿記録と実際の製造・在庫ないし販売数量等との照合，定期的な棚卸手続，内部監査部門及び監査役ないし監査委員会等による監査がある。内部統制の問題は不正と密接に関連する。内部統制の問題が不正によって明るみになったとき，不正を犯しているのは構成員の場合がある。報告する相手が社外役員であることも想定される。

ITへの対応について

内部統制基準では，ITへの対応とは組織目標を達成するために予め適切な方

針及び手続を定め，それを踏まえて，業務の実施において組織の内外のITに対し適切に対応することとしている。

　ITへの対応は，内部統制の他の基本的要素と必ずしも独立に存在するものではない。会社の業務システムのほとんどがITに依拠している場合，業務管理システムが高度なITを利用している場合は，内部統制の目的を達成するために不可欠な要素として，内部統制の有効性に係る判断の規準となる。

　COSO (1992) が公表された時点では会社におけるITの利用はそれほど進んでいなかった。そのため，これは内部統制の構成要素として挙げられていなかったが，内部統制基準では追加されている。この20年で事業活動におけるITの利用は進展している。会社のIT環境への対応状況とITの利用及び統制についての理解が必要になる。

　会社内外のITの利用状況と社会・市場におけるITの浸透度，組織が行う取引等におけるITの利用状況及び選択的に依拠している一連の情報システムの状況をIT環境としている。ほとんどの上場会社がITシステムを導入している。おそらく問題はITへの依存度であろう。依存度が高くなる会社や業種ではIT環境が重要になる。会社ではその目標を達成するために，組織の管理が及ぶ範囲で予め適切な方針と手続を定め，それを踏まえた適切な対応を行っている。IT環境への対応は，単に統制環境のみに関連付けられるものではない。個々の業務プロセスの段階で内部統制の他の基本的要素と一体となって評価される。

　内部統制基準によると，ITの利用及び統制は組織内において，内部統制の他の基本的要素の有効性を確保するためにITを有効かつ効率的に利用すること，ならびに組織内において業務に体系的に組み込まれて様々な形で利用されているITに対して，組織目標を達成するために，予め適切な方針及び手続を定め，内部統制の他の基本的要素をより有効に機能させるものと定義されている。

　多くの上場企業ではITは多くの業務プロセスを支援する目的で導入されている。これはITの利用及び統制について内部統制の他の基本的要素と密接不可分になる。ITの利用及び統制は，導入されているITの利便性とともにその脆弱性及び業務に与える影響の重要性を考慮して評価しなければならない。

　内部統制監査と一体的に実施される財務諸表監査でも，ITに関する内部統制

をどのように評価するかが課題となる。全般統制と重要な虚偽表示リスクの関連を明らかにし，全般統制を評価する際の留意事項をまとめた日本公認会計士協会IT委員会研究報告第46号が公表されている。この場合における全般統制とは，通常次の事項に関する内部統制が含まれる。
・データ・センターとネットワークの運用
・アプリケーションの取得，開発及び保守
・システム・ソフトウェアの取得，変更及び保守
・プログラム変更
・アクセス・セキュリティ

　具体的な例として情報処理システムが財務報告に係るデータを適切に収集し，処理するプロセスの確保，各業務領域で利用されるコンピュータ等のデータが適切に収集，処理され，財務報告に反映されるプロセスの確保が挙げられる。

その他の視点

　神田（2006）は内部統制の機能として統制と免責を挙げている。免責とは信頼の抗弁であり，内部統制システムを設置し，それが機能しているなら何が起きても取締役が善管注意義務違反にはならず，免責されるとしている。

　他には内部統制の構成要素を柴田（2008）は静的内部統制と動的内部統制に分けている。静的内部統制とは内部統制組織を構築し，さらに企業等の組織体の内部ルールを厳密に作成し，文書化することに主眼をおく考え方であり，動的内部統制は，企業の組織体のルールを文書化したものが有効にルール通りに従業員によって運用されているのかに主眼をおく考え方である。

内部統制に関する議論の変遷

1．わが国における内部統制議論

　内部統制を考える際に，会社が組織であることは重要なヒントになる。2人以上の人間が構成し，ある特定の目的に向かって活動するのが組織だとしたら，

構成員の行動を統制しなければならない。もし1人で活動しているのならそれに頭を悩ませる必要がない。例えば，家の周りに木を植えていて，育ったところで伐採する。伐採した木を自分で加工して食器を作り，自分の家の軒先で村の人達に売って生活する男は統制について考える必要はない。こうした人達で社会が成り立っているのならおそらく内部統制に関して検討する拙稿は世に出ることはなかっただろう。食器を作って生活する男の話は，現在ではこのようになる。直線距離にして400キロ離れた材木屋から木を仕入れ，食器職人を志す弟子数名を指導しながら食器を加工する。完成した食器の一部は自分の家で売るのかもしれないが，そのほとんどは東京や大阪の百貨店で販売してもらうために業者に卸す。業者から届く書類はパートの従業員に整理を依頼し，食器の制作・販売に関わる事務処理を任せている。一人で活動しているのなら，木の世話や食器がよく見えるレイアウトや値付け，経理処理等，原材料から代金回収までのあらゆる仕事に精通していなければならない。これは難しい。難しいことをやっている割に，社会は事務処理や木の世話の技術はてんで持っていないけれど，より使いやすい食器や綺麗にみえる食器，かわいい食器を作る技術に精通している職人の方を評価する。社会は職人が作る過程ではなく，アウトプットを評価するからである。つまり木を世話する能力に長けた人とよりよい食器を作ることができる職人と販売に長けた人，事務処理能力に長けた人が集まって仕事をする方が効率的になるのである。つまり組織の特徴として分業と専門性がある。

　これだけなら組織で行動すればいいじゃないかと思うかもしれないけれど，組織の分業と専門化は別の問題を生じさせる。食器職人でいえば，食器の材料を生産する材木屋に食器職人が依存することになるし，販売に長けた人は食器職人の仕事に全てがかかってくることになる。材木が届かなければ食器はできないし，食器が完成しないと販売もできなくなる。仕事の成果が交換され，同期化されていくのである。また食器職人は食器を作ることに専念すればいいわけで，材木がどのように作られているのかや，どのように販売されているのかについては何もわからなくなる。分業と専門化の裏で成果物の交換と同期化が問題になるのである。

会社と呼ばれる組織の構成員は，会社の目的を達成するために何をすべきかを考えながら行動しているはずである。もし構成員がそれを理解できていない場合，組織内の成果物の交換・同期化のコストが大きくなる。また組織内で課された仕事に取り組まない，ルールも守らない個人が存在することも組織のコストを増やすことになる。組織化によるベネフィットを最大化するためにはこうした問題を解決する仕組みが必要になる。広い意味で内部統制はこの仕組みの一つとして理解できる。

 こうした側面から最初に内部統制を定義したのは，1951（昭和26）年に通商産業省産業合理化審議会から公表された「企業における内部統制の大綱」だろう。この大綱では下記のように説明している。「内部統制とは，企業の最高方策にもとづいて経営者が，企業の全体的観点から執行活動を計画し，その実施を調整し，かつ実績を評価することであり，これらを計算的統制の方法によって行うものである」。

 簱本（2010）は，当時の企業の経営環境の中で何が論点だったのかを検討した。日本鉱業株式会社の事例を参考にし，内部統制が経営監査を主眼としており，その手段として予算統制に注目していたことを示した。また内部監査には改善措置を促すためのチェック機能としての役割が期待されていたことを示している。

 会社における内部統制の機能をより特化させたものが，財務報告に係る内部統制であると解している。財務報告は会社の事業活動の一部であるし，会社組織から独立しているものでもない。財務報告に係る内部統制は，先に述べている組織化による利益を最大化するための仕組みの一部分である。財務報告に係る内部統制に焦点があたる理由として，会計・監査の仕組みの中で内部統制がフォーカスされてきたことが挙げられる。会社組織の統制の観点からの内部統制の議論が高まったのは20世紀後半になるが，財務報告の議論は20世紀の初期から議論されていた。信頼できる財務報告の存在が重要になるにつれ，それを作成するプロセスの充実が必要になってきた。また財務諸表の適正性に関する意見表明を目的とした公認会計士監査の制度化によってそのプロセスの重要性がますます高まることになった。

 会社が公表する財務諸表の役割について検討する視点は，株主と経営者との

関係が出発点になる。株主は寄託した財産が事業活動の目的に従って運用されているのかどうかの説明を経営者に求める。なぜならば会社外部にいる株主は会社の財産の状況を知り得ないからである。逆にいえば，会社外部にいる株主は会社の財産がどのようになっているのかわからないことを利用して，経営者が自分の利益のために会社財産を私消することもできる。こうした問題を解消するために，株主に対して財産の状況を報告する必要がある。会社の財産の状況を説明するための情報を整理し，それらを財務諸表に反映するための仕組みを経営者は作らなければならない。彼らは，本来なら会社に存在するはずの重要な財産が失われていることや，会社に存在しないはずの財産が存在していることを防ぐ必要がある[14]。

　また会社の業績を外部者に報告することは財務報告の目的の一つとされている。証券市場に参加する投資者にとって投資先を選択するための重要な情報の一つとして財務諸表がある。自分の目的に適合する投資先を発見するために財務諸表が利用されているのなら，財務諸表は投資家にとって意思決定情報として適切な情報でなければならない。業績を正しく反映するために日々の取引を記録し，その証拠とともに整理し，財務諸表に反映させる作業が必要になる。

　株主や証券市場の投資者をはじめ，多くの利害関係者が会社の財務諸表を意思決定情報として利用している。この重要な役割を担う財務諸表の作成プロセスとして，財務報告に係る内部統制が存在している。一方で，財務諸表を作成する段階で，裏付けになる情報と実態が異なっている場合やルールを守っていない取引が発見される可能性がある。逸脱した行為を発見しそれを是正することを財務報告に係る内部統制は期待されている。財務諸表の作成とその信頼性の保証を制度で義務付けられたことで，内部統制は会計・監査の視点から議論されることが主になっている。

　わが国で内部統制をはじめて定義した基準は1950（昭和25）年に公表された企業会計審議会中間報告である。監査基準の監査実施基準　四「監査人は監査手続の適用範囲を決定するため，内部統制の制度及びその運営状態を調査し，その信頼性の程度を判定しなければならないとしている」。また監査実施準則二，

---

[14] 会計責任を果すための内部統制については坂井（2010;2012）が検討している。

二で,「試査の範囲は会社の内部統制の信頼性の程度に応じ,適当にこれを決定する。内部統制の信頼性を確かめるためには,その実施規定を検閲して組織を理解するばかりでなく,担当者に対して直接に説明を求め,又は監査人自ら会計記録について試査を行い,この組織が実際上有効に運用されている程度を調査する。内部統制組織がよく整備運営されている会社に対してはこれを信頼して試査の範囲を縮小することができる。然しながらその組織が完全ではなく,また効果が十分に認められない場合には,それに応じて試査の範囲を拡大しなければならない。従って場合によっては精査を必要とすることもありうる。個別監査手続を適用する時期,範囲,及び方法については,監査人が会社の内部統制の信頼性の程度及びその他の事情に応じ,正当の注意をもってこれを決定する」と規定している。監査実施準則では内部統制が整備されていると,試査の範囲を縮小することができるとしているなど若干具体的な記述も見られる。1950（昭和25）年に制定された監査基準の背景には,わが国ではまだまだ定着していなかった監査について,啓蒙的な側面もあったことからこうした記述になったと解している。ここでは内部統制を組織としてとらえ,内部牽制組織と内部監査組織からなるものとして定義している（松本 2016）。この定義を起点としてわが国の内部統制に関する議論は専ら会計,特に監査の領域で議論される様になった。

　財務諸表監査を戦後導入したわが国では,1950（昭和25）年に公表された監査基準をもとに会計制度監査と呼ばれる5回の監査を経て1957（昭和32）年から正規の財務諸表監査が導入された。それにあわせて監査基準は1956（昭和31）年に改訂された。その後幾度か監査基準が改訂されてきたが,財務諸表監査の視点から見た内部統制概念は大きく変化することはなかった。

　内部統制の概念に変化があったのは1991（平成3）年改訂の監査基準であろう。1991年改訂の監査基準では第二,実施基準　三「監査人は内部統制の状況を把握し,監査対象の重要性,監査上の危険性その他の諸要素を十分に考慮して,適用すべき監査手続,適用すべき監査手続,その実施時期及び試査の範囲を考慮しなければならない」と規定している。

　財務諸表監査の範囲はあくまで財務諸表に含まれる情報が適正に表示してい

るのかを検証するものである。しかし，財務報告の重要性が高まるにつれ，監査に対する社会の期待も高まった。その結果として社会が期待する監査と実際の監査との間に乖離が生じたのである（期待ギャップ）。内部統制の状況だけではなく，それに対して経営者がどのように関与しているのかといったことも検討する必要が生じたのである。これらを通じて期待ギャップを縮小させていくよう試みていた。内部統制のリスク評価が導入されたのは，財務諸表監査は情報の適正性だけを対象としているのではなく，経営上の取引や行為の妥当性を対象とする必要が生じたことを背景にしていると解する。

　財務諸表監査における内部統制の位置づけについては監査基準で規定されてきたが，実際に内部統制が何かを明示することはなかった。内部統制が何かを監査基準で示したのは2002（平成14）年改訂の監査基準である。この監査基準の前文において内部統制は「企業の財務報告の信頼性を確保し，事業経営の有効性と効率性を高め，かつ事業経営に関わる法規の遵守を促すことを目的として企業内部に設けられ，運用される仕組み」と定義されている。また内部統制は①経営者の経営理念や基本的経営方針，取締役会や監査役の有する機能，社風や慣行からなる統制環境，②企業目的に影響する経営リスクを認識し，その性質を分類し，発生の頻度や影響を評価するリスク評価の機能，③権限や職責の付与及び職務の分掌を含む諸種の統制活動，④必要な情報が関係する組織や責任者に適宜，適切に伝えられることを確保する情報・伝達の機能，⑤これらの機能の状況が常時監視され，評価され，是正されることを可能とする監視活動から構成される，としている。後に触れるが，この前文はCOSO（1992）の枠組みをわが国の財務諸表監査でも利用することを明示した。1991（平成3）年に改訂した監査基準はリスク・アプローチの概念を導入したものの明確ではなかったため，2002（平成14）年改訂の監査基準ではリスク・アプローチに基づく監査をより明確化した。財務諸表の重要な虚偽の表示が企業の内部統制によって防止又は適時に発見されないリスク（統制リスク）の評価は，財務諸表監査の成否を握っている。こうした視点のもとで，この監査基準の改訂で内部統制概念を明確化したと理解している。

　2005（平成17）年改訂の監査基準では，監査人に内部統制を含む企業及び企

業環境を十分に理解し，財務諸表に重要な虚偽の表示をもたらす可能性のある事業上のリスク等に考慮するように求めている。これは監査上の判断が財務諸表の個々の項目に集中する傾向があり，このことで経営者の関与によりもたらされる重要な虚偽の表示を看過する原因になるとの指摘を背景としている。

わが国の制度上，内部統制の評価が財務諸表監査の実施の基礎となってきたのは，監査基準の主な改訂を概観することでも理解できる。最初期の段階でも内部統制の有効性が試査の範囲を決める判断材料となることを示している。一方で，内部統制が具体的に何かを示したのは2002（平成14）年改訂の監査基準であった[15]。内部統制は会社ごとにその事業目的や内容，組織等に従って整備・運用されるので画一的な定義を設けることが難しいことは自明である。わが国の企業において内部統制の議論がそれほど進展しなかった背景にはこうした事情があるのかもしれない。内部統制を構築し運用するのは会社であるにもかかわらず，その重要性を強く強調しているのは企業外部にいる公認会計士や会計・監査の研究者である[16]。こうした事情は財務諸表監査のための内部統制実務を促し，企業経営に資する実効性のある内部統制実務が醸成されない危険性をはらんでいる。

2．アメリカにおける内部統制議論

わが国の財務諸表監査制度・実務はアメリカでの制度・実務の動向を踏まえて進展してきた。海外に事業展開する会社が増加することによって，会計，監査基準は国際的な基準にあわせる必要がある。日本の法制度・社会風土を考慮し，独自の制度を設けた場合，海外での事業展開を行う会社は複数の財務諸表を作成し，それぞれについて監査を受けることになる。財務報告に関するコス

---

[15] 学術的には日本会計研究学会1969年・1970年度会計監査特別委員会「財務諸表監査における内部統制の研究」で下記のように定義されている。「内部統制は企業の資産を保全し，会計記録の正確性と信頼性を確保し，かつ経営活動を総合的に計画し，調整し，評定するために経営者が設定した制度・組織・方法及び手続を総称するものである」。

[16] 経済産業省が2005年8月から企業不祥事防止のための内部統制等の取組について，企業経営者，市場関係者等をメンバーとした「企業行動の開示・評価に関する研究会」を開催した。また「コーポレート・ガバナンス及びリスク管理・内部統制に関する開示・評価の枠組について－構築及び開示のための指針－」を公表している。

ト負担を軽減するためにこうした対応は許容されるべきであろう。ここではアメリカにおける内部統制概念の変質について検討した文献の概観を示した。

アメリカでの内部統制の議論も，わが国と同様財務諸表監査での利用方法から始まっている。特に内部統制に注目が集まったのは財務諸表監査の目的が変質した時期と一致している。Brown（1962）は財務諸表監査の目的の変遷を図表2-4にまとめた。この図表はアメリカでの内部統制の重要性の認識が20世紀初頭になっていることを示している。

財務諸表監査の進展とともに内部統制の重要性が認識されていることをBrown（1962）の示した図表から理解することができる。それでは外部監査において内部統制がどのように評価されてきたのだろうか。

千代田（1990）は財務諸表監査の前提となる内部統制概念が，経営者不正の摘発とリスク分析アプローチとの関連においてアメリカではどのように変化してきたのかを検討している。1936年に発表された財務諸表の監査，1939年の監査手続の拡張では，内部牽制及び統制組織に代えて内部統制としたがその内容については何ら触れなかったとしている。1948年に制定された監査基準では，内部統制の信頼性を確かめるための並びに監査手続の試査の範囲を決定するための基礎として，内部統制について適切な調査および評価を実施しなければならないとした。アメリカ会計士協会が1949年に公表した特別報告書では内部統制を「企業の資産を保全し，会計資料の正確性と信頼性を検査し，さらに経営能率を増進し，定められた経営方針の遵守を促進するために，企業で採用された組織計画及びあらゆる調整方法と手段である」と定義している。これについて

図表2-4　監査目的と内部統制の重要性の変遷

期間	監査目的	内部統制の重要性
－1500	不正発見	認識されていない
1500－1850	不正発見	認識されていない
1850－1905	不正発見/事務的なミスの発見	認識されていない
1905－1933	財務諸表の適正性/不正誤謬の発見	僅かに認識される
1933－1940	財務諸表の適正性/不正誤謬の発見	重要性に気づく
1940－1960	財務諸表の適正性	強く協調される

（注）Brown（1962）を参考に作成した。

千代田（1990）は経営者の立場からみた内部統制概念と評価している。1958年にアメリカ公認会計士協会はSAP29号を公表し，内部統制を会計統制と経営統制にわけ，通常の財務諸表監査において，独立監査人は財務記録の信頼性に直接的かつ重大な関係を有する会計統制を評価し，経営統制を評価する必要はないとした。1963年のSAP33号も同様である。1971年は財務記録の信頼性と密接な関係にある経営統制手続を会計統制に含め内部会計統制と呼び，監査人にこの内部会計統制を調査・評価するよう要求した。1972年のSAP54号は内部会計統制を「内部会計統制は資産の保全及び財務記録の信頼性に関連する組織計画及び手続と記録からなる」としている。1980年のSAS30号では，非監査業務の一環として内部会計統制システムについて意見を表明することを直接の目的とする契約において，全般的統制環境を考慮する必要があるとした。1982年のSAS43号は会計システムと内部会計統制システムを区分し，内部会計統制システムのレビューに際して，会計システムを通じて取引の流れとともに統制環境を理解すべきことを要求している。SAS55号は内部統制を内部統制構造に概念を変質させた。内部統制構造は統制環境と会計システム，統制手続とこれらの各々に設定される諸方針や諸手続から構成される。SAS1号とSAS55号の違いについて河合（1990）は3つの理由を挙げている。第1に，SAS1号の内容が監査計画の設定基準として不十分であること，第2に，従来と違って監査基準の中に監査リスクを導入し，監査リスクを評定することで監査証拠の収集と評定を行い，監査意見を形成することとした。第3に，内部統制の信頼性と準拠テスト又は遵守性テストは監査用語として誤解されやすいため使用しないことを指摘した。

　アメリカ公認会計士協会は1995年にSAS78号を公表した。SAS55号との違いについて奥西（1998a）は内部統制の構成要素については大きな変化をもたらしたとする一方で，監査業務としての内部統制の評価方法を重視する立場では，内部統制の構成要素を組み替え，評価方法については一部の用語が変わっただけであり，重大な変化はなかったとしている。ただし，財務諸表監査のための内部統制と経営者のための内部統制を一致される試みとして，78号を評価すると重要度が高まるとしている。当時の議論であるけれども，奥西（1998a）はわが国会社の内部統制を充実させるために，①企業統治の構成者，それぞれに具

体的な提案を示すこと，特にわが国では監査役会の活用を考えること，②経営者に魅力的な内部統制像を示すべきこと，③自社の内部統制を容易に評価するツールを提供するべきであることを挙げている。

外部監査における内部統制評価実務に関する指針についての論点は，財務諸表監査の目的を達成するために，内部統制を外部監査人はどのように評価すればよいのかである。あくまで外部監査人が財務諸表監査を実施する視点からのアプローチであった。やはり内部統制に関わる議論の中心は会計・監査に関わる人々だったのである。内部統制を整備・運用する責任を負う経営者に対してどのような規制が課せられるのだろうか。その一例として挙げられるのは1977年の海外不正支払防止法である[17]。同法では全てのSEC登録外者に対して内部統制に関する規定を定めた。同法の成立は財務諸表監査の前提としての内部統制から，企業経営者に対する法的規制面の内部統制へと変化する意味で重要である（八田 2002）。

内部統制の限界

内部統制の限界について内部統制基準は以下のように説明している。

> 内部統制は固有の限界を有している。
> ①内部統制は，判断の誤り，不注意，複数の担当者による共謀によって有効に機能しなくなる場合がある。
> ②内部統制は，当初想定していなかった組織内外の環境の変化や非定型な取引等には，必ずしも対応しない場合がある。
> ③内部統制の整備及び運用に際しては，費用と便益の比較衡量が求められる。
> ④経営者が不当な目的の為に内部統制を無視ないし無効ならしめることがある。

---

17) この法律は内部統制の議論のみならずコーポレート・ガバナンスの議論にも重要な影響を与えている。この法律の背景にはウォーターゲート事件がある。会社の目的は利潤を追求することではあるが，国内外の政府高官に違法な政治献金もしくは賄賂を含む疑わしい支出を行っていたことからアメリカを代表する企業が違法行為を行ってまで収益を上げることに対して疑問が生じた。コーポレート・ガバナンスのあり方として，経営者が会社の事業活動を継続し，安定した経営を行うよう仕向ける形を模索し始めた。

内部統制は，判断の誤り，不注意，複数の担当者による共謀によって有効に機能しなくなる場合がある。しかし，内部統制を整備することにより，判断の誤り，不注意によるリスクは相当程度，低減されるとともに，複数の担当者が共謀して不正を行うことは，相当程度困難なものになる。

　また，内部統制は，当初想定していなかった組織内外の環境の変化や非定型的な取引等には，必ずしも対応しない場合がある。しかし，例えば，当初想定していなかった環境の変化や非定型的な取引の発生しやすいプロセスに重点的に知識・経験を有する者を配置するなど，的確に内部統制を整備することによって，当初想定していなかった環境の変化や非定型的な取引への対応の範囲は相当程度，拡げることができる。

　内部統制は，組織の経営判断において，費用と便益との比較衡量の下で整備及び運用される。組織は，ある内部統制の手続を導入又は維持することの可否を決定する際に，そのための費用と，その手続によるリスクへの対応を図ることから得られる便益とを比較検討する。

　さらに，経営者が不当な目的のために内部統制を無視ないし無効ならしめることがある[18]。しかし，経営者が，組織内に適切な全社的又は業務プロセスレベルに係る内部統制を構築していれば，複数の者が当該事実に関与することから，経営者によるこうした行為の実行は相当程度,困難なものになり，結果として，経営者自らの行動にも相応の抑止的な効果をもたらすことが期待できる。

　なお，当初想定していなかった組織内外の環境の変化や非定型的な取引等に対して，経営者が既存の内部統制の枠外での対応を行うこと，既存の内部統制の限界を踏まえて，正当な権限を受けた者が経営上の判断により別段の手続を行うことは，内部統制を無視する，又は無効にすることには該当しない。

　内部統制の費用と効果の問題は大きな論点となっているだろう。内部統制報告制度導入に際して大きな問題として指摘されているのが，制度対応コストであった。対応コストを負担する割に，事業活動への貢献がなかなか見えてこな

---

[18] 経営者が内部統制を無視する理由としてCOSO（1992）は，市場占有率の下落，非現実的な予算の達成のため，株式の公募又は売り出しの前に事業体の市場価値を釣り上げること，業績連動報酬を高くすること，売上予想や利益予想を達成すること，財務制限条項違反を隠す，法律上の要件を遵守していないことを隠蔽することを挙げている。

いことで，合理的な保証を与える意味での内部統制に存在する限界を大きくしているのかもしれない。費用を測定することは効果を測定するよりも簡単であるとされる[19]。効果の測定が難しい理由は，おそらく内部統制がビジネスプロセスに組み込まれていることにある。プロセスの一部だけを取り出してそれがどの程度効果があるのかを客観的に評価することが難しい。効果の測定には主観がかなり含まれることになる。費用と効果の適切なバランスを見出すことが難しいため，内部統制の限界を生み出す原因の一つになっていると解している。

　内部統制には限界があるため，経営者による不正をすべて排除できるわけではない。この問題について佐久間（2006）は，内部統制に内在する歴史的経路依存性あるいは歴史的相関性が大きく関わっている点を考察し，内部統制そのものが内包するマネジメント・コントロール機能自体が，その経路依存的性質からコーポレート・ガバナンスとしての内部統制にも引き継がれている。

　南（2010）は不正が内部統制の固有の限界を狙って行われる可能性が高く，不正が発覚したからといって直ちに内部統制の不備と判断するのではなく，単に発見事項あるいは例外事項とする可能性もあると指摘している。

---

[19] 経営者が従業員の倫理教育にどの程度関与しているのか等の統制環境要因については測定することは困難である（COSO 1992）。

補論　内部統制と内部告発

　ここでは内部統制の機能を補完する内部告発について検討する。適正な内部統制を整備・運用しても限界が存在する。内部統制の枠外で発生する経営者や従業員の不正に対しては無力である。想定する範囲を超えた問題に対応するために内部告発を利用することもできる。わが国でもいくつかの事案が内部告発の形で明るみになっている。内部統制で未然に防ぐことができなかった不正が内部告発によって表面化したのである。内部統制と内部告発の関係についてはどのように検討されてきたのだろうか。検討の前に内部告発とは一体何かを検討しよう。英語圏ではWhistle-blowingと呼ばれている。一部の領域では内部告発がネガティブなイメージをもっているとして"警笛鳴らし"と訳している場合もある。ただし，Whistle-blowingには「裏切り」から「告発」まで幅広い意味があるとして単純に「ホイッスル・ブローイング」とする向きもある（岡本他 2006）。また内部告発は密告であり，新聞社や監督官庁に対する匿名の通報であり，一方でホイッスル・ブローイングは実名での通報とする立場をとる論者もいる（杉本・高城 2002）。内部告発の定義はいくつか存在しているけれども，ここでは組織内部の人間が組織の違法な行為・条件などを組織内の担当部署や政府機関・マスコミ・メディアに対して自発的に開示することとする。企業内部での通報も定義の中に含めているのは，内部統制の基本的要素である情報と伝達に，内部告発のプロセスを含めることができると考えたからである。

　遠藤（2007）は内部統制と内部通報システムについて検討している。検討の結果，①関連の従業員から提供される極秘で匿名の不正情報は，これらの不正や違法行為を予防することに有効であるばかりでなく，組織の内部統制を高めることにも有効である。②ある種のIT技術は関連する従業員とその対応窓口との間で行われる円滑な情報交換をスムーズに仲介するためのホットラインシステムとしての役割を担っている。また，従業員が極秘で匿名の不正情報を適切

な専門家にダイレクトに提供できる有効な手段となりうる。③このような内部通報システムを的確かつ充分な方法で導入することが，結局は将来の企業価値の毀損を未然に防止することになる。④日本企業はアメリカの例にならい，できる限り早期に内部通報制度を含む十全たる内部統制システムを構築し，企業風土と企業文化の変革を図るべきである，と結論づけている。

　吉武（2016）は内部通報制度と内部監査の関わりを調査している。調査対象企業の中で最も多い仕組みは，親会社の業務執行部門が企業集団の内部通報の受け皿となり，内部監査部門はその業務執行部門から報告を受けることとなっている形態である。

　内部統制の基本的な構成要素として情報と伝達があり，その一部として内部告発のプロセスを組織内に構築するとの論拠はある意味で正しい。内部統制プロセスとして認識している部分で発見できなかった不正を日々の業務に従事する従業員が発見し，それを発見するプロセスを用意しておくことは，会社の統制が向上することにつながると期待できる。この視点だと業務プロセスの内部統制を補完する役割を内部告発が果たしていることになる。

　内部告発と内部統制を比較すると断然前者の方が安く済む。不正を発見したら然るべき部署に通報する仕組みを用意しておけばよい。もし不正が見つからなければ内部告発は起きないのだから，不正が起こるかもしれないとして，適切なプロセスを構築する必要がある内部統制に比べれば安いものである。現に内部統制よりも内部告発に依拠した不正対策をアメリカが実施しているとも捉えることができる。

　ドッド・フランク法による公益通報に関する規定は，自社の証券法違反についてSECに通報したものに対して当該者に対する民事制裁金等の10〜30％を通報者に報奨金として支払う制度を柱としている。このルールについては従業員が報奨金目当てに違反事案を直接持ち込むことで，会社のコンプライアンス活動が阻害される事態が想定されるとの批判が存在する（神山2011）。内部通報の対象となった会社の経済的帰結についてはBowen et al.（2010）が検証している。また会社内部での通報制度に対する報酬の提示が不正の発見にどのように影響しているのかを検証したBrink et al.（2013）がある。

選択肢の一つとして内部統制があるのは確かであるが内部告発の仕組みには何の問題もないのだろうか。大倉（2008a）は内部告発制度の問題点について検討している。まず通報先ごとに通報が相当であるとされる内容が異なっているので通報者の判断が要求されていることである。次に労働者が内部告発・公益通報をすると決断し，実行する場合，公益通報に当たるのかを判断を経た上で，その告発先・通報先，匿名・実名・内部告発・公益通報，その他の手段を実際に選択することが必要であるが，告発に係る第三者の名誉・信用その他の権利も配慮する点が問題であるとしている。

岩崎（2016）は内部通報システムを会社の不祥事を通報する場ととらえる傾向が多いが，そのような狭義の捉え方が主になるとうまく機能しなくなる危険性を懸念している。

会計・監査や法律の領域ではいくつかの問題が指摘されているものの，システムの問題にとどまっているきらいがある。内部告発が機能するのか否かには倫理的な問題がある。つまり，内部告発を「悪徳な裏切り行為」とみなすか「正義の体現」とみなすかである。前者だと考えながら告発に及ぶには倫理的な葛藤や負担がかかる。一概にいえないが内部統制の整備のためのコストを内部告発者が負担するコストに移転させているだけにすぎないのかもしれない。

内部告発を巡るもう一つの課題は，内部告発の内部要因と外部要因だろう。実は内部要因に関する研究は嫌がられる危険性が高い。なぜならば，内部告発を比較的しやすいプロファイルをもっている場合，同僚から警戒される危険性があるためである。同調圧力が強い場合や服従傾向がある人は内部告発をしない傾向があるといわれている。また組織コミットメントや職業に対する満足感も影響するのかもしれない。

外部要因は内部統制の統制環境と重複する部分も多いだろう。組織風土や組織文化などである。内部告発をしないように促す組織風土の要因として興味深いのは，属人思考である（岡本他 2006）。属人思考とは事柄の評価にその事柄の性質・特性の情報よりも，誰がそれを行っているのかを示す情報を重視する傾向である。岡本（2002）は，こうした属人思考は誤りを正しくくなることや反対意見の表明を躊躇される度合いが上がり，イエスマンが跋扈する危険を

挙げている。統制環境は内部統制の基礎である。そしてもし内部統制が有効に機能しなかった場合，それを補完する内部告発が有効に機能する土壌の整備にも影響している。

　経営者や従業員の不正については，その発生要因をきちんと整理して組織的に対応することが望ましい。しかし組織的に対応することができなかった部分に対しては個人の力を必要とすることになるだろう。その意味で内部告発は内部統制を補完している。「和をもって尊しとなす」を範とする組織では，同僚を告発することをためらう可能性が高くなる。あえて和を乱す人間を嫌う傾向があるためである[20]。果たして日本の企業風土や文化に内部告発が根付いていくのだろうか。

　内部告発を受ける側の問題もある。内部告発を受けた担当部署が内部告発された人に情報を流すようなことはあってはならない。告発の内容が適正なのかどうかを確認する最も単純な手続は本人確認であるかもしれないが，匿名性を保証しているのなら告発を受ける側はそれを遵守する必要があるだろう。

　内部告発は人間的側面からも文化的側面からも非常に興味深い分野である。会社の不正を防止する観点から内部告発と内部統制について更なる検証が必要であろう。

---

[20] 最初に組織のルールを乱したのは告発された人間であるにもかかわらずである。

第3章

内部統制報告制度の概観

Ⅰ 内部統制報告制度導入前史

　前章でも触れた通り，内部統制の議論は会計・監査領域で行われてきた。財務諸表が適正に作成されるための基礎としての役割を内部統制は期待されている。内部統制が整備され，有効に機能されているのかは試査の前提となっている。また，リスクアプローチ監査のもとでは，監査人は内部統制が重要な虚偽表示を看過するリスクを評価しなければならない。ここまでの議論は財務諸表の信頼性を目的とした内部統制の議論である。内部統制は会社組織の統制・管理の一つの方法である。会社は事業目的を達成するために従業員の行動を管理する必要がある。従業員がもし違法行為に手を染めていたり，不正を働いていたりしていたら，会社の名声や業績に影響するだろう。こうした行為を未然に防ぐ役割も内部統制に求められているのである。

　会社に対して内部統制を整備することを求めた法律として，1977年に制定された連邦海外腐敗行為防止法がある。この法律は全てのSEC登録会社に対して内部統制に関する規定を定めている。同法の成立は財務諸表監査の前提としての内部統制から，企業経営者に対する法的規制面の内部統制へと変化する意味で重要である（八田 2002）。

　この時期，アメリカでは企業だけではなく財務諸表監査も社会の批判に晒されていた。不正な財務報告を看過する財務諸表監査は社会の期待する役割を果たしていないと指摘されていたのである。社会が期待する役割と現実の財務諸表監査には乖離が存在しているとし，これはいわゆる期待ギャップと呼ばれている。期待ギャップを縮減するためにアメリカ公認会計士協会はコーエン委員会を組織し，監査人の役割の明確化と監査職能の拡大を議論した。その中で，会社の内部統制の状況を外部に報告することについて検討した結果が報告されている。1978年に公表されたコーエン委員会報告書は内部統制の報告に関する勧告を行った。この報告書によれば，経営者が会計システムに対する統制を確立維持する責任を負っているとし，会計システムに対する統制の状況と統制上の欠陥についての監査人の是正勧告に対する経営者の対応を，十分な開示の一

部として利用者に知らせるべきであると報告した。この理由として，財務諸表利用者が会計システムに対する統制が適切に整備され，企業経営上の一つのリスクの減少に役だっているのかどうかについて関心があること，そして適切に整備された内部統制によって信頼ある財務情報が作成されているかどうかに関心をもっていることを挙げている。

　他にもアメリカ公認会計士協会は，経営者の内部会計統制についての指針を作成するためにミナハン委員会を組織した。1978年に同委員会は中間報告書を公表した。同報告書によれば内部会計統制の最も重要な目的の一つとして，会計記録の信頼性とともに承認，会計及び資産の保全といった一般的統制目的と関係していること，そしてさらに会計統制は歴史的財務情報を記載した全ての外部向けの報告書に対しても拡張されるべき，と結論付けている。アメリカのトレッドウェイ委員会が1987年に公表した報告書で，内部統制の重要性を指摘し，内部統制を評価する際の基準を設定することを勧告した[1]。

　アメリカでは会社の内部統制の状況についての報告が議論されてきた。ここまでの議論では経営者には内部統制を整備することが求められている一方で，監査人が被監査会社の内部統制について外部報告をするのかどうかも含まれている。実際に制度化されたのは2002年の米国企業改革法である。経営者による内部統制の有効性の評価と監査人による内部統制の状況の監査が義務付けられた。

　翻ってわが国はどのような状況にあったのだろうか。内部統制報告制度が導入される以前からわが国でもいくつかの制度は存在していた。そしてCOSO（1992）の公表もあって内部統制への関心が高まってきた。松井（1999a）によると1990年代に入って生じた有名企業の倒産及び不祥事が当時の内部統制議論

---

1) 内部統制に関する外部報告について別の視点からの報告もある。経営者報告書の様式を作成するために，アメリカ公認会計士協会はサボイエ委員会を設置した。1979年に報告書が公表され，その中は内部会計統制上の重大な欠陥の開示についてコーエン委員会とは異なる見解を示している。同報告書によれば，経営者が内部会計統制の欠陥についての報告を監査人より受け取ったかどうか，またそれについていかなる対応を行ったのかについては，内部会計統制に関する記載内容を経営者が決定する場合の判断要因の一つにすぎない。内部会計統制についての経営者の陳述には監査人が指摘した内部会計統制上の問題を適切に検討し，処理してきたことについての信念が黙示的に示されていると指摘する。

の背景にあるとしている。これらの倒産や不祥事の中で，最高経営者の独走を許し，違法行為をチェックできないガバナンス機構に対する不信が内部統制が注目された理由としている。わが国では，2004（平成16）年3月期決算から，会社代表者による有価証券報告書の記載内容の適正性に関する確認書が任意の制度として導入されており，その中では財務報告に係る内部統制システムが有効に機能していたかの確認が求められている。主要金融機関では，2003（平成15）年3月期から前倒しでこの確認書を提出しており，さらに，2005（平成17）年3月期決算において，主要金融機関を含めて200を超える会社から確認書が提出されている[2]。

こうした状況が変わったのは2つの理由からだろう。まず，わが国でも証券市場で不適切な財務報告が行われてきたのが明るみになったことである。次にアメリカで制定された米国企業改革法の影響である。

わが国の内部統制実務を規定する内部統制基準の前文では，有価証券報告書の開示内容など金融商品取引法上のディスクロージャーをめぐり，不適切な事例が発生していることを背景として挙げている。これらの事例の背景にはディスクロージャーの信頼性を確保するための内部統制が有効に機能しなかったことが挙げられている[3]。この状況を踏まえると，ディスクロージャーの信頼性を確保するため，開示企業における内部統制の充実を図る方策が真剣に検討されるべきであるとしている[4]。

内部統制報告制度の議論の契機となったものは何かについてはいくつかの指摘が存在している。吉見（2009）は，2005年に発覚した西武鉄道事案が議論の契機とするのは適切であるとする一方，2000年に明るみになった大和銀行事件は内部統制の欠如による問題点が顕在化した事例であると指摘している。そし

---

[2] 金融システム全体の強靱性を向上する象徴的な規制とされる「実効的なリスクデータ集計とリスク報告に関する諸原則」が2013年1月に公表されている。グローバルなシステム上重要な銀行は，2016年1月までに個別銀行ごとのリスク管理に委ねられてきたリスクデータの集計と報告に対して内部統制の構築が求められることとなった（矢島 2014）。

[3] 内部統制基準の設定について－（1）

[4] この点について兼田（2008）は以下のように述べている。上場会社等は，証券市場を通じて資金調達面において多大な恩恵を享受しており，適正なディスクロージャーを行うための基盤となる内部統制を充実・強化することは企業の社会的責任の観点からもミニマムな義務である。

て，西武鉄道に加えてアソシエイト社やカネボウの事例がいわば幇助する形で内部統制基準の整備に向かわせたとみている。町田 (2011) は当時の上場会社における有価証券報告書等の開示実務が必ずしも適切に実施されていたとはいえない状況が背景にあり，その上，四半期報告制度の導入を前提としたときに，内部統制の整備によって財務報告の信頼性を確保することが必要と考えられた結果であると指摘している。

　わが国でもアメリカでも内部統制報告制度の導入の背景には，社会的影響力のある会社の不正な財務報告がある。財務報告は証券市場で重要な役割を果たしている。信頼しうる企業情報等の開示制度を構築するためには，透明性の高い会計・開示システムの確保による説明責任の履行，信頼性の高い監査システムの確保による独立的な監視の導入，そして誠実なコーポレート・ガバナンスの確保による経営責任の誠実な履行が保証されることが不可欠である（八田 2005a; 2006b）。不正な財務報告を許していると市場の参加者が意思決定を誤る危険性が高まるし，財務報告の信頼性を保証する追加的な情報を要求し，情報コストが高まる。もしかすると内部統制報告制度への需要は後者にあるのかもしれない。会社の財務報告プロセスの信頼性に関する情報を内部統制報告の形で入手できれば投資者が追加費用をほとんど払うことなく利用できる。

　わが国は1980年代後半のバブル経済の崩壊から低成長期に突入した。それまでわが国企業の特徴として挙げられていた仕組みが揺らいでいる時期だった。メインバンクによるモニタリング機能が金融危機により低下した。メインバンクの影響力が小さくなることで直接金融による資金調達の比重が高まった。銀行との付き合いよりも証券市場でのコミュニケーションが大事になっている。こうした社会経済の変化にわが国企業が対応しなればならない時期に不正な財務報告が明るみになったのかもしれない。

　内部統制の整備に関する法整備が進んでいた。わが国では2005（平成17）年6月に制定され，2006（平成18）年6月から施行された会社法で規定された。2016（平成28）年6月3日施行の現行法では下記の通り示されている。

> （取締役会の権限等）
> 第三百六十二条　取締役会は，すべての取締役で組織する。
> （略）
> 4　取締役会は，次に掲げる事項その他の重要な業務執行の決定を取締役に委任することができない。
> （略）
> 六　取締役の職務の執行が法令及び定款に適合することを確保するための体制その他株式会社の業務並びに当該株式会社及びその子会社から成る企業集団の業務の適正を確保するために必要なものとして法務省令で定める体制の整備

　内部統制システム構築義務は取締役が会社に対し委任契約上負担する善管注意義務の中身の一部である監督義務，監視義務から導かれると永石（2004）は指摘する。取締役が従業員をつきっきりで監督・監視しなくても従業員が独断で不正を働くことができない，すなわち「従業員に不正を働かせない会社組織を構築していたこと，および，そうした仕組みを機能させるようなシステムを会社組織に構築すること」をいう。

　弥永（2016）によれば現行の会社法に至る法制審議会の会社法制部会における検討の過程では，複数の学者の委員・幹事から会社の資産である子会社の株式を維持するために必要・適切な手段を講じることが，親会社取締役の善管注意義務から要求されている。そして，株主である親会社として，とることのできる手段を適切に用いて対処するのも当然その内容に含まれ得ると意見が述べられた。こうした意見を踏まえ，大会社である取締役会設置会社では取締役の職務の執行が法令及び定款に適合することを確保するための体制，その他株式会社の業務ならびに当該株式会社及び，その子会社から成る企業集団の業務の適正性を確保するために必要なものとして，法務省令で定める体制の整備を，取締役会において決定すべき旨が規定された。

> （財務計算に関する書類その他の情報の適正性を確保するための体制の評価）
> 第二十四条の四の四　第二十四条第一項の規定による有価証券報告書を提出しなければならない会社（第二十三条の三第四項の規定により当該有価証券報告書を提出した会社を含む。次項において同じ）のうち，第二十四条第一項第一号に

> 掲げる有価証券の発行者である会社その他の政令で定めるものは，内閣府令で定めるところにより，事業年度ごとに，当該会社の属する企業集団及び当該会社に係る財務計算に関する書類その他の情報の適正性を確保するために必要なものとして内閣府令で定める体制について，内閣府令で定めるところにより評価した報告書（以下「内部統制報告書」という）を有価証券報告書（同条第八項の規定により同項に規定する有価証券報告書等に代えて外国会社報告書を提出する場合にあつては，当該外国会社報告書）と併せて内閣総理大臣に提出しなければならない。

　また，2006年に制定された金融商品取引法では経営者が内部統制の有効性を評価した結果を有価証券報告書とともに報告することを規定した。
　内部統制の構築については会社法と金融商品取引法で求められているが，その成立過程を検討し，それぞれの内部統制がどのような趣旨で導入されているのかを検討した佐久間（2007）がある。また，市古（2007）は会社法の内部統制規定は，代表取締役及び業務担当取締役の善管注意義務・忠実義務の履行の確保を目的とし，金融商品取引法における内部統制規定は，財務報告の信頼性の確保を目的としている。両法には経営者の内部統制に対するコミットメントを求めている点では同一ではあるが，重複があり，連動性に乏しいと指摘している。
　会社法と金融商品取引法による内部統制の規定に従い，わが国でも経営者の内部統制の有効性の評価とその評価結果の監査が導入された。わが国の内部統制報告制度での実務上の対応についての基準も必要になった。
　また，上場会社の不適切な開示事例が相次いで発覚した背景のもと2004（平成16）年12月24日に金融庁金融審議会金融分科会第一部会報告が公表され，その中で財務報告に係る内部統制の有効性に関する経営者の評価と公認会計士等による監査のあり方が示された。この報告の中で諸外国の実例とわが国の会社法制との整合性等にも留意しつつ，財務報告に係る内部統制の有効性に関する経営者による評価の基準，及び公認会計士等による検証の基準の明確化を早急に図るべきであることが示された。そして，これを通じて会社代表者による確認書制度の活用を促していくとともに，当該基準に示された実務の有効性や諸

外国の状況等[5]を踏まえ，その義務化の範囲や方法等が適切に判断されるべきであるとの提言があった。

内部統制報告書制度の導入についての最初期の議論では，不正や違法行為自体に対する経営者と監査人との間の責任範囲を明らかにすることと，その抑止に対する監査人の貢献のあり方を明示し，かつ実質的にも貢献するための一つの解決策として内部統制報告制度を検討してきた，と山浦（2001）が指摘している。

また山浦（2006）は内部統制の信頼性に関して監査人は「監査」のレベルで保証を得るものとしている。この点でも意見書がわが国の保証業務の制度的な展開の過程で，基準化の重要な規範の役割を果たそうとしていると指摘している。

金融庁金融審議会金融分科会第一部会報告をもとに2005（平成17）年1月28日に開催された企業会計審議会総会で会計監査をめぐる最近の状況について審議があり，わが国企業の財務報告に係る内部統制の有効性に関する経営者の評価並びに監査のあり方について審議するため，同審議会は内部統制部会を立ち上げ審議を開始した。最初は内部統制報告制度を導入している各国の制度を概観していた[6]。そして基準設定に関して考慮すべき論点を検討している[7]。評価・検証を行うにあたっての内部統制の枠組みと内部統制の評価と検証に区別されいくつかの論点が挙げられている。具体的には内部統制の枠組みについて

---

5) 韓国では2006年1月から大手の上場企業に対し，同様の自己評価及び監査証明が義務付けられている。また2011年1月から中国国内と海外の両証券取引所で同時に上場している企業に対し，内部統制の自己評価及び監査証明が義務付けられている（孫 2012）。王（2012）は中国における内部統制の構築について報告している。1970年代から1980年代を中国の内部牽制システムの導入期としている。1990年代は内部会計統制システムの構築に係るルールが設定されている時代とした。中国では，2008年には企業内部統制基本規範が公布された。

6) アメリカやイギリスの内部統制報告制度の概要に小柿（2003）は触れている。アメリカでは1977年の連邦海外腐敗行為防止法によって内部会計統制を義務付ける規定が創設された。また2002年には米国企業改革法が成立した。イギリスではキャドベリー委員会報告書が1992年に公表され，取締役は内部統制システムの有効性について報告すべきであるとした。キャドベリー委員会の作業部会は1994年に「内部統制及び財務報告」を公表した。1998年にハンペル委員会報告書では，内部統制の有効性についての報告は取締役や監査人には困難であると指摘している。1999年に公表されたターンブル委員会報告書でも内部統制報告についても検討されている。内部統制の有効性のレビューについて取締役会に最終責任があることと取締役会は定期的にこれをレビューし，外部報告書の作成のために年に1回評価を行うこと等が示されている。

7) 2005年3月23日開催金融庁企業会計審議会内部統制部会資料

COSOレポートの目的・構成要素を修正する方法，内部統制の枠組みに内部報告を加えることを論点として挙げている。そして内部統制の評価と検証について評価・検証の目的と手法，報告に分けて論点が示されている。

興味深い点は，内部統制報告制度に対する議論の論点となる企業規模に配慮することや評価手法，ダイレクト・レポーティングの採用の可否についてはこの時点から検討されていることである。当初より企業の規模等に配慮した内部統制の枠組みを工夫すべきであるとの指摘に対する検討があった。これは，中小企業における内部統制の整備コストが増えることを懸念したことが背景にある。検証の方法に関して，英国やフランス[8]では，経営者が行った内部統制の手続に係る事実のみを確認する方法等をとっている一方，アメリカでは内部統制の有効性について監査レベルの検証を行っているが，わが国の場合どういった形が適当かについての論点も挙げられている。最後に，内部統制は経営者がこれを構築し，その有効性を確保する義務を負うべきものである。このような観点を重視するとした場合，内部統制の検証は，経営者による評価を前提として公認会計士が検証を行い報告することが基本になる間接報告と，公認会計士が直接内部統制の有効性を検証し，直接報告する方法のどちらを採用するのかも論点となっている。

こうした議論を踏まえ，2005（平成17）年7月13日に財務報告に係る内部統制の評価及び監査の基準（公開草案）が公表された[9]。公開草案に対していくつ

---

8) フランスの内部統制報告制度は商法典の規定に基づき，上場会社等の取締役会会長ないし監査役会会長に対して，会社が設定しているリスク・マネジメント及び内部統制の手続についての説明を要求するものである（蟹江 2011）。

9) 実施基準案の特徴について八田（2006a）は以下のように示している。
①「基準案」の内容に追加して財務報告に係る内部統制構築の要点と財務報告にかかる内部統制構築のプロセスを示すことで，経営者が行うべき内部統制の構築に対する具体的な指針を示していること。
②決算・財務報告プロセス以外の業務プロセスにかかる評価範囲の絞り込みに関して，連結ベースの売上高等の概ね3分の2程度の数値基準を具体的に示すとともに，一般に，不正ないし粉飾の温床といわれる売上，売掛金，棚卸資産等の3つの勘定科目に至る業務プロセスについては，原則として全てを評価対象とすることを明示していること。重要な欠陥の金額的な重要性の判断基準として，連結税引前利益の概ね5％程度の数値基準を具体的に示していること。
③必要に応じて，経営者と監査人との協議を求め，財務報告に係る内部統制の評価と監査が効率的に実施されるように手当していること。
④監査上のサンプリングに関して日常反復継続する取引について，統計上の正規分布を前提とすると90％の信頼度を得るには，評価対象となる統制上の要点ごとに少なくとも25件のサンプルが必要になることを数値基準として具体的に示していること。

かの意見が寄せられている。基準設定の際の論点となっている①「監査」の水準，②ダイレクト・レポーティングの不採用，③用語，についてそれぞれコメントが付されている[10]。

　内部統制基準の公開草案に対して40件のコメントが寄せられた[11]。寄せられた意見を集約し，内部統制報告制度の実務対応に資するための内部統制報告や内部統制監査に係る実施基準の作成を開始し，2006（平成18）年11月21日に「財務報告に係る内部統制の評価及び監査に関する実施基準（公開草案）」が公表された。この公開草案に対してコメントが190件寄せられた。内訳は各種団体を含む法人から59件，公認会計士・弁護士を含む個人から131件である[12]。こうした過程を経て，2007（平成19）年2月15日に「財務報告に係る内部統制の評価及び監査の基準並びに財務報告に係る内部統制の評価及び監査に関する実施基準の設定について（意見書）」が公表された。

　わが国の会社は新たに導入された制度への対応に苦慮することになる。それに対応するために「内部統制報告制度に関するQ&A」が2007（平成19）年10月1日に公表された[13]。このQ&Aは内部統制報告制度が始まっている2008（平成20）年6月24日と2009（平成21）年4月2日に追加された。また2008（平成20）年3月11日には「内部統制報告制度に関する11の誤解」を金融庁が公表した。

　内部統制報告制度の要点として，池田（2007）は以下の4点を挙げている。①内部統制報告制度の目的はディスクロージャーの適正性の確保，②内部統制報告書は連結ベースで作成，③内部統制報告書は経営者が作成・提出，④内部統制報告書について監査証明を義務付け，である。

⑤内部統制に係る記録及び保存に関して，記録及び保存の範囲，形式，方法，期間を具体的に示すとともに，重装備の文書化に至らないように配慮がなされていること。
　また実施基準案に対して今後の検討課題として藤川（2007）は内部統制監査と上場基準，上場廃止基準との関係の整理と中堅公開企業に対する何らかの緩和措置が課題とされる。

10) 2005年11月10日開催金融庁企業会計審議会内部統制部会資料
11) 2005年11月10日開催金融庁企業会計審議会内部統制部会議事録
12) 2007年1月31日開催金融庁企業会計審議会内部統制部会議事録
13) 阿部（2011）によると内部統制基準の公開草案が公表されて以降，数々の誤解や制度の趣旨を逸脱する解説・報道が蔓延し，また一部の監査法人やコンサルティング会社が会社に対して過度な対応を促したことによる混乱が相次いだ。そうした実務の混乱に応えるためにガイドラインとQ&Aが公表されたとしている。

三木・茆原(2008)はアンケート調査の報告によると企業規模の大きな会社ほど対応が進んでいることを報告している。1部・2部上場グループでは上場審査が厳格なため、内部統制報告制度への対応の下地がある程度整っていることと企業規模が大規模かつ複雑なケースが多いため、対応に時間を要することを見越して作業を前倒していること、新興市場グループは中小規模の会社が多いため社内体制が取りにくいことがこの結果の背景にあるとしている。

　おそらく内部統制報告制度の導入は会計・監査制度の中で最も議論を生んだものとなったのだろう。内部統制報告制度の導入について批判的な論調もいくつかある。吉村(2010)や篠崎(2008)は内部統制システムの4つの問題を挙げている。

　第1の問題点は膨大なコストに対して効果は限定的なものであることである。内部統制監査の導入に備え、経営者は会社内の意思決定プロセスを公式化し、それぞれの意思決定の手順とルールを定め、それらを文書に記録する必要があると指摘する。この作業には相当のコストがかかるけれども、統制システムでは不祥事を防止することは困難である。取締役自身、企業経営者自身が悪事を働こうとすればそれを防ぐことはできないとしている(吉村 2010)。この点については内部統制が従業員の行為を管理するものなのだから上級管理職の悪事についてはその枠外の議論である[14]。上級管理職の行為をどのように監視するのかはコーポレート・ガバナンスの議論になるだろう。また内部統制監査の導入で監査コストが増加したことも問題視している。確かに監査報酬が増加しているが、そもそも内部統制監査導入以前の報酬が適切だったのかについては言及がない。内部統制監査の導入によって、監査報酬が適正な水準になったのか適正な水準に近づいたとするならその導入による問題点とはいえないだろう。

　第2の問題点はソフトな統制がうまく機能している日本では、無用の長物となる可能性があることを挙げている。ソフトな統制とは人々の内面の忠誠心、倫理観に頼る方法によるものとしている。人事・雇用慣行に変化が見られるとはいえ、日本企業の経営者や管理者は内部から時間をかけて昇進してきた人が

---

[14] 石崎(2015)では内部統制は執行組織内のガバナンスと定義されている。内部統制は経営トップの従業員に対する統制を担っているとしている。

大半である。また人事部や同僚といった多様な人々が多面的にチェックする仕組みが存在している。このような「ヒト」による濃密な統制が行われている日本企業で，内部統制システムが必要かどうかを検討すべきであると吉村 (2010) は主張している。

　第3の問題点は官僚主義的な組織運営を助長していることを挙げている。内部統制システムを整備することで全ての意思決定をルールに従って行う，このルールに合わない事象に関しては上位の判断を仰ぐ，全ての業務執行やコミュニケーションを文書で行うといった組織運営の弊害を生むと指摘している。

　第4の問題点は提案制度によってルールを継続的に改善している日本企業の強みを弱体化していることである。日本の組織の強さは現場がその知識に基づいてルールや手順を柔軟に変えていくことになる。これをトップダウンで決めてしまうと企業としての柔軟性が失われると問題視している。

　他に，梅村 (2010) は内部統制システムの有効性に否定的な見解を4つ挙げている。まず内部統制システムが会社の違法行為を抑止したことを示唆する証拠は存在しないこと，次に経営者のインセンティブに着目すると，有効な内部統制システムの構築・運用は期待できないこと，そして「有効」性の判断が困難であることから，企業は「有効な」内部統制システムを備えていることを容易に模倣できること，最後に内部統制システムの構築・運営には多大なコストを要することである。

　後述するけれどもわが国の内部統制報告制度の成立過程ではコストの問題が常に議論の俎上に上がっていた。内部統制に対する規制を強化すればするほど会社が負担するコストが高まるため，より厳格な規制に対する会社の反発は必至だった。また，厳格な内部統制報告制度の導入は，資本市場の透明性を高めることに寄与するかもしれない。しかしながら，内部統制報告制度に対応した整備・運用コストを嫌がった会社は上場廃止を選択するのかもしれないし，新規株式上場を希望する会社は少なくなるかもしれない。前者[15)]はともかく後者はわが国の資本市場の成長を阻害する危険性があることを示している。わが

---

15) 上場廃止を選択した会社は透明性を上げることを回避したのだから，潜在的に透明性の低い財務報告を行う会社が退出するため，資本市場の透明性を高めることには寄与するだろう。

国では先行して導入している各国の動向を踏まえ，コストに配慮した制度を導入している。対応コストの負担が重い会社はそれまで管理統制にコストをかけてこなかったことを意味しており，これを機に組織の仕組みの新陳代謝を図ることができたと評価することもできる。

　日本企業の組織風土に適合しないとの意見もある。こうした意見に対しては別の主張もある。経営にとっての内部統制の重要性について坂本（2005）は以下のように指摘している。米国企業のような内部統制，内部牽制システムを日本企業で備えないことの弁明として企業風土の違いを挙げることが一般的であった。しかし，雇用体系が変化した今日ではすでに状況は変化している。相次ぐリストラ，派遣社員等の非正社員の増加を経て従業員の忠誠心に依存する形では限界がきている。そもそも内部統制はプロセスではなく人も含んでいるのだから人による統制も内部統制だろう。人による統制が厳格だったはずなのに上場会社の多くで財務報告の問題が発生したのかについてはまた検証の余地が残されている。組織への愛着心は，確かに不正を抑制することになるのかもしれない。逆に組織への愛着心が高いことから，組織のために不正に手を染める可能性もある。

　もう一つの内部統制批判には性悪説による制度とするものである。従業員は本来弱い存在なのだから，厳罰や厳格な統制を必要としているとみなしている。弱い存在である従業員を締め付けるための統制ではない。業務に携わる中で様々な不正の機会や動機が生じることになる。こうしたリスクを組織が適切に認識し，そうしたリスクにさらされないように，そしてそうした誘惑に負けないように教導するのが内部統制の役割ではないだろうか。また，久保克行（2010）は制度設計においては悪い人が悪いことをすることを防ぐのではなく，「善い」人が善意から誤った行動をとることを防ぐことを考える必要がある，としている。

　内部統制報告制度導入に際していくつかの問題が指摘される一方で，導入の必要性を主張するものもある。

　2003年に経済産業省は「リスク管理・内部統制に関する研究会」の報告書を公表した。この研究会ではわが国企業の不祥事を分析し，いくつかの問題点を示した。

・企業価値に影響を与える広範なリスクの識別やそれに対応する仕組みの構築ができていない。
・法令遵守を含む行動規範等が確立されていなかったり，経営者自らによる率先垂範が従業員への周知徹底が不足している。
・職務権限の範囲が明確でない，あるいは適切な牽制が機能しておらず，特定の従業員が広範な権限や裁量を有している。
・通常の業務上の情報伝達経路以外の情報伝達経路が存在しないことから，従業員の問題意識が経営者まで伝わらず，企業内における自浄作用が働かない。
・企業価値に大きな影響を与える事故が発生した場合の対応のあり方が事前に明確になっていない。また，事故等が発生した場合の社内及び社外への情報伝達経路が確立していない。

　この問題点に対して栗元（2003）は問題点に対する対応としてリスクマネジメント及び内部統制を一体的に運用ならびにリスクの変化に対応した内部統制の見直しを挙げている。

　他には五十嵐（2005）は，リスクマネジメントと統合された内部統制を構築・運用することによって，多くの不祥事や事故を未然に防ぐことができ，また発生しても最小限にとどめることができるようにすることが活発な事業運営を可能にし，効果的・効率的な業務の遂行が可能になると報告している。

　内部統制報告制度の導入に関して反対の意見も賛成の立場からの意見も，不正との関係に依拠したものになっている。内部統制に関する評価を通じてわが国の内部統制，リスクマネジメントの進展が促され，従業員の不正が未然に防止されることを期待できる。蟹江・盛田（2009）は，内部統制報告制度の最大の貢献は，経営者に内部統制の意義と会社の内部統制の現状を再確認する機会を与えたことであろうとしている。内部統制の整備を通じて会社に存在する不正リスクを評価し，それらを軽減するような手続をおくことを期待されている一方で，経営者の不正を未然に防ぐことができない問題があると指摘し，無力な内部統制に投資することを強制することに異論を唱える向きもある。そもそも経営者の内部統制の無視や無効化については根源的な限界である。経営者が内部統制を無視しない又は無効化しない仕組みとともに運用されることで有効

性が高まる。内部統制は会社組織全体に張り巡らされるものなのだから，その有効性を高めることで不正が発生する可能性は減少するだろう。不正な財務報告を未然に防ぐことを目的にしている内部統制を整備し，その有効性を評価することを通じて経営者が会社組織の運営の仕組みを再考する機会を生み出すことになったのであろう。

もう一つの意義は，財務報告の信頼性との関連で期待ギャップを埋めることである。監査は財務諸表を作成する責任を負う経営者と財務諸表監査における意見表明に責任を負う監査人とで成り立つ。両者の責任分担を二重責任の原則という。内部統制報告制度の導入によって経営者の財務諸表作成責任の履行状況を把握することができる。内部統制報告制度の導入によって，わが国の上場企業の内部統制の有効性の水準が上がると同時に，内部統制の整備に熱心に取り組んでいる会社とそうではない会社を見分ける情報を入手できるようになった。

 内部統制基準での経営者による内部統制報告

1．内部統制報告の意義

わが国の内部統制基準で内部統制報告は以下のように規定している。

> 経営者は，財務報告の信頼性に及ぼす影響の重要性の観点から必要な範囲について，財務報告に係る内部統制の有効性の評価を行わなければならない。この有効性の評価は連結ベースで行う。財務報告に係る内部統制の評価範囲には委託業務の評価も含まれる。

梅村（2010）は経営者による内部統制の評価とその結果の開示の意義について3つ挙げている。それらはエージェンシーコストの削減，投資家の信頼の向上，「レモン問題」の解決である。エージェンシーコストの削減については，経営者が内部統制報告を開示することを念頭に置いていれば，内部統制を一層注意して調査するだろうし，その問題を解決しようとするだろうとしている。

レモン問題は財務諸表の正確性に加え，内部統制の有効性に関する情報開示が制度化されるならば，「よい」会社が実際によい会社であるシグナルを投資家に対して送る手段になりうることから，さらなるレモン問題の解決に資すると指摘する。

経営者による評価とは，一義的には，経営者自らが企業の内部統制の評価を行い，評価の結果を表明することを意味する。内部統制の評価の最終的な責任は経営者にあり，評価の計画，実施，評価結果の責任を経営者が負うことになる[16]。

基準にある委託業務の評価について堀江（2014）は，委託先が一層の作業能率の向上，納期の短縮，コストの低減，専門技術の活動を目的に再委託することがあるとしている。委託先や再委託先に対する委託元企業の管理責任が問われる局面が増えてきている。この状況下では委託元企業は，委託先の内部統制を監視するための内部統制を導入した上でその有効性を評価する。そして委託先は再委託先の，再委託先は再々委託先の内部統制を監視するための内部統制を導入した上でその有効性を評価するといった「内部統制評価のチェーン」が構築できるのが望ましいと指摘している。

また，外部委託に関する内部統制については堀江（2009）が論じている。外部委託に関するガイドラインは，委託元による委託先の管理に漏れがなく，かつ管理が強化されればされるほど，外部委託に係るリスクが低減されるとする考え方が前提となっていると指摘している。ここでの所説は，委託先と受託先のそれぞれで内部統制がどのように構築され運用されているのかを分解的に検討する必要性を説いている。

橋本（2007）は内部統制をどのように整備し，運用するかは，個々の企業等が置かれた環境や事業の特性，規模等によって異なるものであり，一律に示すことはできないとしている。経営者にはそれぞれの企業の状況等に応じて，内部統制の機能と役割が効果的に達成されるように自ら適切に工夫することを期待しているのである。

経営者による内部統制評価がなぜ必要なのかについてあずさ監査法人・

---

[16] 内部統制実施基準Ⅱ.3.(1)①

KPMG (2009) が3点の理由を指摘している[17]。まず，従来の日本企業で根本的に性善説の前提にたって組織的・体系的な内部統制システムやそれを監視する仕組みが必ずしも構築されていなかった。またそのためのノウハウも普及・共有化されていなかった。内部統制の不備の結果生じた一部の会計不祥事の再発を防止する自浄機能が証券市場から期待され，汎用性のある「内部統制の枠組み」の提供と適用が図られたことがある。そして，内部統制を維持するための組織内外の監視機能として経営者評価と外部監査が義務化されることとなり，経営者評価には会社の機動的な自律機能が求められていることを指摘する。

経営者による内部統制評価及び報告の流れは下記の通りである。まず経営者は全社的な内部統制の整備及び運用状況[18]，並びに，その状況が業務プロセスに係る内部統制に及ぼす影響の程度を評価する。その際，経営者は組織の内外

[17) Hermanson (2000) は同様の関心をもった検証を行っている。検証結果は，経営者による自発的な内部統制報告には意思決定に有用な追加的情報が存在することを認めるものの，強制的な開示ではこれが得られないと調査対象者が評価していることを示している。一方で，内部統制報告は内部統制を改善することに繋がると評価していることも報告している。関連する研究として内部統制の自発的開示を行った会社の性質を検証したBronson et al. (2006) がある。検証結果は，規模が大きく，監査委員会の活動が活発で，機関投資家の株式所有割合が高く，利益成長が高い会社である傾向を示している。
　自発的な開示が成功する条件として，情報に精通した多数の株主の存在，議決権を有効に行使しうる活動的な株主の存在並びに企業自体の資金調達のニーズが挙げられる（古庄 1995）。

18) 決算・財務報告プロセスの評価手続について全社的な観点で検討できる内部統制として鈴木 (2007) は以下の内容を例示している。
①当期の決算において採用する会計方針，その留意事項を記載した決算手順書等を作成し，各事業拠点に配布し，説明し，周知徹底を図っている。
②連結決算のために必要となる子会社等の財務情報を入手するために子会社等の財務情報を入手するために必要となる連結パッケージの様式が設計されている。
③前記のパッケージの様式について，親会社提出期日を含め，記載上の留意事項を子会社等に配布し，説明している。
④各事業拠点から収集された連結パッケージについて親会社の責任者による査閲が実施され，異常な増減等があれば，原因が調査され，必要に応じ経営者に説明している。
⑤有価証券報告書の開示に際し，経営者による査閲が実施され，財務諸表等に異常な増減等があれば適切に対応されている。
⑥法令等の改正により新たに適用される開示項目について早期に検討され，必要に応じて法律の専門家や監査人等と協議している。
　坂井 (2010) は虚偽記載リスクの原因に4つの類型を例示している。
　原因1：経営者による財務報告上の粉飾
　原因2：財務報告のための業務プロセスにおける作業の誤謬
　原因3：従業員等の個人による財務情報の改竄
　原因4：財務報告のための業務プロセスで用いるITシステムの誤り

で発生するリスク等を十分に評価するとともに，財務報告全体に重要な影響を及ぼす事項を十分に検討する。例えば，全社的な会計方針及び財務方針，組織の構築及び運用等に関する経営判断，経営レベルにおける意思決定のプロセス等がある[19]。

　内部統制基準Ⅱ.3.（3）では全社的な内部統制の評価結果を踏まえ，評価対象となる内部統制の範囲内にある業務プロセスを分析した上で，財務報告の信頼性に重要な影響を及ぼす統制上の要点を選定し，当該統制上の要点について内部統制の基本的要素が機能しているかを評価する[20]ことが規定されている。

　内部統制評価では統制上の要点を確認する必要がある[21]。現存する内部統制を整理して統制マトリックスに記録し，記録された統制から統制上の要点を抽出する場合もある。統制マトリックスには，統制上の要点を識別するための有用な情報を含んでいることを要求される。有用と思われる情報として以下のものがある。

・統制が関連するリスク
・統制に関連する勘定項目及び「適切な財務情報を作成するための要件」
・統制の具体的記述
・統制の情報処理目的
・統制の種類
・統制の性格
・統制の実施頻度又は回数（『旬刊経理情報』2009年1月1日号 p.13）

　経営者は財務報告に係る内部統制の有効性の評価を行った結果，統制上の要

---

[19] 内部統制基準Ⅱ.3.（2）

[20] 業務プロセスレベルの内部統制の有効性の評価は，統制の「整備状況の評価」と「運用状況の評価」の二段階で実施する。前者は，現状の統制活動が財務諸表の重要な虚偽記載に繋がる不正や誤謬を防止・発見し，当該リスクを許容可能なレベルまで低減するように適切に設計されているかについてテストし，結果として整備状況の有効性を評価する。後者では統制活動が設計された通りに実際に運用されているか否かについてテストし，その結果，内部統制の整備・運用両面における有効性を評価する（鈴木 2007）。

[21] 石島（2008）はデータのインテグリティを確保する観点から，財務報告に係るIT統制の要件を整理し，体系化を試み，特にアプリケーションシステムへの統制機能の実装と運用についてモニタリングに必要な情報の例を提示している。澤田（2008）は東京証券取引所の適時開示規則に基づく改善報告書を調査し，ITの機能を適切に利用することが不可欠であることを報告している。

点等に係る不備が財務報告に重要な影響を及ぼす可能性が高い場合は，当該内部統制に問題があると判断しなければならない[22]。そして，経営者による評価の過程で発見された財務報告に係る内部統制の不備及び重要な欠陥は，適時に認識し，適切に対応される必要がある[23]。

堀江（2006b）は経営者がリスクの大きさをどのように認識しているかについての開示でなければリスク情報に意味はない。経営者は認識した主要なリスクをその開示の大きさとともに開示する必要があるとしている。

内部統制の個別の不備が内部統制の問題なのかどうかの検討は，通常，財務報告に与える影響額と内部統制の不備に基づく財務報告の虚偽記載の可能性の2つの側面から行われる。潜在的な影響額の算定については統制上の要点について一部のサンプルを選定しテストを行って実施する。そして内部統制の整備上の不備かそれとも運用上の不備かを考慮する。なぜならば内部統制の整備上の不備は内部統制の設計上の問題であり，一般には設計上の不備がある内部統制により集計される会計データの全てが影響額となる。一方，運用状況の不備については内部統制の設計には問題があるが，実際の運用に問題があるから一部のサンプルから得られた結果から，母集団の影響額を算定する[24]。

経営者が内部統制の有効性を評価した結果は内部統制報告書で開示される。もし内部統制に問題があった場合，この報告書で開示される。経営者による内部統制報告にもいくつかの論点がある。例えば，その開示内容についてである。標準的な形式が準備されており，それにあわせて表示される。標準的な形式があることで情報利用者はどこに何がどの程度の量で記載されているのかを確認することができる。その反面，会社の独自性が失われるため，会社が本当に伝えたい情報が開示できなくなるおそれもある。画一的な情報を開示するので，会社が開示に対して事務的な対応をする可能性も高くなる。

内部統制報告制度導入初年度の開示内容を踏まえ，蟹江（2010b）は評価結果を報告することを前提に内部統制を整備・運用し，有効性を評価する姿勢で

---

22) 内部統制基準Ⅱ.3.（4）
23) 内部統制基準Ⅱ.3.（5）
24) 『旬刊経理情報』2009年1月1日 p.16。

臨むべきではないと指摘している。活動目的の達成を支援するための仕組みとしての内部統制本来の機能を追求するために整備・運用し，その結果を有効性として報告するスタンスを提案している。

　内部統制報告書での開示内容で最も注目が集まったのは内部統制が有効か否か，と重要な欠陥の内容である。内部統制の整備に対する経営者の取組みや内部統制の具体的な内容に関する関心が向けられるべきではないかと蟹江（2010a）は主張している。

　蟹江（2011b）はフランスの内部統制報告制度を概観し，同国の制度では定型的な短文式報告書を採用しておらず，各社の経営者が設定した内部統制の内容を具体的に説明する形の長文式報告書様式をとっている点を特徴としている。フランスでは内部統制の整備状況や内容によって経営者の責任を直接問うわけではないが，株主が経営者の受託責任を解除し，あるいは選任ないし解任する際の判断材料としての情報提供が意図されているとし，これをわが国の制度との本質的な違いと指摘している。

　内部統制報告の機能について坂井（2015）は以下のように指摘している。内部統制報告・監査制度は財務報告に係る内部統制を対象としているため，同制度に基づく内部統制報告は，会社の財務報告プロセスの信頼性の程度が一般に公正妥当と認められる内部統制報告の基準に準拠して識別・測定・表示されていることに関する経営者の言明である。そして株主と経営者間の委託・受託関係には，適正な財務報告を行うために財務諸表の虚偽記載のリスクを低減する仕組みを会社に整備し，運用する受託責任が含まれている。また，こうした解釈に基づけば，内部統制報告における会計責任を「財務諸表の虚偽記載リスクを低減する仕組みがどのように整備され，運用されたかを釈明する契約上あるいは道義上の義務」と定義できる。内部統制報告でリスクを低減するための仕組みに関する情報を識別するのは，その情報が意思決定に役立つと考えられるからではなく，株主や将来株主の便益のために識別することが期待されているからである。内部統制報告は経営者が株主や将来株主を含む資本市場に対して会計責任を果たすために行う会計行為と規定できるとしている。

　もう一つの論点は内部統制報告書がどの程度情報利用者に役立っているのか

どうかである。もし内部統制報告書で初めてその問題が明るみになったのなら，外部情報利用者にとっては新しいニュースになる。内部統制の問題は財務諸表の重要な虚偽表示の発生と関係するため，内部統制の問題の存在は財務諸表の利用可能性にとってはネガティブなものになるかもしれない。

もしも不正な財務報告が明るみになった後に内部統制の問題を開示しているのなら，情報利用者に対する有用性は非常に低いものになる。こうした開示実務が続くことで，情報利用者は減り，情報を開示することの意義を薄くする危険性がある。

わが国では，内部統制報告書で内部統制の問題の開示に対して証券市場は反応していないことを矢澤（2010）が報告している。ただし，この報告によると意見不表明企業に対してはネガティブな反応を示すことが観察された。

Beneish et al.（2008）は，アメリカで内部統制報告書と内部統制監査報告書で開示された内部統制の問題がどのように投資者に伝わるのかを検証するため，2004年と2005年を対象として調査した。対象となった会社数は2004年で330社，2005年で383社である。検証した仮説は，内部統制の問題の開示は投資者の判断の改訂を発生させている，内部統制の問題はアナリスト予測の改訂を妨げて報酬を引き上げる，内部統制の問題を開示した会社は相対的に資本コストが高いことである。検証結果は全ての仮説と整合する証拠となった。これは内部統制報告書もしくは内部統制監査報告書による開示がないと市場は問題がある会社を特定できない可能性が示唆されるとしている。

Kim and Park（2009）は，内部統制の問題を開示した会社では異常株式リターンが市場の不確実性の変化と負の関係にあることを示した。また内部統制に関する自発的な開示によって市場の不確実性が減少していることも示している。

Lopez et al.（2009）は，内部統制の問題に関する情報開示によって，将来の財務諸表に存在する重要な虚偽記載のリスクや情報の非対称性の拡大，リスクプレミアムや資本コストの増加，利益の持続性や予測可能性の減少に関する投資家の判断材料となっていることを示している。

Rose et al.（2010）は，97名の投資家を対象とした実験的検証を行った。その

結果,内部統制の問題が影響を及ぼす範囲についての特定化された,もしくは詳細な情報を含んだ開示が内部統制の問題の範囲に関するリスク評価を下げていることを示している。

Clinton et al. (2014) は,内部統制の問題を開示している会社では,そうではない会社に比べアナリスト予測の誤差が大きいことを示している。内部統制の有効性がアナリスト予測の性質を理解するのに役立つことを示唆している。

小西 (2008) は内部統制報告書が誰にとって有用かを調査した結果,「株主や投資者」とする回答が多かったことを報告している一方で,東京証券取引所第1部及び第2部では低いことも報告している。

内部統制報告が外部の情報利用者に対して有益な情報となるのが望ましい。会社は内部統制の整備について負担をしているため,こうした取組みを適正に評価される仕組みになることで,真剣に取り組んでいる会社にメリットのある制度になるだろう。内部統制の取組みが適切に評価されるためにも外部報告が適切に行われるためにはモニタリング機能をさらに充実させる必要がある。内部統制の状況が適切に監視され,情報が提供される仕組みがないと内部統制報告が適切なものにならない。

内部統制基準における内部統制監査

1. 内部統制監査の意義

内部統制に関する外部監査人の評価は内部統制監査が導入されるまでもなく,実施されていた。歴史的アプローチによる検証で岡嶋 (2004) は,イギリスでは1920年代に不正の摘発を主たる監査目的とすることの非合理性が明らかになり,財務諸表の信頼性の検証への監査目的の移行があったと指摘している。不正の摘発は内部統制組織を不正の防止策として整備しておく意味で経営者の職能の一部として受け入れられるようになったとしている。

財務諸表監査の枠組みの中で内部統制が評価されているにもかかわらず内部統制監査の導入が検討されることとなった。この点について田口 (2010) は内

部統制監査制度の一般承認制について，比較制度分析などで用いられる分析的物語アプローチにより，各アクターの人間心理に迫った上で検討している。検討の結果，わが国の内部統制監査制度は導入前夜においては各アクターの共有予想として一般承認制があったと結論づけている。

内部統制報告制度をわが国に先行して導入したアメリカでは内部統制監査が段階的に導入されている。中堅・中小企業の内部統制報告制度対応に係るコスト負担を考慮したものと考えるが，わが国では上場企業全てに一括で導入された。そのため，導入に際してコスト負担を軽減するように様々な配慮をし，受け入れられるように体制を整えていた。

2008（平成20）年から内部統制監査は導入された。この監査が一体何を目的としているのかについて内部統制基準は下記の通りに説明している。

> 内部統制監査の目的は，経営者の作成した内部統制報告書が，一般に公正妥当と認められる内部統制の評価の基準に準拠して，内部統制の有効性の評価結果をすべての重要な点において適正に表示しているかどうかについて，監査人自らが入手した監査証拠に基づいて判断した結果を意見として表明することにある。

内部統制監査は，内部統制の有効性の評価結果という経営者の主張を前提に，これに対する監査人の意見を表明するものであり，経営者の内部統制の有効性の評価結果という主張と関係なく，監査人が直接，内部統制の整備及び運用状況を検証する形はとっていない。

内部統制監査の担い手である公認会計士等の立場からみた内部統制監査の目的は，監査・保証実務委員会報告第82号で下記の通りに示されている。内部統制監査は，ディスクロージャーの信頼性を確保するために，開示企業における財務報告に係る内部統制の有効性に関する経営者の評価に対する公認会計士等による保証を付与することを目的としている[25]。

こうした目的をもって導入された内部統制監査の意義についてはいくつかの指摘がなされている。松本（2007a）は，内部統制報告制度の実効性は第三者保証としての監査が付随することによって向上することを検証し，自己保証によ

---

[25] 監査保証実務委員会報告第82号10．

る内部統制報告の実効性と,それに他人保証として外部監査人による監査が付加された場合の実効性とを比較することで,自己保証だけでは内部統制報告の実効性が相対的に乏しいことを証明している。コスト面の問題は解消されていないが,財務報告の信頼性を向上させることが目的なら内部統制報告に対する監査を第三者保証として制度化される必要があることを主張している。

岸(2009)は内部統制監査の枠組みを規定する要因の一つとして内部統制監査が情報監査であるかどうかを挙げている。そして内部統制監査は制度上評価ではなく証明業務であるとしている。内部統制監査の主題には実態監査の対象となるべきものが多く含まれること,また実施される監査手続が限定され,その結果,証明力の弱い監査証拠を財務諸表監査の過程で収集される監査証拠によって補完し,制度上は高位の保証水準を実現するとされていること,また独立性をある程度犠牲にして制度運用を図ることを余儀なくされていることを根拠として,発揮される証明業務は相対的に低くなるとした。

経営者の作成した内部統制報告書を外部監査人が検証する意義について柴田(2009)は,内部統制監査により内部統制が脆弱であることがわかれば,財務諸表に関する虚偽記載のリスクが十分に大きいことが内部統制報告書によって外部に公表されることを挙げている。内部統制報告が会社の内部統制の状況を適正に表示しているのかどうかについて監査人が検討することで経営者の評価を適切なものに誘導することになるだろう。誰もその信頼性について検証しない状況では情報利用者がそれを確認できない。情報の信頼性を保証することで内部統制監査の意義がある。

土田(2005)によるとSOX404条に基づく評価作業を実施しているアメリカ及び日本企業の多くは制度で要求されているならそれを積極的に会社のガバナンスの強化や業務の効率化に活かそうとする姿勢がみられ,内部統制の質的向上等の付加価値がある可能性が示唆される。

内部統制監査の意義は経営者による内部統制報告と財務諸表監査との関連から検討される。もし内部統制監査がなければ,内部統制報告の実効性が薄れる危険性があるのなら,それを導入する意義はある[26]。もし内部統制報告が誤っ

---

[26] 当然この推論の前提は内部統制に関する情報が有用であることである。

ていた場合，つまり経営者が内部統制の評価に失敗した場合，何らかのペナルティを設ければ，実効性の低い情報開示を防ぐことができるのかもしれない。一方であまりに厳格なペナルティを設ければ，大して重要でもない不備をさも重要であるかのごとくに報告することを経営者が選択し，玉石混交な情報開示を促し，結局実効性が低くなる危険性もある。わが国では前者の方法，すなわち第三者による情報保証で実効性を担保する枠組みを導入したのである。

　もう一つの意義として財務諸表監査への影響がある。監査基準で求められる監査を実施するために監査人は内部統制を評価する必要がある。わが国の内部統制監査は財務諸表監査と一体的に実施することが求められているので，内部統制監査の結果を財務諸表監査に活かすこともできる。従来，内部統制の評価手続にかける時間が少ないとされてきたわが国の監査実務に内部統制監査の導入の結果，これが定着することになるだろう。

　こうした意義は認められるものの，いくつかの問題点も指摘されている。内部統制監査に関する課題として濱上（2005）は必要なスキルを備えた人材の不足がボトルネックとなる点を挙げている。

　内部統制監査の保証水準について日米英の内部統制監査・レビューの保証水準を比較・検討した坂根（2011）がある。アメリカと内部統制監査を年度監査と同様の保証水準と仮定し，イギリスの内部統制レビューを四半期レビューと同様の保証水準と仮定した場合，わが国の内部統制監査は中間監査程度の保証水準と捉えられるとしている。

　山田（2010）は内部統制監査における監査人への批判の3点セットとして以下の内容を挙げている。過度に保守的な判断がなされたこと，そして画一的な対応がなされたこと，様々な文書化が求められたことである。過度に保守的な対応の背景には内部統制監査の主題があるとしている。内部統制監査の主題は内部統制の有効性であり，主観的な要素を多く含んでいる。また有効な内部統制の形は1つに限らないため内部統制監査では経営者や監査人の実質的判断に委ねられる部分が多いことも挙げている。内部統制監査は高い水準の保証を提供する「監査」として実施されることから，監査人は監査意見を表明するに足る十分かつ適切な証拠を収集する必要がある。証拠の入手に頼り，内部統制監

査の過程で内部監査人等の作業を利用しないケースをみられた。

　内部統制監査のみならず内部統制報告制度導入の際にカネ以外で指摘されたのはおそらくヒトの問題だったのだろう。現在の企業の活動範囲は広範にわたっている。この全てに精通することは不可能に近いだろう。つまり会社が内部統制を整備する際に，誰に意見を求めたのかでその会社の内部統制の分厚い部分と比較的薄い部分が決まることになる。例えば，情報システムに強い会社にコンサルティングを依頼したら当然IT関連の内部統制が強くなるといった具合である。

　内部統制を整備する側にもこうした問題が指摘できる一方で，わが国の監査する側にもノウハウの蓄積の問題がある。内部統制監査の導入によって財務諸表監査における内部統制評価の実務が定着することが期待できると指摘した。これを別の視点から解釈すると，一部の監査人には内部統制を評価する経験がほとんど蓄積されていないことを示している。財務諸表監査において内部統制を評価する実務についての知識や経験に偏在があるのなら，評価するサイドにもヒトの問題は生じるだろう。

　そして監査人は内部統制監査の導入によって，内部統制監査の失敗のリスクを負うことになる。内部統制監査の失敗によるリスクに過剰に反応する場合，その監査について保守的に判断することになるだろう。こうした懸念に対して内部統制監査報告書で監査人の責任を明示することで対応している。

2．内部統制監査に関する監査手続

　全社的な内部統制，決算・財務報告プロセス，業務プロセスの区分ごとに内部統制監査における監査手続を要約すると次の通りである。

(1) 全社的な内部統制

　監査人は原則として，全ての事業拠点（財務報告に対する影響が僅少なものは除く）について，全社的な内部統制の概要を理解し，内部統制評価の実施基準に示された評価項目に留意し，経営者の実施した全社的な内部統制の整備及び運用状況の評価の妥当性について検討する。

監査人は内部統制監査にあたり，最初に全社的な内部統制の評価の妥当性について検討する。この評価については全社的な内部統制の整備及び運用状況の検討と取締役会並びに監査役又は監査委員会の監視機能の検討がある。全社的な内部統制の記録の閲覧や経営者等に対する質問等を通じて，各評価項目についての経営者の評価結果，経営者が当該評価結果を得るに至った根拠等を確認し，経営者の行った評価結果の適切性を判断する。

取締役会並びに監査役又は監査委員会の監視機能を検討する際の留意点として内部統制実施基準Ⅲ.4.（1）②は以下の内容を示している。

イ 取締役会や監査役又は監査委員会の責任が記載された規定が存在しているか。

ロ 取締役会や監査役又は監査委員会の開催実績の記録や議事録等が存在しているか。

ハ 取締役会や監査役又は監査委員会の構成員は，内部統制の整備及び運用に関するモニタリングを実施するため，経営者を適切に監督・監視する責任を理解した上で，それを適切に実行しているか。

ニ 監査役又は監査委員会は，内部監査人及び監査人と適切な連携を図っているか。

もし全社的な内部統制に不備が認められる場合には，業務プロセスに係る内部統制に及ぼす影響をも含め，財務報告に重要な影響を及ぼす可能性について慎重に検討し，経営者の評価が妥当であるか確認する。

（2）決算・財務報告プロセス

内部統制監査では，決算・財務報告プロセスのうち，全社的な観点で評価することが適切と考えられるものについては，原則として，全ての事業拠点について全社的な内部統制に準じ，経営者が実施した整備及び運用状況の評価の妥当性について検討する。

（3）販売プロセス等企業の事業目的に大きく係る勘定科目に至る業務プロセス

企業が複数の事業拠点を有する場合に，売上等の重要性により決定した重要

な事業拠点における企業の事業目的に係る勘定項目に至る業務プロセスについて，経営者が実施した整備及び運用状況の評価の妥当性について検討する。

（4）金融取引やデリバティブ取引を行っている事業又は業務に係る業務プロセス等のその他の業務プロセス

その他の業務プロセスについて，財務報告への影響を勘案して，個別に評価対象に追加する業務プロセスに該当すると判断される場合は，経営者の実施した当該その他の業務プロセスの整備及び運用状況の評価の妥当性を検討する。

内部統制評価の実施基準では，財務報告への影響を勘案して個別に評価対象に追加する業務プロセスとして，リスクが大きい取引を行っている事業又は業務に係る業務プロセス，見積りや経営者による予測が伴う重要な勘定科目に係る業務プロセス，非定型・不規則な取引など虚偽記載が発生するリスクが高いものとして，特に留意すべき業務プロセスを挙げている[27]。

監査人は次に業務プロセスに係る内部統制の評価の検討を行う。この手続では業務プロセスに係る内部統制の整備状況や運用状況を検討する必要がある。この検討ではITを利用した内部統制の評価を検討することも要求される。ITを利用した内部統制を把握するとともに，経営者が評価対象としたITに係る全般統制及び業務処理統制が評価対象として適切なものかを検討する。

ITに係る全般統制の評価の検討について内部統制実施基準Ⅲ．4．（2）②では留意する事項を例示している。それらは（a）システムの開発，変更・保守，（b）システムの運用・管理，（c）システムの安全性の確保，（d）外部委託に関する契約の管理である。ITに係る業務処理統制の評価の検討に係る手続についても内部統制実施基準Ⅲ．4．（2）②に例示されている。留意すべき評価項目として以下の内容が示されている。

・入力情報の完全性，正確性，正当性等を確保するための手段が取られているか。
・エラーデータの修正と再処理が適切に行われているか。
・仕入先，販売先等のマスタ・データの維持管理が適切に行われているか。

---

[27] 監査・保証実務委員会第82号37．

・システムの利用に関する認証・操作範囲の限定など適切なアクセスの管理がなされているか。

内部統制監査の実施過程で内部統制の問題を発見した場合は，経営者に報告し，是正を求めるとともに，当該問題の是正状況を適時に検討しなければならない。

内部統制監査の過程で監査人が識別し，職業的専門家として，監査役等及び経営者のそれぞれの注意を促すに値すると判断した内部統制の不備について適切にコミュニケーションを行う[28]。

現在のリスク・アプローチに基づく財務諸表監査の実施では統制リスクの評価を必要としている。監査基準委員会報告書第5号の定義によると，統制リスクは財務諸表の重要な虚偽の表示が，企業の内部統制によって防止又は適時に発見されない可能性をいう。

実証手続における統制リスクの評価手法については平成15年11月4日に公表された監査委員会研究報告第16号で標準的な手続が示されている。まず統制リスクの評価は監査リスクを合理的に抑えるために固有リスクの評価と合わせて，監査人にとって許容可能な発見リスクの程度を判断するために実施するものである[29]。この研究報告では，内部統制のレベルを全般的内部統制とプロセス別内部統制に区別して，それぞれの手続を例示している。

内部統制の理解及び内部統制への依拠の判断については内部統制が企業の重層的組織構造にわたって構築・運用されることを念頭に置く必要があるとしている[30]。

そして，内部統制を理解する手続として以下の手順を例示している。

①内部統制の理解の前提となる事業活動の識別と理解
②主要な取引サイクル，業務区分と関連勘定科目の識別
③事業運営全般に関連する全般的内部統制の識別と理解
④主要な取引サイクルに関連する会計処理過程の識別と関連するプロセス別

[28) 監査基準委員会報告書第53号4.
[29) 監査委員会研究報告第16号
[30) 監査委員会研究報告第16号第2部1.

内部統制の理解

①では，企業における主要な事業活動の種類と概要を識別する。内部統制は企業の事業活動に組み込まれるものであり，内部統制の理解にあたってはその前提となる事業活動を識別し，理解する必要がある。②では主要な取引サイクルとして一般に事業活動においてその存在が想定される取引サイクルの関与先における有無を識別する。③では事業運営全般に関連する全般的内部統制を識別・理解する。全般的内部統制の識別・理解すべき事項として以下の内容が例示されている。

・経営理念並びに経営者の資質，個性及び姿勢
・経営者による財務諸表作成・公表プロセスへの関与
・虚偽の表示の可能性の把握
・経営者による重要な会計上の見積り・会計方針決定への関与
・人事に関する方針と管理・職務能力定義
・情報システム
・組織構造
・職務分掌及び職務権限
・指示及び報告体制
・予算管理
・内部監査
・取締役会
・監査役会及び監査役

④では会計処理過程の記述と関連するプロセス別内部統制の識別と記述を通じて，主要な取引サイクルに関連する会計処理過程の識別と関連するプロセス別内部統制を理解する。

3．財務諸表監査と内部統制監査の関係

内部統制監査は，原則として，同一の監査人により，財務諸表監査と一体となって行われるものである。内部統制監査の過程で得られた監査証拠は，財務諸表監査の内部統制の評価における監査証拠として利用され，また，財務諸表

監査の過程で得られた監査証拠も内部統制監査の証拠として利用されることがある。

一般に，財務報告に係る内部統制に開示すべき重要な不備があり有効でない場合，財務諸表監査において，監査基準の定める内部統制に依拠した通常の試査による監査は実施できない。

監査人は，内部統制監査を行うにあたっては，内部統制基準の他，「監査基準」の一般基準及び「監査に関する品質管理基準」を遵守するものとする[31]。

内部統制監査と財務諸表監査は一体的に実施されるけれども，それぞれの結果がどのように影響するのかについて監査・保証実務委員会第82号ではいくつか指摘されている。内部統制監査の結果が財務諸表監査の監査計画に影響を及ぼす可能性のある主な事項として2つ想定している。

(1) 経営者が決定した評価範囲

例えば，監査の初期段階で経営者と協議した結果，評価範囲について全社的な内部統制の評価結果を受け，業務プロセスに係る内部統制の評価範囲を拡大する必要が生じた場合等がある。

(2) 経営者の評価手続

例えば，経営者が財務報告の信頼性に重要な影響を及ぼす内部統制を統制上の要点として適切に識別していない場合がある。期中の財務諸表監査の過程で発見した虚偽記載について，経営者が財務諸表を修正し，かつ虚偽記載が生じた原因が内部統制の不備であると判断した場合，当該不備が期末日までに是正されたか否かが内部統制監査の意見形成へ影響するとしている[32]。

内部統制監査の導入以前から財務諸表監査の枠組みで被監査会社の内部統制は評価されてきた。内部統制アプローチでは経営者がその責任のもとで運用する内部統制に全面的に依存する形で監査手続が実施されてきた。このアプローチは監査人が企業不正の発見に関与しない立場にあった。リスク・アプローチ

---

31) 内部統制基準Ⅲ.2.

32) 監査・保証実務委員会報告第82号42.と43.

は監査人が重要な虚偽の表示を含む財務諸表に無限定適正意見を表明してしまう可能性を監査リスクとし，このリスクを合理的な水準に抑えられるように監査手続を計画し，実施するものである。このアプローチでは被監査企業の内部統制に全面的に依存するわけではない（蟹江 2005）。蟹江（2008）が指摘するように内部統制を利用せずに公認会計士監査を実施することは不合理であり，非効率であり，不適切である。公認会計士監査ではこの内部統制の整備・運用状況を理解し，その状況に依拠しながら監査手続を実施し，合理的かつ効率的に財務報告の適正性について意見表明するための心証を得ることになる。島（2008）は内部統制監査は監査実施上の条件やリスク・アプローチ監査の適用に関して内部統制監査は財務諸表監査の実務を引き継いでいると指摘している。

八田（2003）は会計プロフェッションによって行われる財務諸表監査が，基本的に試査を前提とすることからも企業の内部統制の信頼性ないし有効性の程度を検証することがきわめて重要であるとしている。リスク・アプローチに基づく監査での要とも捉えられるのが，内部統制におけるリスクの評価であることは強調しても，しすぎるものではない。2002年改訂の監査基準では監査手続を，統制リスクを評価するために行う統制評価手続と監査要点の直接的な立証のために行う実証手続に区分した上で，個々の監査手続についての記述は削除されている（八田 2002）。

リスク・アプローチに基づく監査では内部統制自体が企業によって千差万別であり統制リスクの評価は行いにくい点が指摘される（山浦 2003）。この視点では財務諸表上の虚偽表示の可能性だけに視点が狭められることになりかねないが，ビジネスリスク・アプローチでは経営管理目的，準拠性目的のビジネス・リスクが的確な統制手続の対象となり，実際に有効に統制管理されているかどうかの評価が重要になる。

岸（1999）は監査意見の形成に対して，内部統制の有効性の評価は試査範囲の決定，統制目的の達成度の測定，統制リスクの評価を実質上の目的としながら，その結果得られる結論は命題の信憑度測定の一要因となり，最終的に監査人自身において内形化されるとしている。

外部監査人による内部統制評価についてはいくつかの調査研究が報告されて

いる。町田（2003）は監査人による内部統制報告について初めて言及したものはSAP49号であるとしている。そこでは監査の過程で監査人が気づいた事項について監査人が内部統制報告を行うことは，経営者，行政機関及び他の監査人にとって有用であるとして内部統制報告書の様式を提示している。1977年に公表されたSAS20号では経営者，取締役会又は監査委員会への通知として制度化された。1988年に公表されたSAS60号では監査委員会への通知を求めている。企業内部者への通知に限定されているため，監査人の報告は内部管理目的又は内部統制の改善目的とされる。

　栗濱（1999）は，現代の財務諸表監査における内部統制についての3つの特徴を示している。①財務諸表利用者の期待に応えるために，従来よりも評価の範囲を広く捉え，統制手続に加えて統制環境をも評価すること，②重要な虚偽記載の存在を強く意識して監査を実施することが求められ，監査人自ら重要な虚偽記載を発見することを要求されるようになったこと，また統制環境へも評価範囲を拡張し，経営者不正への対応が考慮されていること，③内部統制の評価は依拠できる程度を評価することであって，試査の範囲の決定にとっての重要な指標を与えることであり，評価次第では内部統制に依拠しない監査を想定していること，またどの程度依拠できるかの点から評価されることによって監査計画の設定にとって有用な情報を与えるものであり，監査要点ごとに依拠できる程度を判定し，実施することが考えられることから，内部統制を基本要証命題との関係において監査意見形成の基礎である監査証拠を入手すること，を念頭に位置づけられていると指摘している。

　栗濱（2000）は内部統制の評価は主に①試査の範囲，及び②監査計画の設定と関係していると指摘している。内部統制の評価は試査の範囲決定において監査人の立証プロセスにおける監査要点の選択と証拠資料の入手にかかわりをもっていることを見出している。次に，監査計画の設定においては被監査会社の内部統制の整備及び運用状況の程度を具体的に斟酌して，その有効性の程度に応じて十分な監査証拠を確保できるように監査計画の設定において監査手続を反映させる点と内部統制の固有の限界を認識して，それによって生じる財務諸表に重要な影響を及ぼす不正及び誤謬を監査計画に反映させる点であると指摘

している。

　内部統制監査の導入の影響について町田（2012b）は2007年度と2009年度について監査プロセスに占める監査時間の比率を比較してみたところ，いずれのプロセスに大きな差異は認められなかった。このことから財務諸表監査の時間に対して内部統制監査の時間はほとんど影響を及ぼしていないように見受けられるが，内部統制監査の時間枠を使って，財務諸表監査の内部統制評価を実施していると推測している。

　町田（2005c）は日本と英国の監査人を被験者とした実験研究を実施した。検証結果は，内部統制の評定の際は監査実務の充実を図るに当っても，また内部統制報告の制度化の議論に当っても十分に考慮されなければならない問題ではない。内部統制評定には有意な差異が認められている。内部統制報告に関する認識にも予定監査時間にみるかぎり有意な差が認められた。内部統制の脆弱性については取締役会のガバナンス，リスクの識別及びモニタリングに関して意識の違いが認められた。

　町田（2005d）は監査人の内部統制評定の実態を把握すべく，日本と英国とアメリカの監査人を被験者とした実験的研究を行っている。検証結果は①日本の財務諸表監査における内部統制評定は海外の監査実務に比べると，評定項目に大きな差異が認められないものの評定に必要とする時間はかなり少ない。②内部統制監査にかかる追加的コストについてもそのために見積もられた監査時間は日本の会計士と海外の会計士とでは大きな差異がある。③内部統制の脆弱性について日本の会計士と英国と英国及びアメリカの会計士との間で取締役会のガバナンス，リスクの識別及びモニタリングに関して意識の違いがある。

　訂正報告書[33]による内部統制の問題開示を監査の失敗とみなし，監査リスク要因を特定するための検証を高田・李（2011）が行った。検証結果からリストラクチャリング，企業の簿価，ROA，SAFモデルによる倒産危険指標を特定した。

　最後に財務諸表監査が内部統制監査に与える影響について廣瀬（2007）は財務諸表監査が内部統制監査に対する影響として，財務諸表監査を通じて明らか

33）内部統制報告書の記載事項を修正するために報告される書類をいう。

になった会計事項の問題に係る内部統制の問題は決算期末までに是正しないかぎりは決算期末までの内部統制の有効性に大きな影響を及ぼすことになると指摘する。

　この種の調査研究は，アメリカでは1970年代から行われてきた。内部統制報告制度導入以前は外部データが入手困難だったこともあり，行動科学的・心理学的研究が中心だった。データ入手の困難性はアーカイバルデータを利用した内部統制研究の発展を阻害していたのかもしれない。この点はKinney (2000) が研究上の障壁の一つとして挙げていた[34]。例えば，監査人の内部統制評価について検証したAshton (1974)，Biggs and Mock (1983)，Felix and Niles (1988)，内部統制の問題に関する重要性の判断について検証したMayper (1989) がある。内部統制報告制度の導入以降，内部統制監査での監査判断に経営者がどのような影響を与えているのかを調査したEarly et al. (2008) がある。内部統制の判断に影響する要因をメタアナリシスで検証したTrotman and Wood (1991) がある。他にもドイツの公認会計士を対象として統制リスクの評価と監査人の判断を検証したRuhnke and Schmidt (2014) がある。

　内部統制評価に関する実態を記述的に調査した研究や実験的検証，アンケート調査等の手法を利用した検証で，監査人がどのような形で心証を形成していくのかを明らかにした証拠は，大規模データを利用した検証の際の仮説設定の基礎となる意義を有している。

4．内部統制監査報告書

　監査人は経営者の作成した内部統制報告書が，一般に公正妥当と認められる財務報告に係る内部統制の評価の基準に準拠し，その評価結果について全ての重要な点において適正に表示しているのかどうかについて，内部統制監査報告書により意見を表明しなければならず，内部統制監査報告書は原則として，財務諸表監査における監査報告書に合わせて記載するものとされる。

　内部統制監査報告書は，基本的に「内部統制監査の対象」，「経営者の責任」，

---

[34] もし内部統制報告制度がなかったとしても，監査人等に対するアンケート調査やフィールド調査，実験検証ができるのだから，実証的な証拠を積み重ねることも可能ではある。

「監査人の責任」,「監査の意見」に分けて記載する。経営者の責任には,財務報告に係る内部統制の整備及び運用並びに内部統制報告書の作成の責任は経営者にあることと,財務報告に係る内部統制により財務報告の虚偽の記載を完全には防止又は発見できない可能性があることを記載する。

　監査・保証実務委員会第82号256.では監査人の責任として7つ挙げている。
①内部統制監査を実施した監査の責任は,独立の立場から内部統制報告書に対する意見を表明することにあること
②内部統制監査にあたって,監査人が一般に公正妥当と認められる財務報告に係る内部統制の監査の基準に準拠して監査を実施したこと
③財務報告に係る内部統制の監査の基準は監査人に内部統制報告書には重要な虚偽表示がないことについて,合理的な保証を得ることを求めていること
④内部統制監査は,内部統制報告書における財務報告に係る内部統制の評価結果に関して監査証拠を得るための手続を含むこと
⑤内部統制監査は,経営者が決定した評価範囲,評価手続及び評価結果を含め,全体としての内部統制報告書の表示を検討していること
⑥内部統制監査の監査手続の選択及び適用は監査人の判断によること
⑦内部統制監査の結果として入手した監査証拠が意見表明の基礎を与える十分かつ適切なものであること

　監査人の意見として内部統制監査の対象となった内部統制における経営者の評価結果である内部統制報告書が,一般に公正妥当と認められる財務報告に係る内部統制の評価の基準に準拠して,財務報告に係る内部統制の評価結果について,全ての重要な点において適正に表示しているかどうかについての意見を明瞭に記載することを求めている。

　内部統制監査報告書における監査意見の種類は,無限定適正意見,意見に関する除外事項を付した限定付適正意見,不適正意見,意見不表明,監査範囲の制約に関する除外事項を付した限定付適正意見である。

　無限定適正意見は,内部統制報告書が一般に公正妥当と認められる財務報告に係る内部統制の評価の基準に準拠して,財務報告に係る内部統制の評価結果について,全ての重要な点において適正に表示していると監査人が判断した場

合に表明される。

　意見に関する除外事項を付した限定付適正意見は，内部統制報告書で内部統制の評価範囲，評価手続及び評価結果についての，経営者が行った記載に関して不適切なものがあり，その影響が無限定適正意見を表明することができない程度に重要ではあるものの，内部統制報告書を全体として虚偽の表示にあたるとするほどではないと監査人が判断した場合に表明される。

　不適正意見は，内部統制報告書において内部統制の評価範囲，評価手続及び評価結果についての，経営者が行った記載に関して不適切なものがあり，その影響が内部統制報告書全体として虚偽の表示にあたるとするほどに監査人が重要であると判断した場合に表明される。

　意見不表明は，重要な監査手続を実施できなかったこと等により，内部統制報告書に対する意見表明のための基礎を得ることができなかった場合は，監査人は意見を表明できない。

　監査範囲の制約に関する除外事項を付した限定付適正意見は，重要な監査手続を実施できなかったこと等により監査範囲の制約を受けた場合に，その影響が内部統制報告書全体に対する意見表明ができないほどではないと判断したときには，監査範囲の制約に関する除外事項を付して意見表明する。

　内部統制監査報告書がなぜ必要かについての議論もある。森（1992）は企業の内部統制が有効であるかどうかによって，企業の財務の健全性さらには企業の経営の成否に重大な影響を与えるので，企業の内部統制の有効性について監査人が報告することが，早期警告情報の提供として社会的期待に応えることになるとする。こうした期待の背景には，財務諸表監査を通じて企業の内部統制を取り扱ってきた監査人による企業の実態と内部統制との関連の外観的状態の観察に対する期待があるとしている。

　内部統制監査報告書の意義について，井上（2007）は内部統制監査の意見表明の対象である内部統制報告書は投資者にとって直接的な関心の対象といえないとしている。内部統制監査報告書に対する監査意見は投資者の立場からすると，関心の対象である財務報告に係る内部統制の有効性について間接的なメッセージを与えるものでしかない。内部統制監査報告書において監査意見の投資

者に対するメッセージとしての不十分さを補うのが追記情報である。内部統制報告書が写像している財務報告に係る内部統制の有効性を間接的に保証することを目的としていることになる。財務報告に係る内部統制は，財務報告の信頼性を確保するための内部統制であるから結局内部統制監査の目的は「財務諸表監査の対象である財務報告の信頼性を確保すること」になり，それゆえ，内部統制監査は財務諸表監査の大前提となる監査と位置づけになる。そうすると，情報としての内部統制報告書の信頼性を保証することとともに，内部統制の重要な欠陥の具体的な内容をあわせてそれが財務諸表監査に及ぼす影響を追記情報として記載することが，財務諸表監査の受益者である投資者にとって非常に重要であるとしている[35]。

　岡崎（2011）は循環取引の不正発見件数が2009年3月以降激減していることを報告し，内部統制監査がきわめて多大な寄与をしているとしている。

　従来の財務諸表監査で行われてきた内部統制の評価および財務報告に関係する内部統制の経営者の評価および経営者の評価に対する外部監査人の意見表明と財務報告に関係する内部統制の有効性に関する外部監査人の意見表明との差異について，小西（2004）は，経営者が内部統制の確立及び整備と維持について法律上の責任を明確にしたこと，そして内部統制の有効性を裏付けるために，すなわち合理的な保証を与えるために，外部報告に関係する内部統制の文書化が行われたことを指摘している。

　堀江（2006b）は内部統制情報の保証のあり方には経営者によるアサーションに対して保証を付与するあり方だけではなく，経営者が認識した重要なリスクとそれに対処するためのコントロールについての具体的な情報開示を受けて行われる保証のあり方もあり得るとしている。

　内部統制監査の結果を開示することで経営者が報告する内容についてその信頼性を保証する役割もある。内部統制監査の意義は規範的に指摘することは可能であるが，これを実証的に証明しようとすると様々な困難がつきまとう。わが国では内部統制報告と内部統制監査は同時に導入されたため，内部統制監査

---

[35] 一方で，重要な欠陥の記載について具体的かつ詳細に記載するとその欠陥を外部から攻撃される危険性を持永（2005）は指摘している。

がない内部統制報告は経験していない。内部統制監査があった方が経営者の内部統制報告の実効性があると利用者が認識しているのかどうかは今後新興市場におけるデータがどの程度蓄積され，検証されるのを待たねばならないだろう。

内部統制監査報告書がどのような役割を果たしているのかについて蟹江（2007）は内部統制報告書の提出と内部統制報告書の監査が以下の2点で財務情報に対する利用者の信頼を向上させるのに貢献すると指摘している。財務情報の信頼性の確保の点で経営者の認識が変わるのではないかと期待できる点と，財務諸表監査の精度が向上するかもしれない点である。

内部統制監査報告書に関する実態調査も行われている。内部統制監査に係る実験的研究の成果として加藤（2008），田口（2015）がある。

加藤（2008）は実験検証を行った結果，内部統制への投資が開示されると経営者による投資が激増することを確認した。一方で，経営者と投資家の信頼関係を強める傾向はあったが有意なものとはならなかった。この結果は内部統制監査の導入が思ったほどの効果を上げない可能性を示唆する。

田口（2015）の検証結果は内部統制監査制度が監査リスクを上昇させることを示している。誠実な経営者も不誠実な経営者も総じて内部統制の強度を上げざるを得なくなるため，経営者のタイプを見分けるシグナルが意味をなさなくなる結果，相手のタイプに応じた効果的・効率的な監査ができなくなってしまうことが実験からの発見事項である。また内部統制監査制度の導入が不正も増加させてしまうおそれがある点を報告している。さらには経営者のタイプを見分けるシグナルが無効化される危険性を示唆している。

内部統制監査によっていくつかの問題が生じることが指摘されている。特に田口（2015）の指摘は質向上を強制した場合，見せかけの対応をする人々の問題が背景にあるため興味深い。形式上，質が向上したかのように見えるが，実際はハリボテだった場合，監査の失敗を招く危険性を指摘している。この証拠を別の視点から解釈すると見せかけの対応は誰も得しないことを示している。見せかけの対応をした結果，会社内の内部統制が不正を発見できないし，その結果として経営者は管理能力を問われるかもしれない。見せかけの対応に形式的に対応した監査人は内部統制監査もしくは財務諸表監査を失敗することにな

る。見せかけの対応がもたらす問題を指摘した点で意義深い。

　内部統制監査に係る監査人に対するアンケート調査も行われている。町田 (2002) は財務諸表監査の業務範囲の中でも，監査人は内部統制に財務諸表監査における内部統制の評定手続や内部統制の評定プロセス等において気づいた改善事項を経営者又は監査役会等に通知することで関与していることを報告した。

　須田編 (2008) のアンケート調査の結果，監査人による内部統制の評価は内部統制の改善に結びつくと考えていることを報告した。海外における資金調達の有無と株式の上場先により内容が異なることも明らかにした。

　内部統制の問題の開示が資本コストにどのような影響を与えているのかについては Ogneva et al. (2007)，Beneish et al. (2008)，Ashbaugh-Skaife et al. (2009)，Gordon and Wilford (2012) がある。Beneish et al. (2008) は，内部統制の問題開示が資本コストの上昇と関係していることを示した。Ogneva et al. (2007) は，アメリカで内部統制監査報告書で開示された内部統制の問題と資本コストの関係を検証するため，2004年を分析期間として内部統制の問題を開示された346社，問題が開示されていない2,169社を対象に検証した。内部統制の問題が会計情報の質への潜在的な効果を通じて高い資本コストを導いていること，ガバナンスの機能不全とビジネスリスクの上昇とが資本コストの上昇に影響しているため，内部統制の問題も間接的に関係していることを推測して調査した。単変量分析の結果，内部統制の問題の開示と資本コストには関係があることがわかった。そして内部統制の問題を開示した企業群と開示していない企業群で1期後，2期後のアナリスト予測の誤差に違いがあることを示した。一方で回帰分析の結果，インプライド資本コストは内部統制の問題の開示と無関係である可能性が示唆される証拠を得た。追加的に内部統制の問題のタイプで区別して検証した結果，資本コストの違いが識別された。

　Ashbaugh-Skaife et al. (2009) は，内部統制の質が資本コストにどのような影響を与えているのかを検証し，内部統制の潜在的なベネフィットを明らかにすることを目的としていた。分析対象は1,053社の内部統制に問題があった会社である。仮説として内部統制の質はリスク評価や資本コストに影響すると設

定した。調査結果は，①内部統制の問題に対し，証券市場はネガティブな反応を示している。②内部統制の問題の変化が投資者の期待の改訂を促している。③内部統制の問題が情報リスクを上昇させることで，資本コストの上昇を生み出している可能性があることを示した。

　Gordon and Wilford (2012) は，内部統制の問題の開示とともにそれが是正したのか是正できていないのかも会社の資本コストに影響していることを示している。結果は資本コストを上昇させている可能性を示唆するものもあれば，無関係である可能性を示唆するものもある。先行研究の結果を踏まえると，直感的には株式発行による資金調達を行うことは，内部統制の問題を開示することを回避する動機と考えられる。内部統制の問題を開示することで計画している株式発行による資金調達コストの上昇を招く危険性があるからである。

　Beneish et al. (2008) は，アメリカで内部統制報告書と内部統制監査報告書で開示された内部統制の問題がどのように投資者に伝わるのかを検証するため，2004年と2005年を対象として調査した。対象となった会社数は2004年で330社，2005年で383社である。検証した仮説は，内部統制の問題の開示は投資者の判断の改訂を発生させている，内部統制の問題はアナリスト予測の改訂を妨げて報酬を引き上げる，内部統制の問題を開示した会社は相対的に資本コストが高いことである。検証結果は全ての仮説と整合する証拠となった。これは内部統制報告書もしくは内部統制監査報告書による開示がないと市場は問題がある会社を特定できない可能性が示唆されるとしている。

　内部統制の問題の開示と資本コストの関係は多くの先行研究で報告されている。内部統制の問題を開示することで財務報告への信頼性が下がり，投資リスクが上昇する。その結果を反映して資本コストが上昇していることを示している。内部統制の問題を開示することで資本コストの上昇を招いているのなら，内部統制の問題を開示することを回避するだろう。

　次に社債による資金調達と内部統制の問題の開示を検討した。内部統制の問題の開示が負債コストを上昇させていることをDhaliwal et al. (2011) が報告している。株式資本コストと同様に社債発行による資金調達を実施した会社は同時に内部統制の問題を開示したらその資金調達コストを上昇させることになる

と考えるだろう。その結果，社債による資金調達を予定している場合，経営者は，内部統制の問題開示を回避するかもしれない。こうした予想から，社債の資金調達を実施した会社は資金調達コストの上昇を避けるために，内部統制の問題を開示しない傾向にあると予想した。

内部統制の問題と負債コストが関係している結果を報告している研究もある。内部統制の問題開示によって負債コストが増加するのなら，借入や社債発行を予定している場合，内部統制の問題を開示することを回避するだろう。

銀行借入と内部統制の問題を検証したKim et al. (2011) がある。内部統制の問題が開示された後，開示企業の利子率の上昇とその問題の是正が完了した後，利子率の低下を報告している。

内部統制監査に係るコスト負担の軽減

わが国の内部統制報告制度を規定する基準を策定する際に，最も留意した点として八田（2007）では「最新化」と「国内化」，「国際対応」を挙げている。「最新化」については2005年以降のわが国における内部統制議論の過程で最新の議論の成果として基準を策定しようとした意図をもっており，その結果は内部統制の基本的要素の一つにITへの対応を位置づけたことで結実している。「国内化」については，内部統制基準の審議についてはCOSOレポートをたたき台にして開始されたが，日本企業における議論として受け入れられるために，国内事情に合致した形での対応を目指したことを意味している。そして，国内化について留意した結果は内部統制の目的として資産の保全を明示的に示したことに表れている[36]。最後に国際対応については内部統制報告制度を導入している各国の基準との間の同等性評価の観点から十分に対応できていることを配慮することで図られている。

内部統制基準ではわが国の内部統制報告制度を導入する際に講じたコスト負担軽減策を示している。内部統制報告制度を先行して導入した各国の状況を踏

[36) 吉見（2009）では日本の監査制度は，アメリカのそれを移植する形で整備されてきた傾向を指摘し，内部統制監査もまたその轍を踏んでいるようにみえる。

まえ，特に内部統制監査の実施にかかるコスト負担[37]を軽減することを考慮し[38]，下記の方策を講じている。
- トップダウン型のリスク・アプローチの活用
- 内部統制の不備の区分
- ダイレクト・レポーティングの不採用
- 内部統制監査と財務諸表監査の一体的実施
- 内部統制監査報告書と財務諸表監査報告書の一体的作成
- 監査人と監査役・内部監査人との連携

1．トップダウン型のリスク・アプローチの活用

　トップダウン型のリスク・アプローチを適用する際には，①より共通的な内部統制は業務プロセス上の個々のリスクに対応する個別的な内部統制よりも，虚偽記載を予防又は発見して是正している程度が一般的に低い点，②単独では重要性が低いリスクであっても複数が合わさると重要性が高くなる可能性がある点，③リスクの重要性の判定には常に高度な判断を伴う点があると坂井（2009）は指摘している。

　また，トップダウン型リスク・アプローチについて鈴木（2005）は，企業経営者，監査役，内部監査人と外部監査人が事前に十分に協議し，共通のリスク認識の下にプロジェクトを進めることが重要であると指摘している。

　内部統制監査が主題情報を対象とする保証業務であり，内部統制監査を含む内部統制報告制度全体が経営者及び監査人双方のコスト負担の軽減を課題とし

---

37) 藤井（2006）は内部統制報告制度を先行導入したアメリカでは適用初年度の混乱もあり，企業負担が予想外に大きかったとしている。根拠としてERNST & YOUNGが2005年に実施した調査結果を挙げている。この調査結果は売上高10億ドルから50億ドル未満の企業は250万ドル以上のコストをかけた会社が半数近くあった。売上高50億から200億ドル未満の会社では9割に及んでいるとしている。

38) 柿崎（2007）では米国企業改革法による内部統制報告制度のコストが大幅に増加した背景として，経営者向けの構築基準が公表されなかったことが挙げられている。米国企業改革法適用外者の経営者が監査人向けの詳細な監査基準2号に基づき内部統制の構築・評価を行ってしまったため，過重なコストを負担する結果になったとしている。
　井上（2008）は2007年に公表した監査基準第5号では経営者の評価プロセスを監査人が評価しなければならない規定を削除した。その後経営者が財務報告に係る内部統制の評価を実施するための解釈指針をアメリカ証券取引委員会は公表した。この解釈指針は原則ベースの評価アプローチを採択したことの，メリットとデメリットについて論じている。

ていることから，経営者による内部統制評価に関してその評価範囲を決定する方法論であるトップダウン型のリスク・アプローチを検証対象とした。その結果，内部統制報告基準及び実施基準が規定するトップダウン型のリスク・アプローチでは，経営者による評価範囲の決定方法の公正性ないし信頼性を十分な形で担保できない問題がある（井上2007）。

井上（2008）は相対的段階論の視点から内部統制システムを検討し，「トップダウン型リスク・アプローチ」が必要であると主張している。相対的段階論とは，①内部統制システムに全社共通，全社統一は存在しない。②内部統制システムは，ある絶対的な特定の水準を要求するものではない。③内部統制システムの整備には優先順位付けが不可欠である，といった段階である。

わが国ではトップダウン型アプローチを導入当初より採用しているが，もしボトムアップ型アプローチを最初に採用して後に修正するのなら，投資者は監査の質が悪化すると評価していることをSmith（2012）は報告している。

2．内部統制の不備の区分

内部統制の不備の区分について南（2010）は以下のように述べている。経営者評価において内部統制の不備を3つに区分することは，内部統制の不備が発見された場合に，その重要性に応じて社内で報告すべき対象者を区分することで，不備の是正措置の優先順位を検討するのに役立つとしている。また内部統制監査において内部統制の不備を3つに区分した方が内部統制の不備が発見された場合に，その重要性に応じて被監査会社の報告すべき対象者を区分するのに役立つ，としている。

3．ダイレクト・レポーティングの不採用

もしかするとわが国での内部統制監査に関する関心はこの点に集まっていたのかもしれない。わが国の内部統制監査はダイレクト・レポーティングを採用していない。なぜ間接報告方式を採用したのか。町田（2011）によるとダイレクト・レポーティングの不採用の理由について，①内部統制報告書において表明される評価範囲に対する保証が必要と考えられた点である。②会計士法制の

問題である。内部統制の有効性の検証作業については財務諸表監査におけるスキル等の観点から公認会計士による業務が適切であると考えられた。③ダイレクト・レポーティングを実施することによって監査人が保守的傾向をとるおそれへの配慮が挙げられる。

ダイレクト・レポーティングの不採用については監査を実施する公認会計士が依拠する日本公認会計士協会監査・保証実務委員会報告第82号では以下の通りに説明されている。同報告ではダイレクト・レポーティングを採用しないとしながらも，「内部統制の有効性の評価結果をすべての重要な点において適正に表示しているかどうかについて，監査人自らが入手した監査証拠に基づいて判断した結果を意見として表明すること」を求めていることに留意すべきであるとしている。すなわち，基本的に監査人は自ら適切な監査証拠を入手して行うこととなるが，監査人は，経営者が抽出したサンプルの妥当性の検討や経営者による作業結果の一部について検討を行った上で，経営者が評価において選択したサンプル及びその作業結果を自らの監査証拠として利用することができる[39]。

間接報告だろうと直接報告だろうと実務上それほど差異はないとしている報告もある。手塚（2007）はダイレクト・レポーティング方式とノンダイレクト・レポーティング方式を比較し，3点の異同を示している。①ダイレクト・レポーティング方式は監査人自らの判断において内部統制の評価範囲を決定し，重要な欠陥の判断基準も監査人が自ら設定する。ノンダイレクト・レポーティングでは内部統制の評価範囲は，まず経営者が決定し，また重要な欠陥の判断基準も経営者が設定し，監査人はその適正性を判断することになる。この方式ではこれらの判断基準に経営者と監査人との間で相違が生じた場合，監査意見の限定事項になる可能性があるため，事前に両者の合意が必要になる。②監査意見はダイレクト・レポーティング方式だと監査人としての判断を基礎に意見表明を行うが，ノンダイレクト・レポーティングでは経営者の作成した内部統制報告書の記載内容の信頼性の有無の観点から意見表明を行う。③上記目的の違いから監査アプローチに違いが生ずる可能性はあると思われるが，内部統制の

---

[39] 監査・保証実務委員会第82号13.

有効性の評価を目的としている点は同じであり，かつ，監査人はいずれの方法による場合でも内部統制の有効性を実感することで信頼できる監査意見を表明できることになり，基本的なところでの相違はないとしている。

他には井上 (2009a) では監査人は内部統制が有効であるかどうかを特定するために内部統制を自ら直接検証しなければならない。つまり経営者評価に関する意見表明のみが求められる場合であっても，監査対象は経営者が実施した財務報告に係る内部統制に対する評価範囲・評価手続・評価結果に限定されるわけではないと指摘している。

わが国の内部統制監査が「監査」であるならば，間接報告方式であっても実質的に監査人による直接的な内部統制評価が行われている中で，事業上のリスク等を重視したリスク・アプローチと連携し，重要な虚偽表示のリスク評価に対して精度の高い監査が実行可能であると高原 (2008) は論じている。

また坂根 (2012) はダイレクト・レポーティングの不採用によって，監査人への制約の発生や間接的な統制が内部統制報告書内における内部統制にしか機能しない問題を指摘している。

また内部統制監査の責任分担について瀧田 (2016) は内部統制監査において間接評価を行う実質的意義は経営者と監査人の間の責任の分散にすぎず，この責任の分散は会計士の責任の軽減をもたらすわけではない。結果的に経営者に対して本来，不必要であった責任の負担を追加的に強いているだけに過ぎないと指摘している。

制度が導入される前後で報告された証拠に興味深いものがある。須田編 (2008) の調査によると，日米の上場企業はダイレクト・レポーティングの有効性を認めていることを報告している。この結果はおそらくコストを度外視して考えると内部統制監査は直接方式で実施した方が有効に機能することを示唆する。問題は内部統制監査にどの程度コストを掛けられるのかにある。

4．内部統制監査と財務諸表監査の一体的実施

この点について内部統制監査の意義を説明した際に，財務諸表監査における内部統制評価とその関連ですでに触れている。ここでは一体的実施についての

意義と要件についての指摘を明らかにする。

　財務諸表監査と内部統制監査が一体的に実施されることで，財務報告に係る内部統制の有効性が高まり，そこから創出される財務諸表の生来的・事前的な信頼性が向上する。この内部統制の有効性向上により，従来の財務諸表監査上，内部統制評価に当てられていた監査手続をより難度の高い監査対象に振り向けることができ，監査の直接的効果を向上させることができる。ここに両監査の一体的実施の趣旨があると松本（2007b）が主張している。

　鳥羽（2010）は財務諸表監査と内部統制監査が一体的に実施するための要件として2つ挙げている。第1に財務諸表監査を実施している監査人が内部統制監査を同時に実施することである。第2は内部統制監査における監査計画の策定，証拠の入手と評価，及び監査結果の評価と対応は財務諸表監査における監査計画の策定，証拠の入手と評価，及び監査結果の評価と対応に関係づけられ，監査人の入手した証拠と監査人の形成した信念が全体として統合された形で有機づけられていることを意味する。現実に構築され，運用されている財務諸表監査と内部統制監査は必ずしも文字通り一体的として実施されているものではないと主張している。

5．内部統制監査のコスト

　制度を導入する際にはおそらくコストに関する問題を避けることはできないだろう。内部統制報告制度が導入された際にはこの点に議論が集まっていた。内部統制監査のみならず内部統制報告にかかるコストも問題となっていた。前述の通り，組織には適切な管理と統制が備わっている。その適切な管理と統制に直接費用をかけることはなかった。ただし従業員に対する終身雇用と年功序列制，企業内組合といった会社に対する愛着もしくは忠誠を高めることで管理と統制に代えた風土をわが国企業は醸成している場合が多い。日本の労働慣習が崩れる中で組織の管理や統制を適切に行うための仕組みが必要になったのである。こうした管理や統制を整備するためのコストを負担するのは仕方がないのかもしれない。有効な内部統制の整備及び運用は結果として企業自体の競争力と価値を高め，もって市場における優位性を獲得する方策でもあるから企業

サイドとしては相応のコスト負担は必要であろう（八田 2005a）。

須田編（2008）のアンケート調査の結果、6割以上の企業が文書化の意義を認め、平均すると1億円のコスト負担を考えていることを報告している。ただし、全ての日常業務の文書化には抵抗があり、経営者の判断により重要な部分について文書化する方向が指示された。

須田他（2011）の調査によると、内部統制コストについて日米企業は同程度負担していることを報告している。そして内部統制の強化は監査の質を高めることと結びつくと考え、文書化コストを多く負担している会社は高額の監査費用を支払っていることも報告した。

内部統制整備のコスト負担の必要性をもし認識していたとしても過剰な負担は御免こうむるというのは当然であろう。会社のために制度があるのか制度のために会社があるのかの議論を招くからである。

制度対応のコストについては高田（2009）は以下のように主張している。従来財務報告の信頼性を重視しておらず、決済の都度、外部監査人に多数の修正仕訳等を指摘されたり、決算短信の発表後に修正発表を頻繁に行ってきた企業であれば、制度対応を機に多少のコストをかけてでも財務報告に係る内部統制を構築、整備・運用評価していくべきだろう。その場合でも企業としての活動であり、財務報告目的であることを考慮すれば、なるべく費用対効果に優れたアプローチをとるべきだとしている。内部統制報告制度への対応とその効果について胡（2011）が検証している。小野（2007）は内部統制報告制度に対するコスト面についてシステムの視点から検討した。内部統制を費用効率的に実施するためにはシステムの存在が重要になるのだが、システムを導入することで硬直化する弊害があることを指摘している。また、システム化の問題では適切な判断を行うことができる人材の不足が問題であるとしている。この判断が誤っている場合、当該企業の本業に深刻な影響が生じ、業績そのものが悪化する危険性すらあると主張している。

町田（2005b）は内部統制報告制度の問題点を先行導入したアメリカの現状を踏まえた報告をしている。アメリカでは実務上、不要なコスト及び作業量の負担があったことを指摘している。

他には，内部統制などの本社組織が大きくなること，それによって間接費の増大などの課題が提起されると菊池他（2010）が指摘している。

日本内部監査協会（2006）は，過剰なコストがかさんだ結果，投資先企業の利益が極端に圧迫され，将来の収益性や成長性に少なからず影響を与えるなら便益をコストが上回っていることになる。この場合の便益は内部統制の信頼性の向上，社会的信頼の確保である。それに対する対応として内部統制監査報告に対する利用者側の認知や内部監査の活用や育成が挙げられる。またトップダウン型リスクアプローチの採用やインダイレクト・レポーティングの採用によって監査人の証拠収集作業を大幅に節減できる。一方で経営者の評価への依存を高めていることで良質な意見形成や評価活動に対し，両刃の剣となる。それに対する対応はガバナンス機能の活用と厳格な罰則の適用を挙げている。

内部統制報告制度導入後に制度対応のコストとその効果を測定した研究にKrishnan et al.（2008）がある。この報告は，米国企業改革法404条に対応するためのコストとこれらのコストに影響している要素の特定を目的とし，2003年から2005年を分析期間として，172社を対象に検証した。結果として，内部統制のコストを説明する変数として監査報酬の説明変数が重要ではないことを示している。そして内部統制に問題が存在することでその投資を促していることを表す証拠を報告した。追加的な検証では，内部統制報告制度への投資について小規模な会社では不正を未然に防いでいることを示唆する証拠が得られている。財務困窮企業では内部統制の整備の優先度がそれほど高いわけではないため，投資が最小限に食い止められているのかもしれないと指摘している。

Kirishnan et al.（2008）とは異なり，不動産投資業に属する会社のみを対象とした検証をShaw and Terando（2014）が報告している。また内部統制報告制度のコストとベネフィットについてはMcVay（2011）が論じている。

松田（2007）はコスト負担の増加から非上場を選ぶ会社が相当数現れる可能性を指摘している。上場していると内部統制報告制度への対応コストを負担しなければならなくなるので，会社が上場廃止を検討するかもしれない。先行導入したアメリカでは上場廃止を選択する企業が増えていることをEngel et al. (2007) が報告している。ただしこの結果の解釈について上場廃止を選択した会社と比較するためのベンチマークが存在しないとLeuz (2007) が指摘している。大崎 (2006) は株式新規公開を考える会社も公開に伴うコストが大きすぎるのでは二の足を踏むだろうとし，新興企業が成長資金調達の機会を逃し，新しい産業の発展が妨げられることになりかねないと指摘している。

内部統制監査の実施と財務諸表監査のコストとの関係を検証した結果も報告されている。

矢澤 (2012a) は内部統制監査の導入によって監査報酬評価モデルの説明力が10％ほど向上し，その後も上昇傾向にあることが発見された。総資産と連結子会社数，負債比率，損失ダミー，大手監査人ダミー，非監査業務ダミーは一貫して有意であると報告している。

矢澤 (2012b) によると監査の報酬は規模と複雑性を前提とし，その他に業績や新興市場などの市場リスクを加味して算定されている。財務諸表監査をコントロールした上で内部統制監査に資源をより多く投入している会社はそうではない会社よりも異常アクルーアルズが低いことを報告している。最後に内部統制の重要な欠陥の開示にあたっては通常の内部統制監査よりも多くの内部統制監査への資源が投入されていることを報告した。

上村 (2011) は内部統制報告制度の下，内部統制に関連する非監査業務報酬と監査報酬がどのような関係を有するのかを検証している。検証の結果，内部統制に関連する非監査業務の報酬及びその有無は監査報酬に正の影響を与えることと，内部統制監査制度に関連する非監査業務報酬は内部統制監査制度導入前期と導入期における監査報酬の差について，正の影響を与えることを報告している。

監査人・監査報酬問題研究会 (2012) は内部統制の問題と監査報酬の関係に統計的に有意な関係を確認している。業績が悪い会社や複雑性が小さい会社にとっては収益獲得に直接結びつかない内向きのコストであり，有効な内部統制の構築に後ろ向きの姿勢が窺え，業績が悪い会社ほど，複雑性の小さい会社ほど内部統制上の問題が生じやすいと指摘した。

内部統制報告制度の導入による監査報酬への影響や内部統制報告書を利用し

た検証として，Raghunandan and Rama (2006)，Hogan and Wilkins (2008)，Hoitash et al. (2008) がある[40]。Raghunandan and Rama (2006) は，内部統制監査報告書の情報を利用して内部統制の問題を開示している会社は相対的に高い監査報酬を支払っている可能性が高いことを示した。内部統制の問題を開示した会社はそれを開示する以前に比べ高い報酬を支払っていることを示したHogan and Wilkins (2008) もある。Hoitash et al. (2008) もまた内部統制監査の結果を利用して内部統制の問題を開示している会社が相対的に高い監査報酬を支払っていることを示している。

内部統制報告制度改訂の動き

1．改訂の背景

　山口利昭 (2011) はルールベースに準拠した規制手法に慣れた企業法務家とベターレギュレーションの一環としてプリンシプルベースに準拠した規制手法を取り入れた行政当局との思惑に離齬が生じたことが見直しの背景にあるとしている。

　2008 (平成20) 年4月1日より始まる事業年度から内部統制報告制度が導入された。開始以降も企業からの疑問に対応するために「内部統制報告制度に関するQ&A」が追加されるなど円滑な実施に向けた方策が講じられた。内部統制報告制度導入後2年を経過したところで内部統制基準の見直しが始まった[41]。実際に制度を実施した経験を踏まえた企業等からの要望・意見等に基づき，企業会計審議会で策定した基準・実施基準等のさらなる簡素化・明確化等の検討を行い，制度の運用の見直しを図ることを目的に審議が始まったのであ

---

40) 監査報酬の情報開示の経緯やSOX法関連のSEC規制の進捗状況を明らかにした岡村 (2015) がある。

41) アメリカでも内部統制規制の見直しが進んでいた。2006年には米国資本市場規制に関する委員会が中間報告を発表した。その中で米国企業改革法404条については遵守コストを削減するための努力が必要と提言されている (関・岩谷 2007)。特に小規模な企業には大企業と同様の404条を適用するか，もしくは議会が中小企業のために404条を改訂すべきであると報告している。

る[42]。見直しについて 4 つのポイントが挙げられている。まず中堅・中小上場企業に対する簡素化・明確化である。

次に制度 2 年目以降可能となる簡素化・明確化である。そして，その他の明確化，最後に「重要な欠陥」の用語の見直しである[43]。

内部統制部会での審議を経て2010（平成22）年12月22日に「財務報告に係る内部統制の評価及び監査の基準並びに財務報告に係る内部統制の評価及び監査に関する実施基準の改訂について」（公開草案）が公表された。この公開草案に対して意見が寄せられた[44]。公開草案に対して寄せられた意見を反映し，2011（平成23）年 3 月30日に「財務報告に係る内部統制の評価及び監査の基準並びに財務報告に係る内部統制の評価及び監査に関する実施基準の改訂に関する意見書」が公表された[45]。

2．主な改訂点

（1）企業の創意工夫を活かした監査人の対応の確保

主な改訂点については内部統制基準前文二に示されている。まず企業の創意工夫を活かした監査人の対応の確保である。次に内部統制の効率的な運用手法を確立するための見直しである。そして「重要な欠陥」の用語の見直しである。最後に効率的な内部統制報告実務に向けての事例の作成である。

企業の創意工夫を活かした監査人の対応の確保に対する考え方は以下のよう

---

[42] 改訂については制度の効果的かつ効率的な運用に向けて制度導入時の考え方をさらに深化・具体化させようとする内容のものに加えて，制度導入時の考え方にそぐわない運用等の是正を図ろうとする内容のものも少なからず含まれている（池田 2011）。

[43] 2010年 5 月21日開催金融庁企業会計審議会内部統制部会資料 3 − 2

[44] 2011年 2 月14日開催金融庁企業会計審議会内部統制部会資料 2

[45] 基準の改訂にあわせ，監査・保障実務委員会報告第82号も改正された。改正のポイントは下記の通りである（西田（2011）を参考に作成した）。
　　意見書の改訂への対応
　　①経営者の評価方法の理解・尊重の明確化
　　②一体監査のより一層の促進の明確化
　　③中小規模企業に対する内部統制監査ガイダンスの追加
　　④経営者の評価の利用の明確化
　　⑤内部統制監査報告書の記載の見直し
　　⑥比較情報の導入への対応

に示されている。金融商品取引法上の内部統制報告制度は，上場企業の財務報告に係る内部統制を強化し，もってディスクロージャーの信頼性を確保することを目的としている。具体的に内部統制をどのように整備し，運用するかは，個々の企業等が置かれた環境や事業の特性，規模等によって異なるものであり，一律に示すことは適切ではなく，経営者には，それぞれの企業の状況等に応じて，内部統制の機能と役割が効果的に達成されるよう，自ら適切に創意工夫を行っていくことが期待されている。しかしながら，実態としては，監査人に企業独自の内部統制の手法を尊重してもらえない，といった意見が企業側から寄せられたところである。こうしたことから，「監査人は，内部統制の基準・実施基準等の内容や趣旨を踏まえ，経営者による会社の状況等を考慮した内部統制の評価の方法等を適切に理解・尊重した上で内部統制監査を実施する必要があり，各監査人の定めている監査の手続や手法と異なることをもって，経営者に対し，画一的にその手法等を強制することのないよう留意する」ことを実施基準上，明記した。

　一方で，事業規模が小規模で，比較的簡素な組織構造を有している組織等の場合には，当該組織等の内部統制の構築や評価における経営資源配分上の制約から，監査人に対して効率的な内部統制対応に係る相談等を行うことがある。こうした際に，独立性の観点から，監査人の立場として経営者からの相談等に応じていない場合が見受けられる。このような相談等に対しては，監査人として適切な指摘を行うなどいわゆる指導的機能の適切な発揮に留意することとした。ただし，これは内部統制の有効性を保つためのものであり，企業に過度の負担を求めるものではない。

　また，内部統制監査と財務諸表監査の一層の一体的実施を通じた効率化を図る観点から，監査人は，経営者による内部統制の整備並びに運用状況及び評価の状況を十分理解し，監査上の重要性を勘案しつつ，内部統制監査と財務諸表監査が一体となって効果的かつ効率的に実施する必要があることに留意するとした。

(2) 内部統制の効率的な運用手法を確立するための見直し

次に内部統制の効率的な運用手法を確立するための見直しについての考え方は，企業において可能となる簡素化・明確化と「重要な欠陥」（改訂後は「開示すべき重要な不備」。以下同じ）判断基準等の明確化，中堅・中小上場企業に対する簡素化・明確化に分けて示している。

企業において可能となる簡素化と明確化については，全社的な内部統制の評価範囲の明確化として評価対象外とできる「財務報告に対する影響の重要性が僅少である事業拠点」について，売上高で全体の95％に入らないような連結子会社を例示するなど明確化した。全社的な内部統制の評価方法の簡素化について全社的な内部統制の評価項目（財務報告の信頼性に特に重要な影響を及ぼす評価項目を除く）のうち，前年度の評価結果が有効であり，かつ，前年度の整備状況に重要な変更がない項目については，前年度の運用状況の評価結果を継続して利用することが可能であることを明確化した[46]。

業務プロセスに係る内部統制の整備及び運用状況の評価範囲のさらなる絞り込みについて前年度の評価範囲に入っていた重要な事業拠点のうち，前年度の評価結果が有効であり，整備状況に重要な変更がない等の場合，当該事業拠点を本年度の評価対象としないことができることとした。この場合には，結果として，売上高等の概ね3分の2を相当程度下回る場合があり得ることを規定した。評価範囲となった重要な事業拠点のうち，事業目的に大きく係る勘定科目に至る業務プロセスで，評価対象外とできる影響の重要性が僅少である業務プロセスを明確化した。

業務プロセスに係る内部統制の評価手続の簡素化・明確化については全社的な内部統制の前年度の評価結果が有効である場合には，財務報告の信頼性に特に重要な影響を及ぼすものを除き，整備状況に重要な変更がないときには，運用状況についても前年度の評価結果を継続利用することが可能であることを明

---

[46] 飯室（2011）では全社的な内部統制の運用評価は一定の複数会計期間内に一度の頻度で実施することが可能になったが，当該方法により実施するにしてもその評価方法は前年度の評価方法が有効であることが条件の一つになっていることを挙げ，全社的な内部統制が有効であることが内部統制評価全体の効率化につながるとしている。

確化した[47]。

　なお，現行の実施基準では，経営者の決定した評価範囲が適切でないと監査人が判断した場合に，監査人は評価対象の見直しなど追加的な作業を必ず求めるとの理解が一般になされていた。監査人は，財務報告に対する影響の程度等に応じ，追加的な対応を求めるものであり，監査人は経営者に対し，追加的な対応を常に求めるものではないことを明確化した。

　サンプリングの合理化・簡素化について，経営者が行ったサンプリングのサンプルを監査人が自らのサンプルとして利用できる範囲を拡大するとともに，経営者による評価結果についても利用できることを明確化した。

　持分法適用となる関連会社に係る評価・監査方法の明確化として持分法適用となる関連会社については，他の支配株主の存在等によって，子会社と同様の評価が行えないことが考えられるところであり，そうした場合には，全社的な内部統制を中心として，当該関連会社への質問書の送付，聞き取りあるいは当該関連会社で作成している報告等の閲覧等適切な方法により行う必要があるとされてきたところである。ただし，特に，海外の関連会社等のうちには，そうした方法すら取ることが困難との指摘もあることから，特段の事情がある場合には，当該関連会社等に対する投資損益の把握などの管理プロセスを確認することも適切な方法に含まれることを明確化した。

　「重要な欠陥」（改訂後は「開示すべき重要な不備」。以下同じ）判断基準等の明確化として
　イ　「重要な欠陥」の判断基準の明確化
　　　金額的重要性について，過去の一定期間の平均値等の使用や特殊要因の除外等があり得ることを明確化した。
　ロ　M&A等により，新たにグループ会社に加わった会社等に対する内部統制の評価・監査の方法等の明確化
　　　他企業を買収または合併したこと，災害が発生したこと等の事由が生じ

---

[47]　改訂後の実施基準では「売上高の概ね2/3を相当程度下回ることがあり得る」としており，「相当程度」がどの程度かについて数値が示されているわけではない。この点について飯室（2011）によると各企業がその事業や業務の特性等を考慮しながら検討することになるとしている。

たことにより，通常要する期間内に評価手続を実施できない場合など「やむを得ない事情」がある場合には，内部統制報告書にその旨を記載した上で，評価範囲から外すことができることになっているが，現状では，そうした事由が期末日直前に発生したときとされている。今回の改訂においては，「やむを得ない事情」の生じた時期として「下期」を例示するとともに，合理性が認められる場合には，「下期」に限られないとした。

(3) 中堅・中小上場企業に対する簡素化・明確化

中堅・中小上場企業に対する簡素化・明確化として，(a) 業務プロセスの評価手続の合理化，(b) 代替手続の容認，(c) 評価手続等に係る記録及び保存の簡素化・明確を挙げている。

業務プロセスの評価手続の合理化については，それぞれの組織の状況に応じて評価方法を工夫し，効率的に実施できることとしている。改訂された内部統制基準では事業規模が小さな組織や比較的簡素な構造を有している組織等の内部統制の運用状況については，一律に実施することを必ずしも求めていないことを示している。

代替的手続の容認については，経営者が行ったモニタリングの結果や監査役の監査結果を内部統制監査で利用可能であることを示している。

小規模で比較的簡素な構造を有している組織等では，様々な記録の形式や方法をとりうることを示している。

内部統制報告制度導入当初からコスト負担が過重にならないように考慮されている点も多かった。それでも中堅・中小企業での内部統制監査への対応コストが荷重になっていることを問題とする向きもあった。もし内部統制の整備コストが荷重になっていることで，これら企業の成長機会を奪っているのなら問題であろう。こうした問題について対応するための改訂であると解している。

(4) 重要な欠陥の用語の見直し

内部統制の不備のうち財務報告に重要な影響を及ぼす可能性が高いものを重

要な欠陥と導入当初の基準で定義されていた。重要な欠陥を開示する意義は，それが財務報告に重要な影響を及ぼす可能性があることを示しているだけで，財務報告が適正ではないことを意味するものではない。これを開示した会社は欠陥企業であると周知するためのものではなく，投資者等には財務報告の内容を検討する際に，「今後改善を要する重要な課題」が存在していることを示すものである。

　COSO（1992）の翻訳でも内部統制の欠陥という用語が利用されているように，制度導入時の基準で定義された内部統制の重要な欠陥は基準上，制度上定着しているはずである。しかし，実務の立場からこの用語から「欠陥」があるとの誤解を，招くおそれがあるとの指摘があった。改訂された内部統制基準では「開示すべき重要な不備」と置き換えられた。「内部統制の重要な欠陥」と「開示すべき重要な不備」の間では判断基準や意義には違いがないことを示している。

　どんな形であれ，財務報告に重要な虚偽記載を生じさせる危険性がある場合，それを伝えることは，会社と利害関係者との間の信頼関係を築き上げるために必要である。ただ，この開示については情報を発信する会社が認識している重みと，情報の受け手である利害関係者が認知する重みを比較する必要がある。会社が内部統制の問題について重要とは感じていなくても利害関係者が重要であると感じている場合，開示された情報への反応が異なる可能性がある。今般の改訂では名称変更であったが，リスク事象としての内部統制の問題をわが国でどのように伝えることが望ましいのかといった議論が必要なのかもしれない。

（5）効率的な内部統制報告実務に向けての事例の作成

　効率的な内部統制報告実務に向けての事例を作成することで実務の参考になることを期待している。全ての会社組織に適切な内部統制は存在しない。会社が置かれている状況そして組織の形態を考慮して内部統制の構築・評価・監査にあたっては会社ごとに様々な工夫を内部統制基準では求めている。事業規模が小規模で，比較的簡素な組織構造を有している組織の場合，当該組織等の内部統制の構築や評価における経営資源配分上の制約から，必ずしも効率的な内部統制報告実務が行えない場合もある。

改訂された内部統制基準で言及される事例集は小規模企業で, 比較的簡素な構造を有する組織等における事例である。

(6) その他の論点

この改訂でも内部統制監査のダイレクト・レポーティングの不採用は変わらなかった。この点について坂根 (2012) は内部統制における経営者評価を簡素化させていくかぎり, 内部統制監査における工数は減少する可能性があり, 内部統制監査も簡素化される可能性を指摘し, 効果的な内部統制監査よりも効率的なそれを目指していると指摘している。

この制度の見直しについて, 住田 (2011) は企業側の意見等を踏まえて, 制度の趣旨に沿った制度運営の調整が図られたものではあるものの, 審議の過程では, 企業側からのコスト軽減の要請ばかりが目立ち, それにいかに対応するかを論点に議論が進められていたと指摘している。財務報告の作成者である企業側の要請に従って適時に対応策を図り, 徐々に規制を交代させていくのでは, 内部統制報告制度の導入にあたって志向した信頼性の高い財務報告の確保は実現しないのではないかと主張している。

阿部 (2011) は, この改訂により作成者の実務負担が適正なものとなるかを見極め, レビュー方式への転換を検討課題としている。

住田 (2011) と阿部 (2011) の主張を対比させてみると監査人側の意見と会社側の意見がわかれていることがはっきりとわかる。監査人側は内部統制報告制度を財務報告の信頼性の向上の基礎として考え, さらなる簡素化はその基礎を揺らがせるものと懸念している。一方で会社側は内部統制の整備は自助努力によるものであり, 制度や外部監査人からの介入を減らしたいと考えているのかもしれない。

3. アメリカでの内部統制監査の改訂

久保 (2010) は内部統制基準改訂の過程を検討している。わが国の改訂作業とともにアメリカの制度改訂についても触れている。金融規制改革法が2010年に成立し, 小規模な上場会社については内部統制監査を免除することとした。

このように，先行導入したアメリカでも内部統制報告制度の見直しが進んでいる。2010年7月に成立したドッドフランク-ウォールストリート改革及び消費者保護法（Dodd-Frank Wall Street Reform and Consumer Protection Act）の989条Gでは小規模発行者に対してSOX404条（b）が要求している内部統制に関する監査証明を免除することが規定された。また2012年4月にはJOBS法（Jumpstart Our Business Startups Act）が成立した。この法律では，売上高が最大10億ドル未満の新興成長企業に対して内部統制監査を免除することが規定された。アメリカでの動きを踏まえたのか，わが国でも2014年5月に金融商品取引法が改正された。その中で新規上場後3年間は内部統制監査を免除することが規定されている[48]。ただし内部統制監査が免除されても経営者による内部統制報告は維持されている。

　わが国では内部統制報告と内部統制監査は制度導入当初から一体として実施されてきた。アメリカでは内部統制監査を漸次導入される形式をとったため，早期適用会社とそうではない会社が存在する。この実施タイミングのズレが内部統制監査の重要性を検証することを可能としている。本来なら経営者が事前に開示しているはずの内部統制の問題を後から実施される内部統制監査報告で開示されるケースを観察することができる。Hermanson and Ye (2009) は内部統制監査導入初年度において内部統制監査報告書で問題を開示した会社のうち27％が事前に内部統制報告書で問題を開示していたことを発見した。この結果からこの報告では内部統制監査の必要性を主張している。そしてMunsif et al. (2012) は検証期間を延長して追加検証を行った結果，同様の方法で50％未満の会社しか事前に内部統制報告書で問題を開示していなかったことを示して

---

[48] 2013年10月15日に日本公認会計士協会は新規上場における内部統制報告書提出に係る負担の一定期間の軽減に対する意見を公表した。この意見の中で，有効な内部統制は適切な財務諸表作成の前提であり，社会的な責任もますます高まる新規上場にあたっては，その段階こそ内部統制を整備し，有効に運用していく体制が求められるものとの考えを示している。そして，経営者による内部統制報告書の信頼性を担保する措置として内部統制監査は必要不可欠なものであり，時代の要請に逆行する方向での施策には，投資者保護の観点から基本的には反対であることを表明している。先行して内部統制報告制度の改革を行ったアメリカでは，内部統制監査の有効性を検証している研究がある。Kinney and Shepardson (2011) の検証結果は，小規模会社にとって最も効率的な報告は，内部統制報告と財務諸表監査の監査報告書の組み合わせであるとしている。それは，内部統制監査が免除されている会社でも監査報酬が10％ぐらい上昇しているためであるとする。

いる。経営者による内部統制報告と監査人による内部統制監査が別々に実施されている状況下では経営者が意図的か意図的でないかにかかわらず看過した内部統制の問題を監査で発見することができるため，その重要性が指摘される結果となっている。わが国では内部統制監査は経営者による内部統制報告の適正性を監査することになっている。わが国での内部統制監査の免除が何をもたらすかについては今後の課題となるだろう。

　Krishnan and Yu (2012) は，内部統制監査の早期適用会社はそうではない会社に比べ期待外アクルーアルズが小さいことを示した。また小規模の早期適用会社の利益の質が向上していることから内部統制監査のベネフィットの存在を示唆する証拠を報告している。Holder et al. (2013) はドッドフランク-ウォールストリート改革及び消費者保護法による内部統制監査の免除が正当化されるのかを検証した。非早期適用会社と早期適用会社を比較しても非早期適用会社と小規模な早期適用会社で違いが識別できなかった。この結果が内部統制監査の免除によって生じる機会費用の増加を背景としており，この免除範囲を拡大させていくことに疑問を投げかける証拠を報告している。

　Kinney and Shepardson (2011) の検証結果は，小規模会社にとって最も効率的な報告は，内部統制報告と財務諸表監査の監査報告書の組み合わせであるとしている。それは，内部統制監査が免除されている会社でも監査報酬が10％ぐらい上昇しているためであるとする。

第4章 内部統制の問題とその開示

I 本章の課題とその背景

　本章の目的はわが国で内部統制の問題を開示した会社に関する実態調査を行い，本研究全体に関わる課題の解明に係る基本的な証拠を報告することである。わが国では監査人が直接被監査会社の内部統制の状況を監査するのではなく，経営者の内部統制報告書が会社の内部統制を一般に公正妥当と認められる内部統制基準に従って適正に表示しているのかどうかに関する意見表明を行っている。内部統制監査報告書での適正意見は経営者の内部統制報告書が適正であることを意味しており，内部統制の有効性に対する意見ではない。そのため，本研究での内部統制の問題は内部統制報告書から入手している。

　わが国では2008年から内部統制報告制度が導入された。内部統制報告書での開示で注目を集めるのは内部統制の開示すべき重要な不備であろう。これは，内部統制の不備のうち一定の金額を上回る虚偽記載，又は質的に重要な虚偽記載をもたらす可能性が高いものをいう。導入当初は財務報告に係る内部統制の重要な欠陥として開示されていた。本研究では両者をまとめて内部統制の問題としている。

　内部統制の問題を検証する際にまず内部統制の問題が制度上どのように定義されているのかを理解する必要がある。内部統制の不備が全て開示されているわけではない。内部統制の不備のうち金額的もしくは質的に重要なものが問題として開示される。ここでは金額的な重要性の判断と質的な重要性の判断基準がどのように規定されているのかや全社的な内部統制の不備の例示について説明する。

　内部統制報告における内部統制の問題開示に関する実務上の課題を指摘する報告もある。内部統制報告のプロセスについては内部統制の不備を認識しその重要性を評価し，問題の開示判断と判断・評価が積み重なっている。複雑な意思決定が必要になる。こうした性質が問題をもたらしているとの視点から検討している。そして内部統制の問題開示と不正の関係を検討した。内部統制報告制度の導入には財務報告の信頼性を向上させることが背景にある。内部統制の

問題が不正とどのように関係しているのかを開示事例を踏まえ，検証する。

　内部統制報告制度の導入前後に研究上の関心は高まった。外部から確認しようがない内部統制の問題を確認できるようになったため，アーカイバルデータを利用した検証も可能になった。その中で実態調査と要因分析に関する検証結果を概観する。特に要因分析については，先行導入したアメリカでの情報開示を利用した検証も多数報告されている。それも踏まえて問題開示についての要因をどのように理解するのかを考察した。

　本研究では実態調査も行った。わが国の内部統制報告に係る実態調査は初年度と2年目に集中しており，継続的な調査はほとんど行われていない。本章では，2009年度から2015年度にかけて内部統制の問題を開示した会社の記述的な調査を行った結果を報告する。

　次に，内部統制の問題開示会社とそうではない会社を比較し，検証する。比較検証する際の問題は，対照企業の選択基準にある。本研究では内部統制の問題が発生することに影響する可能性のある変数で構成される回帰モデルを利用した傾向スコアマッチングと呼ばれる手法で対照企業を選択した。

　先に選択した問題開示企業と比較対象とした企業について調査した。企業規模や会社の若さ，その他の変数について両グループに違いがあるのかどうかを比較した結果を報告している。

　比較的最近のデータを対象とした検証であることから，わが国の内部統制の問題を開示した会社の多くを対象とした証拠を報告したことに意義がある。内部統制報告制度が導入されてもなお社会的影響力がある会社の不正な財務報告が後を絶たない。これは内部統制報告制度が実効性を有しているのかを再考する必要性を意味しているのかもしれない。その中で内部統制の問題を開示した会社がどのような会社であったのかは検討にあたっての基本的な証拠になるだろう。

内部統制の問題の意義

1．内部統制の問題の定義

(1) 内部統制の不備とその問題の定義

内部統制の問題は内部統制に存在する不備の一種である。そのため，内部統制の不備が内部統制基準でどのように説明されているのかを知る必要がある。

> 内部統制の不備は，内部統制が存在しない，又は規定されている内部統制では内部統制の目的を十分に果たすことができない等の整備上の不備と，整備段階で意図したように内部統制が運用されていない，又は運用上の誤りが多い，あるいは内部統制を実施する者が統制内容や目的を正しく理解していない等の運用の不備からなる。

内部統制の不備は単独で，又は複数合わさって，一般に公正妥当と認められる企業会計の基準及び財務報告を規制する法令に準拠して取引を記録，処理及び報告することを阻害し，結果として内部統制の問題となる可能性がある。

また現行の内部統制基準では内部統制の問題を以下のように説明している。

> 内部統制の開示すべき重要な不備とは，内部統制の不備のうち，一定の金額を上回る虚偽記載，又は質的に重要な虚偽記載をもたらす可能性が高いものをいう。

内部統制の問題について野村（2008）は内部統制を一連の動的なプロセスとみなし，もし重要な欠陥があればその都度是正することが重要であるとしている。従って，内部統制評価の基準日である期末日に存在する「重要な欠陥」は当該企業における「今後改善を要する重要な課題」であるとしている。

南（2010）は内部統制が有効であることは財務報告に係る内部統制の「6つの基本的要素がすべて適切に整備・運用されている」ことと同義とし，もし1つにでも重要な欠陥があれば内部統制は有効ではないと指摘している。

わが国の内部統制基準では内部統制の不備の全てを記載する必要はない。経営者が不備の中でも金額的にも重要なものや質的に重要なものを問題として開示していることになる。では経営者が内部統制の問題を判断する基準はどのようなものだろう。

経営者は，内部統制の不備が開示すべき重要な不備に該当するか判断する際に，金額的な面及び質的な面の双方について検討を行う。財務報告に係る内部統制の有効性の評価は，原則として連結ベースで行うため，重要な影響の水準も原則として連結財務諸表に対して判断する。

a．金額的な重要性の判断

金額的重要性は，連結総資産，連結売上高，連結税引前利益等に対する比率で判断する。これらの比率は画一的に適用するのではなく，会社の業種，規模，特性など，会社の状況に応じて適切に用いる必要がある[1]。例えば，連結税引前利益を指標とする場合には，概ね5％程度とすることが考えられる。

内部統制基準と同様に内部統制監査に係る実務指針でも内部統制の問題は，内部統制基準と同様に，単独で，又は複数組み合わせて，財務報告に重要な影響を及ぼす可能性が高い内部統制の不備をいう。開示すべき重要な不備の判断指針は，企業の置かれた環境や事業の特性等によって異なるものであり，一律に示すことはできないとしている。その判断基準として金額的重要性と質的重要性とがある。

金額的重要性の判断基準としての5％基準について多賀谷（2007）は，連結税引前利益5％が示すものは，あくまで内部統制の不備が重要な欠陥に該当するか否かの判断基準であって，業務プロセスを決定するための基準ではない点に注意する必要がある，と指摘している。

---

[1] 重要性の判断基準の設定にあたって，具体的にどういう手続をとるかについては各企業で判断されることが適当であり，毎年評価作業を計画する際などに，経営者は必要に応じて監査人と協議して，前期決算数値や期末予想数値に基づいて予め設定することが望ましいと江藤（2008）は指摘している。

b．質的な重要性の判断

　質的な重要性は，例えば，上場廃止基準や財務制限条項に関わる記載事項などが投資判断に与える影響の程度や，関連当事者との取引や大株主の状況に関する記載事項などが財務報告の信頼性に与える影響の程度で判断する。

　質的重要性については上場廃止基準や財務制限条項に関する記載事項などが投資判断に与える影響の程度，関連当事者との取引や大株主の状況に関する記載事項などが財務報告の信頼性に与える影響の程度で判断する[2]。

　内部統制の問題かどうかの判断基準は内部統制の不備が財務諸表の重要な虚偽表示に対して金額的に又は質的にどのような影響を与える「可能性」があるのかを評価することになっている。内部統制の不備がどのような影響を与えるのかを予測することは難しい。比較的容易なのはどの程度の影響を「与えた」のかである。内部統制の整備が不十分で重要な虚偽表示を招く危険性があるものを発見し，改善する又は是正したとする記載と財務諸表に重要な修正が必要な事項が発見されたが，その原因は内部統制の不備でしたと記載するのでは意味合いが異なっている。実務では後者に属する開示が多くなっている。

(2) 全社的な内部統制の不備

　全社的な内部統制に不備がある場合，内部統制の有効性に重要な影響を及ぼす可能性が高い。内部統制の開示すべき重要な不備となる全社的な内部統制の不備として，例えば，以下のものが挙げられる。

a．経営者が財務報告の信頼性に関するリスクの評価と対応を実施していない。
b．取締役会又は監査役もしくは監査委員会が財務報告の信頼性を確保するための内部統制の整備及び運用を監督，監視，検証していない。
c．財務報告に係る内部統制の有効性を評価する責任部署が明確でない。
d．財務報告に係るITに関する内部統制に不備があり，それが改善されずに放置されている。
e．業務プロセスに関する記述，虚偽記載のリスクの識別，リスクに対する内部統制に関する記録など，内部統制の整備状況に関する記録を欠いており，

---

[2] 監査・実務委員会報告第82号190.

取締役会又は監査役もしくは監査委員会が，財務報告に係る内部統制の有効性を監督，監視，検証することができない。
f．経営者や取締役会，監査役又は監査委員会に報告された全社的な内部統制の不備が合理的な期間内に改善されない。

開示すべき重要な不備に該当するかどうかを，検討すべき内部統制の不備の状況を示す例としては，次の場合が挙げられる[3]。
・前期以前の財務諸表につき重要な修正をして公表した場合
・企業の内部統制により識別できなかった財務諸表の重要な虚偽記載を監査人が検出した場合
・上級経営者層の一部による不正が特定された場合

そして財務報告の信頼性に与える影響が大きい次の分野で，内部統制の不備が発見された場合には，問題に該当する可能性を慎重に検討する[4]。
・会計方針の選択適用に関する内部統制
・不正の防止・発見に関する制度
・リスクが大きい取引を行っている事業又は業務に係る内部統制
・見積りや経営者による予測を伴う重要な勘定科目に係る内部統制
・非定型・不規則な取引に関する内部統制

全社的な内部統制に不備がある場合でも，業務プロセスに係る内部統制が単独で有効に機能することもあり得る。ただし，全社的な内部統制に不備がある状況は，基本的な内部統制の整備に不備があることを意味しており，全体としての内部統制が有効に機能する可能性は限定される。

また内部統制監査における内部統制の問題については監査基準委員会報告書で定義されている。「内部統制の不備」は以下のいずれかの場合に存在する。
・内部統制の整備・運用が不適切であり，財務諸表の虚偽表示を適時に防止又は発見・是正できない場合
・財務諸表の虚偽表示を適時に防止又は発見・是正するのに必要な内部統制が存在しない場合

---

[3] 監査・保証実務委員会第82号210．
[4] 監査・保証実務委員会第82号211．

監査人が職業的専門家として監査役等の注意を促すに値するほど重要と判断した内部統制の不備又は不備の組み合わせを内部統制の問題としている[5]。

監査人が着目する内部統制の問題の兆候として監査基準委員会報告書53号に例示されている。

- 統制環境に脆弱性があることを示す証拠がある。
- 経営者が経済的利害関係を有する重要な取引が，監査役等によって適切に調査されていない兆候がある。
- 重要かどうかを問わず，企業の内部統制によって防止されなかった経営者による不正が識別されたこと。
- 以前に協議した問題について，経営者が適切な是正措置を講じていないこと。
- 通常整備されていると想定される企業リスク評価プロセスが欠如している。
- 企業のリスク評価プロセスが脆弱であることを示す証拠がある。
- 識別した特別な検討を必要とするリスクへの対応が十分でないことを示す証拠がある。
- 企業の内部統制によって防止又は是正されなかった重要な虚偽表示が監査手続によって発見された。
- 誤謬又は不正による重要な虚偽表示の訂正を反映するため，以前に公表した財務諸表の修正再表示が行われている。
- 経営者に財務諸表の作成責任を遂行する能力がないことを示す証拠がある。

内部統制監査における内部統制の不備の評価については監査・保証実務委員会第82号に示されている。この報告書では内部統制の不備は，内部統制が存在しない，又は規定されている内部統制では内部統制の目的を十分に果たすことができない等の整備上の不備と，整備段階で意図したように内部統制が運用されていない，又は運用に際して誤りが多い，又は内部統制を実施する者が統制内容や目的を正しく理解していない等の運用上の不備からなる。

内部統制の不備が重要なのかどうかの判断基準を設定することは困難である。組織形態が全く同じ会社が存在しないのと同様に有効な内部統制も一つとして同じではない。ある会社では有効な内部統制であっても別の会社では有効では

[5) 監査基準委員会報告書第53号5.

ない可能性がある。どのような状況が内部統制の重要な不備なのかは会社ごとに判断されるものである。会社組織のことをよく理解し，組織の風土や文化をよく知っているのなら，そこに存在する不備の重要性を評価できるだろう。内部統制評価担当者はこうした知識をもっているはずだが，内部統制の視点からこれらの知識を駆使する経験は少ないかもしれない。内部統制報告に関する実務経験が蓄積されることで，判断基準が洗練されることが期待される。

　内部統制の問題の判断基準について，町田 (2009) は以下のように指摘している。日本でもアメリカでも内部統制の問題の判断指針を詳細に規定されていない。これは現場任せや判断基準が定められていないことを意味しない。アメリカでは内部統制報告制度導入後，内部統制の問題の判断基準は内部統制に関する事例を積み重ねていく上で，徐々に形成されていった。2005年に米国証券取引委員会主催のラウンドテーブルでの議論とそれを受けての制度改訂や大手監査事務所と大学教授の共同プロジェクトで基準に対する理解や解釈等をすり合わせるプロジェクトを開始し，ガイドラインが規定されていったことでアメリカでの内部統制の問題の基準がすり合わされてきたと指摘している。わが国では今後こうした機会が設定され，判断基準の精度が向上する情報が共有されることを期待している。

2．内部統制の問題開示に係る問題

　内部統制の問題開示に係る課題は，その意思決定のプロセスが複雑であることと内部統制の有効性をどのように表現するのか，そして訂正報告書の開示についてである。

　内部統制の問題を議論することは内部統制の有効性を議論することにつながる。内部統制の有効性については堀江 (2006a) が検討した結果を報告している。内部統制の有効性については内部統制の整備・運用上の不備から生じる残留リスクと，内部統制の固有の限界から生じる残留リスクを差し引いた値が評価値となると指摘している。そして内部統制には固有の限界が存在しているのだから完璧な有効性は存在しないため，残留リスクの範囲をどのように定義するかによって内部統制の有効性の評価値が異なると指摘している。また山田 (1991)

では内部統制の有効性は，それを設定し，執行し，監視する人々の倫理性により裏付けられた誠実性を超越したものにはなりえないとしている。

八田（2007）は内部統制の良し悪しは当然ながら明示的に実感できるものではなく，それが実感できるときは皮肉にも内部統制が脆弱で有効に機能していなかったことを原因とする企業不祥事等が露呈したときであると指摘している。

また，内部統制の有効性についてはほとんどの企業関係者が経験したことがないものと奥村（2007）は指摘している。

内部統制の有効性は内部統制の不備の議論と表裏の関係にある。南（2010）は内部統制が有効であることの意味は財務報告に係る内部統制の「6つの基本的要素がすべて適切に整備・運用されている」こととと同義とし，もし1つにでも重要な欠陥があれば内部統制は有効ではないとしている。しかし内部統制の有効性を認識することはほとんどないと指摘する向きもある。内部統制の有効性と同様に内部統制の不備の影響もわからない可能性がある。内部統制の不備の影響を予測することは難しいだろう。これが内部統制の問題を事後的に開示する問題を生み出している。不適切な財務報告が明るみになった後の問題開示はほとんど役に立たないだろう。なぜならば不適切な財務報告が明るみになった段階で財務諸表を利用する人々はそれを材料に判断するからである。"ほとんどない"としているのは，情報利用者が予想している影響額と実際の影響額が大きく異なっている場合は役立つからである。このような場合があるにせよ，事後的な開示は事前情報によって判断される状況なら意義を失う危険性がある。

次に判断プロセスの問題である。内部統制の問題を開示するプロセスの出発点は，内部統制の不備が存在しているのかである。内部統制の有効性が認識できない状況では，八田（2007）が指摘するように何事かが起こらない限り内部統制の不備かどうかを判断するのは難しいだろう。もし内部統制の不備が存在するなら，内部統制の問題を意味しているのかどうかを判断することになる。金額的重要性や質的な重要性を判断するにしても会社ごとに異なる基準が存在するため，他社の判断を参考にすることもできない。そのため，評価者の性質が大きく影響する危険性がある。もし内部統制の問題が存在していたとしてもそれを開示するのかどうかを判断することになる。内部統制の問題が存在して

いると認識しているのだから開示するとは限らない。会社内の人間が確固たる判断基準をもつことが難しいことは，内部情報に精通しない外部者にとってはもっと難しいことを意味している。損失が軽微な問題やそもそも損害が発生していない問題は，会社内部で処理できる余地が残っている。内部統制の問題によって生じる損害が大きくなった時点で開示する選択もできる。

　このように判断プロセスが積み重なっているため，内部統制の問題の要因や開示要因を検証することの一つの障壁になっている。

　檜田（2015）は内部統制評価の客観性を高める上でプロセスの評価が重要であると指摘し，PCAOBの「統合報告書」「監査実施上の留意事項」の検討に基づいて，わが国の「内部統制報告書」で内部統制に関し，開示すべき重要な不備があると記載があるものを検討した。そして開示すべき重要な不備の中には，PCAOBが検査において内部統制監査担当の監査法人の監査についての欠陥を摘出する視点と著しく相違する記載があると指摘している。

　内部統制の問題を発見するのが事後的なものになっているケースも多い。内部統制報告書での開示についてもその多くが財務諸表の訂正とともに問題を開示している。重要な虚偽表示を看過する危険性のある内部統制の問題は開示されずに是正されているのかもしれない。なぜならば内部統制の不備を問題として認識するのかどうかは主観的な判断になるからである。このように考えると内部統制の問題が財務諸表の訂正と同時に，もしくは不正な財務報告が明るみになった後に開示されるのは自然なことなのかもしれない。内部統制の評価を義務付けたことにより，開示されないものの内部統制の問題が会社内部で是正されているのなら，財務報告の信頼性を向上させる目的をもった内部統制の有効性を高める目的は達成されているのかもしれない。一方で内部統制の状況を外部者に伝達するための内部統制報告書の意義は低くなるだろう。特に訂正報告が増加すればするほど継続的に開示される内部統制報告書の信頼性が低下する。

　内部統制報告で報告される件数に匹敵する数の会社が訂正内部統制報告書によって後日内部統制が有効ではなかったとの報告を行っている。不十分な評価又は形式的な評価に終始して，後日問題が発覚したときに，訂正内部統制報告

書を提出すればよいとする考えが背後にあれば問題であると住田（2011）は指摘する。

　大塚（2012）は，内部統制報告書の訂正報告書に関する問題を提示している。企業の中には「重要な欠陥」を開示すれば自社の評価が下がってしまうのではないかとの心理的要因がある程度働いていると予測されるが，一方で「有効」から「重要な欠陥」へと事後的に内部統制の評価を訂正することが，適正に自社の内部統制を評価できていなかったのではないかとの疑義を生じさせることになり，当該企業に対する評価が一層厳しくなる可能性もある。

　大塚（2012）は重要な欠陥の開示のあり方にも問題点を指摘している。現行制度では重要な欠陥に対する是正措置などの記載についてどの程度まで詳しく説明すべきかについて明確に定められているわけではない。開示される情報の量や質が企業の裁量に委ねられていることは，内部統制上の課題に対する企業の姿勢や経営者の認識が少なからず内部統制報告書に反映されるとみることもできる。つまり，重要な欠陥に対する企業の説明が形式的で制度対応的なものであるとすれば「この会社は内部統制上の問題を本当に克服しようとしているのか」や「経営者は真剣に問題を向き合おうとしているのか」といった様な疑義を報告書の利用者に抱かせてしまう可能性があると報告している。

3．内部統制の問題と不正

　小池（2013）は内部統制には不正の「機会」を防止する役割が期待される。歴史的な内部統制欠陥事例としては吉見（2003）が4例挙げている。ドレイヤー・ハンソン社の1946年の事例，タイダル・マリーン・インターナショナル社の1970・1971年の事例，ウォーターゲート事件，そして2001年のエンロン社の事例である。

　わが国の内部統制のほとんどは不適切な財務報告や財務諸表の修正と同時に開示されている。従業員による不正が内部統制の問題開示の背景にある事例の一部を挙げる。

第4章　内部統制の問題とその開示

〔開示例１〕
　平成22年２月に当社元従業員（営業所の元所長）による不正取引が発覚した。元従業員の担当する取引において平成22年１月末日に予定されていた仕入先への返品に係る入金がなかったため，社内調査を行ったところ，当該仕入返品は実態のない架空取引であることが判明した。
　これを受けて社内調査を進めたところ，次の事実が判明した。
　元従業員は，平成18年４月から販売価格を数倍上回る価格で購入するという異常な逆鞘販売取引を行っていた。当該取引による損失を隠蔽するため，販売価格を上回らない価格で仕入を計上し，仕入先に支払うべき金額との差額について架空の品番を設定し仕入計上を行った。この処理により発生した架空の在庫を圧縮するため，他の仕入先口座において架空の仕入返品を計上し，結果として実体のない商品在庫及び買掛金のマイナス残高を発生させた。
　内部調査及び外部調査委員会による確認の結果，本不正取引による会計上損失に計上すべき損害総額は387百万円であり，売上原価の修正等を含む過年度の決算訂正を行った。この結果，提出済みの平成19年３月期中間期から平成22年３月期第３四半期までの間の有価証券報告書，半期報告書及び四半期報告書について訂正報告書を提出した。

〔開示例２〕
　代表取締役印が押印された金銭消費貸借契約書が発見されましたが，取締役会承認及びコンプライアンス統括室の審査も経ておらず，貸付事実もないため，調査を行った結果，代表取締役印が従業員により不正に使用された事実を確認しました。これは，当社が整備していた印章管理規程による統制が適切に運用されていなかったこと，また，モニタリングが十分ではなかったことによるものであり，全社的な内部統制に不備があったことにより発生したものです。
　上記不正を行った従業員は当事業年度末日までに退職しており，事実関係の確認が終了したのは当事業年度末日後であったため，当該開示すべき重要な不備を当事業年度末日までに是正することができませんでした。

〔開示例３〕
　当社の元従業員が，損害保険契約責任者の立場を利用して保険代理店と共謀し，保険料領収証を変造することにより当社小切手を着服し，平成15年４月から平

> 成23年1月まで総額613,243千円の損害を当社に与えるという不正行為が平成23年2月に発覚いたしました。
>   当該不正行為を発見できなかった原因は，損害保険契約締結に関わる決裁を含む判断，管理を行う者と，実際に契約締結手続きを担当する者が分離されておらず，かつ，長期間人事ローテーションがされていなかったこと，及び申請部署と保険担当部署（総務部）との相互牽制機能を発揮させる内部統制の整備・運用状況が不十分であったことであると判断いたしました。

ここでは一部の事例を取り上げたに過ぎない。こうした事例をもって不正が起きてからはじめて内部統制の問題が認識できるのなら，不正が発見されない限り内部統制の問題はわからないことになる。業務活動のプロセスに入れ込まれていることが求められるので，プロセスの流れに含まれる内部統制が十分なのかどうかを評価するのは非常に難しい[6]。

先行研究の概観

1．わが国における実態調査の結果

わが国では2008年4月から始まる事業年度より内部統制報告制度が導入された。最初の開示は2009年3月期決算会社になる。これ以降内部統制の問題を開示している会社をアンケート調査やインタビュー調査を必要とせず実態調査をすることが可能になった。

兼田（2010）は2009年3月期決算で重要な欠陥を開示した56社の内容を検討し，次のような特徴を明らかにした。①「決算・財務報告プロセス」に係る「重要な欠陥」の指摘件数が最も多く，特に「財務諸表監査において重要な誤りが判明し，修正を行ったこと」を理由に「重要な欠陥」としている事例が多くみられること，②（イ）経理部門におけるリソースの不足など，人的能力に関する

---

6) 逆にいえば不正に裏付けられない内部統制の問題を検証した結果は制度が期待する内部統制の問題開示を検証する基礎となる可能性がある。

事項[7]や，(ロ)子会社における「決算・財務報告プロセス」について「重要な欠陥」の指摘が多くみられること，③経営者や従業員による不正をはじめ，企業不祥事が発覚した会社において「重要な欠陥」の指摘が多くみられること④企業全体を対象とする「全社的な内部統制」に係る「重要な欠陥」についてはその具体例が「財務報告に係る内部統制の評価及び監査に関する実施基準」において示されているが，「決算・財務報告プロセス」に係る「重要な欠陥」に比して，指摘件数が大幅に少なくなっていること，⑤文書化作業やIT統制に係る「重要な欠陥」の指摘事例が少ないことである。同様の結果は住田（2009），鈴木（2009）が報告している。

蟹江・盛田（2009）は内部統制報告制度の実態調査を行っている。わが国の開示実態を踏まえ，内部統制の問題が監査役会からの指摘で明らかになった場合などモニタリング機能が十分に機能していることを評価できる会社の存在を挙げている。問題点として財務諸表監査の過程で重要な誤りなどが判明し修正が行われたり，監査人によって指摘されたりしたと記載されるケースがあった。内部統制の有効性を経営者が自ら適切に評価し，報告する内部統制の趣旨に照らすとこれらは経営者による内部統制の有効性評価が十分でなかったと考えられる。

高原（2015）は内部統制報告制度による開示すべき重要な不備の実態について6年間の追跡を実施した。対応すべき課題として2つ挙げている。1つ目は内部統制報告書において開示すべき重要な不備があり，内部統制が有効でないと連続して報告する会社に対しては，何らかの対応が必要であること，2つ目に内部統制の評価結果について当初「有効である」と表明したにもかかわらず「有効でない」とする訂正内部統制報告書を提出したケースに対する対応の必要性である。

増田・公江（2010）は導入初年度の開示状況と2年目の対応についてアンケート調査を行っている。結果として小規模会社や新興市場上場会社で重要な欠陥が多発するような事態に陥っていないと報告している。

水野（2009）は制度導入初年度の内部統制報告書の事例分析を行った。不祥

7）人的資源に関する方針と管理は統制環境の課題である（清水 2010）。

事を起こした会社あるいは決算訂正を行い，内部統制報告書でも意見不表明とした会社，有効でないとした会社がある反面有効としている会社もある。それらの不正が財務諸表へ与える影響は，重要な欠陥を判定する際の重要性の基準値以下であると認め，内部統制を有効としていると判定したと推測している。有効でないと報告した会社とそうではない会社はその経営姿勢の表れと考えている。

　実態調査を行った研究結果から，内部統制の問題開示についていくつかの示唆が得られる。内部統制報告書で問題を開示している会社ではその開示に至る流れは一つではないことである。監査役会からの指摘によって問題を開示している会社もあれば外部監査人から指摘を受けて問題を開示している会社もある。外部監査人に指摘されるまで気がついていないのなら，評価過程に割く労力が不十分だったとされても仕方がないのかもしれない。また人員の不足や経験不足が背景にある場合もあれば，合併によるシステム統合が背景にある場合もある。内部統制が組織の管理統制の一つの手段であるのなら組織の構成員の変化，組織形態の変化は内部統制の問題に影響を及ぼすことを示唆している。

2．問題の要因分析又は開示に係る要因分析

　内部統制の問題開示会社の性質についてはわが国に先駆けて内部統制報告制度を導入したアメリカでは検証されていた。この検証課題には，内部統制の問題開示会社とそうではない会社に統計的な違いが存在するのかどうかを観察することに主眼がある。

　この課題の検証には内部統制の問題がある会社の予測に役立つ証拠の提示を意義として見出すことができる。もっと踏み込めば，内部統制の問題を原因とする不正が存在する可能性を判断するための情報を提供することも可能になる。一方で内部統制の問題を開示している会社とそうではない会社との比較であって，内部統制の問題が存在する会社とそうではない会社の比較ではない。問題の存在とその発見，そして発見した問題の開示といったプロセスを経て内部統制の問題が開示されている。内部統制の問題が存在していてもそれを開示していない会社が存在する。その理由として内部統制の問題を識別できなかったこ

とや内部統制の問題を識別したとしてもそれを開示することを回避する場合が挙げられる。会社の外部から観察する研究ではこの問題を回避することができない。一つの方法はデータを入手可能な会社全てを対象として検証し，内部統制の問題の存在もしくは開示に影響する要因となる変数とともに，仮説検証変数を含んだモデルを構築し分析する方法である。次に何かしらの属性が近似する会社をペアにして検証対象を絞った後，仮説検証変数について分析する方法である。具体的には，古典的な手法としては関心のある会社グループと会社の規模が近い企業群を選択し，検証する手法が採用されているケースも多い。ここでは方法論ではなく，内部統制の問題の要因についての検証とその背景にある仮説を検証することとする。

　内部統制システムの整備についていくつかの仮説を須田編（2008）は検証している。まず株式所有構造仮説であり「金融機関持株比率，外国人持株比率又は役員持株比率の高い会社ほど，内部統制システムの構築に対して積極的である」とするものである。次に資本構成仮説「負債比率又は借入金依存度の大きい会社ほど内部統制システムの構築に対して積極的である」とするものである。そして成長性仮説「増収率又は株主資本成長率の高い会社ほど内部統制システムの構築に対して消極的である」とするものである。最後に，収益性仮説で，これは「株主資本利益率又は総資本利益率の高い会社ほど，内部統制システムの構築に対して積極的である」とするものである。検証の結果，具体的には金融機関持株比率と借入金依存度の説明力が大きいことを報告している。

　内川（2011）は先行研究を踏まえ，内部統制の欠陥が多いのは複雑な事業内容や事業・組織再編などでガバナンスが十分に機能していないと考えられる企業や，小規模企業，設立間もない会社，財務が貧弱など内部統制に十分な資源を割けないと考えられる企業であることが明らかになっているとしている。

　矢澤（2010）は重要な欠陥の開示に影響を及ぼす因子として企業規模が小さい，セグメント数が多い，損失を計上している，売上高成長率が低い，リストラクチャリング費用を計上していることを報告している。全社レベルの内部統制の問題はこれらの因子と有意な関係がみられなかったが，決算・財務レベルの欠陥の場合は時価総額，損失の計上，リストラクチャリング費用の計上が関

係していることがわかった。

　監査人・監査報酬問題研究会（2012）では，業績が悪い会社や複雑性が小さい会社にとっては収益獲得に直接結びつかない内向きのコストであり，有効な内部統制の構築に後ろ向きの姿勢がうかがえ，業績が悪い会社ほど，複雑性の小さい会社ほど内部統制上の問題が生じやすいと報告されている。

　わが国の検証では内部統制の問題開示については財務的要素が影響している可能性が示唆される。また内部統制の問題の存在に関する要因についても財務的な要因が影響する可能性を示唆する証拠はアメリカの先行研究で報告されている。

　内部統制の問題が存在する会社の傾向を検証した結果については，Ge and McVay（2005），Ashbaugh-Skaife et al.（2007），Doyle et al.（2007），Choi et al.（2013）が報告している。

　Ge and McVay（2005）は，内部統制報告書で内部統制の問題を開示した会社の性質を検証するため，2002年8月の261社を対象に検証した。検証の結果，従業員のトレーニング不足や会計方針の問題は小規模会社で発生する傾向があることが示された。一方で収益認識の問題は相対的に大規模な会社で起こる傾向がある。収益認識の問題は利益マネジメントを促進する可能性があるため，財務報告に影響する危険性が高い。内部統制の問題を開示した会社の特徴として，①事業活動が複雑であること，②会社の設立年数が小さいこと，③会社の規模が小さいこと，④会社の業績が悪化していることを特定した。監査法人の規模も内部統制の問題の開示と関係している可能性を示唆する証拠を得た。

　Ashbaugh-Skaife et al.（2007）は，内部統制の問題を経営者が発見し，報告する会社の特徴を調査している。分析期間は2003年と2004年で内部統制の問題を開示している326社と内部統制の問題を開示していない4,484社を対象に検証した。彼らは，内部統制の問題を開示するベネフィットを2つ指摘している。まず，早めに開示することで実際に内部統制の問題を原因とする不正が発生したときにそれに対する非難を最小限にすることを挙げた。次に内部統制の問題を開示することで何らかのサンクションを受けることはないが，もし内部統制の問題を放置した結果，何らかの不正が明るみになったときはサンクションを

受けることになるので早めに開示する方が望ましいことを挙げている。検証の結果，内部統制の問題がある会社の特徴として①事業活動が複雑なこと，②大幅な組織変更があったこと，③急激な成長があったこと，④小規模で財務状況が悪化していることを特定した。

Doyle et al. (2007) は，内部統制の問題の開示についての意思決定を調査するため，2002年から2005年の内部統制の問題を開示した779社と問題を開示していない5,047社を対象に検証した。検証した仮説は，企業の様々な性質が内部統制の問題と関係しているかどうかである。検証結果は，仮説と整合する結果となっている。特に内部統制の問題を開示する会社の特徴は，①小規模であること，②設立から日が経っていないこと，③財務健全性が低いこと，④財務報告のプロセスが複雑なこと，⑤急激に成長しているか事業再編の途上にあることを特定している。この研究ではコーポレート・ガバナンスとの関係は識別できなかった[8]。

内部統制の問題を開示した会社の財務的特徴についての先行研究の検証結果が一貫して主張しているのは次の点である。まず小規模な会社である点を特徴として挙げている。大規模な会社ほど内部統制の問題を開示する可能性が高いと考えることができるかもしれない。大規模な会社は多くの従業員が多様で複雑な事業活動に関わっているため，内部統制に問題が生じる危険性が高いと推測できるからである。一方で，大規模会社は内部統制への投資について規模の経済の恩恵を受けることができる。また，より有効な内部統制にするための投資としてコンサルティングサービスや監査法人のアドバイスを利用することができる。この2つの結果が相対する推論について先行研究の結果は後者と整合していた。

次に設立から日が経っていない会社ほど，内部統制の問題を開示している傾向を示している点である。長年事業活動を続けてきた会社は問題が起こるごとにそれらを是正している可能性が高い。年数が経っていない会社は熟れたプロ

---

[8] Ashbaugh-Skaife et al. (2007)，Doyle et al. (2007) の検証結果を踏まえ，Leone (2007) は内部統制への投資よりも組織の複雑性や組織変更の方が問題開示への影響が大きいことを示唆していると指摘している。

セスを構築する過程にあるため、問題が発生した際に明るみになる可能性が高いとする推論に先行研究の結果は整合的であった。

そして複雑な事業活動を内部統制の問題開示会社の特徴と指摘する報告がほとんどである。多種多様な事業活動を展開している会社は、それぞれに応じた内部統制を構築する必要がある。特に国際展開している場合、進出先の法制度や文化的・社会的背景に対応した内部統制を構築する必要がある[9]。複雑な事業活動はより有効な内部統制を必要とするため、内部統制の問題を開示する傾向が高くなると仮説を立てることができる。そしてこの仮説に先行研究の結果が整合している。

業績悪化・低収益も内部統制の問題開示企業の特徴として挙げられる。高収益は内部統制の有効性を高めるために必要な条件である。収益が安定して増加していなければ、内部統制の整備に時間や資源を投入できない。特に財務状況が悪化している場合、経営再建が急務になり、内部統制への投資が二の次になる可能性がある。先行研究の結果は、こうした推論と一致する結果となっている。

ここまで示した先行研究では、財務的要因に焦点を当てたものが多かった。内部統制の問題は、会社組織の構成員の問題でもある。内部統制の問題の開示でも、会社での内部統制担当者に対する研修が足りなかったことに問題の原因があると説明する会社もある。先行研究でも会社内でのトレーニングとの関係性については言及されるにとどまっていた。それはおそらく会社での人的資本への投資についての情報開示が不十分であることが原因だろう。韓国の上場会社では内部統制の構築に関わる従業員の全従業員に占める割合を開示することが要求されている。この比率を人的資本への投資を反映したものとみなして、Choi et al. (2013) は内部統制の人的資源に対する投資が内部統制の問題の開示にどのような影響を及ぼしているのかを検証した。検証結果は人的資源への投資が内部統制の強化につながっていることを示していると報告している。この検証結果には内部統制の構築に関わる従業員をどのように定義するのかで比率が大きく影響される点で制約がある。そしてこの定義が曖昧だったら、誰を内部統制の構築に関わる者とするのかについて経営者の裁量が働いている可能性

---

9) 海外子会社の不正事案が我が国企業の内部統制に与える影響を石島 (2014) が検討している。

がある。こうした制約を割り引いても内部統制の問題を開示した会社の性質に関する新たな証拠であり，これを報告した点で意義があるだろう。

　内部統制の問題を開示した会社の特徴を検証した結果と内部統制報告制度のあり方とは食い違いが生じているのかもしれない。わが国では2013年の金融商品取引法改正により一定の条件を満たした新規上場会社について3年間の内部統制監査が免除することもできるようになった。資本金100億円以上又は負債総額1,000億円以上が一定の条件になる。社会的影響力の大きな会社ではないベンチャー会社は内部統制監査を受ける必要がなくなったのである。これには，内部統制報告制度への対応コストが荷重になり，上場会社が減少したとの指摘を受けてのものと理解する。一方で，内部統制の問題を開示している会社の特徴として挙げられているのは①小規模で，②日が浅い会社である。ベンチャー育成を目指した改正なのかもしれないが，財務報告制度改革の趣旨と相違する改正が必要だったのかについては今後検証が必要になるだろう。

　財務的な特徴については上記に挙げた先行研究が指摘している。一見財務的に余裕があり，内部統制への投資を欠かしていない会社は有効な内部統制を整備し運用しているようにみえる。しかし有効な内部統制を無に帰すような限界が存在している。わが国の内部統制基準で挙げられている限界は4つある。そのうち，経営者による内部統制の無視に着目した。経営者による内部統制の無視によって生じる問題を防止するシステムもしくは会社内に存在する内部統制の問題を発見するためのシステムの存在の影響を検証した結果をKrishnan（2005），Zhang et al.（2007），Hoitash et al.（2009），Masli et al.（2010）が報告している[10]。

　Krishnan（2005）は，内部統制報告制度導入前のデータを利用して監査委員会の性質と内部統制の関係を検証した。検証結果は高い独立性と財務専門性は

---

10) 本研究では内部監査と内部統制の問題の関係を検証している。内部監査の質と利益マネジメントの関係を示したPrawitt et al.（2009）がある。また外部監査との連携で発揮される内部監査の機能は，内部統制の問題の開示と正の関係にあることをLin et al.（2011）が報告している。Ege（2015）は内部監査が有効に機能することで経営者不正を減らしていることを報告している。監査委員会に監査の専門家がいる場合と平均従事年数が長くなることが内部監査への投資を下げていることをBarua et al.（2010）が報告している。

内部統制の問題の発生を有意に抑制することを示している。この研究では監査人を交代させた会社が，前任の監査人から指摘された内部統制の問題を開示する必要があるルールを利用して検証している。そのため監査人が交代した会社に限定して検証が行われている点が制約となっている。

Zhang et al. (2007) は，監査委員会の質と内部統制の問題開示の関係を検証している。検証結果は，監査委員会の財務専門性や会計専門性が低い場合，内部統制の問題が開示される傾向があることを示した。

Hoitash et al. (2009) は，内部統制監査を対象としてコーポレート・ガバナンスと内部統制の問題開示の関係を検証している。検証結果は，取締役の性質とともに監査委員会のメンバーの会計専門性やモニタリングの経験が内部統制の問題開示を抑制していることを示した。

Masli et al. (2010) は，内部統制のモニタリング機能の充実から得られるベネフィットを検証した。検証結果は，内部統制のモニタリングの充実によって内部統制の問題の開示を抑制し，外部監査のコストの上昇を小さくし，監査報告遅延日数を少なくしている効果を得られている可能性を示した。

先行研究の結果は，取締役会や監査委員会の性質が内部統制の問題開示と関係していることを示唆している。わが国の内部統制基準によれば取締役会は，内部統制の整備及び運用に係る基本方針を決定する役割を担っている。そして，経営者の業務執行を監督することから，経営者による内部統制の整備及び運用に対しても監督責任を有している。内部統制を有効に機能させるための基本方針を作成するので，取締役会が有効に機能している場合，内部統制の問題が発生すること自体が抑制されるのかもしれない。こうした推論と整合する結果である。

わが国の内部統制基準によれば，監査役又は監査委員会は，取締役及び執行役の職務の執行に対する監査の一環として，独立した立場から，内部統制の整備及び運用状況を監視，検証する役割と責任を有している。先行研究では監査委員会によるモニタリングが有効に機能していれば，内部統制の問題を未然に防ぐことができることを先行研究の結果は示唆している。

2015年に公表された日本版コーポレートガバナンス・コードでも取締役会や監査役会等が内部統制の構築に関して果たす役割が明記されている。例えば基

本原則3の考え方では，上場会社には，様々な情報を開示することが求められているとしている。これらの情報が法令に基づき適時適切に開示されることは，投資家保護や資本市場の信頼性確保の観点から不可欠の要請であり，取締役会・監査役・監査役会・外部会計監査人は，この点に関し財務情報に係る内部統制体制の適切な整備をはじめとする責務を負うことを要請している。ここでも内部統制の有効性はコーポレート・ガバナンスの体制によって影響を受けていることを想定している。そしてこの想定と先行諸研究の結果は整合している。

ここで挙げた先行研究はアメリカの上場会社のコーポレート・ガバナンスを前提としている。わが国のそれとは異なっているため，先行研究で提示されている仮説や指標をそのまま利用することはできない。例えばわが国の会社法では監査役会を置いている会社では3人以上の監査役を置くこととそのうち半数以上が社外監査役であることを規定している。そのため社外監査役が占める割合は監査役会の独立性を示す指標としては弱い。監査役設置会社では半数以上が社外出身者になるためである。法律・経済制度や文化的背景といったものが各国のコーポレート・ガバナンスの土壌となっている。もしわが国の上場会社を対象に内部統制の有効性とコーポレート・ガバナンスの関係を観察するなら，それらを踏まえる必要がある。

内部統制の問題開示会社の特徴を検証する課題とともに開示された問題が是正された会社とそうではない会社の違いを検証する課題も重要である。内部統制の問題は是正不可能ではない。もし内部統制の問題を開示したとしても，それを是正することが課題になる。問題が是正できた会社とそうではない会社の違いを検証した結果はGoh (2009)，Bedard and Graham (2011)，Hammersley et al. (2012)，Klamm et al. (2012)，Graham and Bedard (2013) が報告している[11]。

Goh (2009) は，監査委員会と取締役会の性質が内部統制の問題の是正について検証した。検証結果は，大規模な監査委員会や財務専門性の高い監査委員会，社外取締役の存在は内部統制の問題の是正を促している可能性を示してい

---

[11] 内部統制の問題の是正が様々な事象にどのような影響を与えるのかについても報告がある。Bedard et al. (2012) は，是正された内部統制の問題の種類に応じて利益の質への影響が異なるのかを検証した。全社的な内部統制の問題やIT技術，収益や税に関する業務プロセスの問題の是正は期待外アクルーアルズの変化に影響していた。

る。この検証で内部統制の問題の是正と関係していると指摘されているコーポレート・ガバナンスの性質は，内部統制の問題を抑制している関係を報告した。つまり大規模な監査委員会や財務専門性の高い監査委員会等が存在していれば，内部統制の問題自体を抑制できているはずである。抑制できたはずの内部統制の問題が存在している場合でも，コーポレート・ガバナンスの強さがその是正と関係していることを示唆していると解釈することもできる。

　Bedard and Graham (2011) は内部統制監査と内部統制報告との関係を検証している。内部統制報告の過程で経営者が発見した内部統制の問題を監査人がどの程度発見できているのかを検証した結果，是正できていない内部統制の問題の75％を監査人が発見していることを示し，内部統制監査が内部統制の問題発見プロセスとして必要であると主張している。経営者による内部統制報告と監査人による内部統制監査が別々に実施されている枠組みの中で検証されている。わが国のように経営者による内部統制報告が内部統制基準に照らして会社の内部統制の状況を適正に表示しているかどうかを監査する方法だとこの検証はできないだろう。内部統制報告書と内部統制監査報告書の記載内容が食い違うことがまれだからである。わが国で同じ課題を検証する際には検証対象を選択する際に大きな障害がある。

　Hammersley et al. (2012) は，内部統制の問題の是正に失敗した会社の性質を検証した。こうした会社の特徴として，監査報酬の増加や監査人の辞任確率の上昇，限定意見や継続企業の前提に関する情報開示を受けていることや負債コストの上昇があることを示した。つまり内部統制の問題を克服できなかったことは，監査人のビジネスリスクを上昇させている。内部統制の問題の存在は財務諸表の重要な虚偽表示が存在する危険性を示している。監査の失敗による損害賠償リスクを監査報酬が反映していると解釈できる。そのリスクが監査報酬に転嫁できないレベルだったら監査人が辞任することを検討するだろう。限定意見や継続企業の前提に関する情報開示も監査の失敗に備え，より厳格な監査を実施した結果を反映しているのかもしれない。

　Klamm et al. (2012) は，内部統制の問題開示が将来の問題開示と関係しているのかを調査した。この研究ではこの要因としてIT技術を検証した。検証結果

は，ITに関するガバナンスの強化が内部統制の有効性の維持に有効であることを示している。同様にGraham and Bedard (2013) は，内部統制の問題を是正するスピードとIT技術の有効性が関係していることを示した。また公認会計士によって発見された，もしくは実証性テストで発見された問題は，是正のスピードが遅くなることも発見した。財務リスクの高い小規模な会社の全社的な内部統制の問題は是正されにくいことを示す証拠も報告している。

　内部統制の是正に関する要因分析の結果を概観した。コーポレート・ガバナンスの強さや内部統制監査の実施，IT関連技術との関係が指摘されている。内部統制の問題の是正との関係を観察する際の困難は，情報利用者が，いつ是正が完了するのかを期待しているのかを考慮しなければならない点にある。問題開示の翌期に是正が完了していることを期待しているのならその時点での是正を観察すればよい。この観察は，翌期における是正の成否であり，是正に完全に失敗したことを意味しているわけではない。この点は結果の解釈の制約となるだろう。

　次に，問題が内部統制のどの部分に生じているのかも是正の成否に影響していることも示唆されている。こうした証拠は内部統制の問題が開示された際にその深刻度を評価する基本的な情報となりうる。特に全社的な内部統制に存在する問題の是正が困難な可能性を先行研究の結果は示している。最後に，わが国の内部統制研究で是正に関する検証の障壁となるのは開示事例数に限りがあることである。ある程度の会社が，内部統制の問題を開示していないとその是正について観察することができない。

　監査人の交代と内部統制報告の関係を検証した研究にEttredge et al. (2011) がある。Ettredge et al. (2011) は，内部統制監査報告書で内部統制の問題を指摘した監査法人との契約を打ち切る傾向があると仮定した。内部統制の問題を開示された会社はそうではない会社に比べ，より高い質の監査サービスを提供する監査法人と契約する傾向にあることを示した。内部統制と並行して議論される財務報告に関する訂正報告との関係はMande and Son (2013) が検証している。この研究では，訂正報告書の内容が深刻であればあるほど，コーポレート・ガバナンスが強ければ強いほど，訂正開示によって監査人の交代が促されている傾向を示している。

監査法人の交代に関する議論はクライアントの受け入れに関する動機の問題へとつながる。ある監査法人がリスクを回避するためなのか，クライアントリストを再編成するためなのかクライアントとの契約更新をしなかった場合，契約を打ち切られたクライアントは別の監査法人と契約することになる。交代先の監査法人はなぜ何らかの事情を抱えているクライアントを受け入れたのかについての議論が延長線上にあるだろう。監査法人の法的な責任とその意思決定を検証したLaux and Newman (2010) がある。彼らは法的環境の厳しさとクライアントの受け入れる可能性はU型の関係にあることを示した。他には，Chen and Zhou (2007) は，アーサー・アンダーセンのクライアントを利用して，監査委員会や取締役会の性質が監査人の交代にどのように影響しているのかを検証した。検証結果は，より独立性の高い監査委員会や財務専門性の高い監査委員会や取締役会を有する会社は問題が発生する前にアーサー・アンダーセンとの契約を解消していたこと，活動的な監査委員会を有している会社はアーサー・アンダーセンの後継に大規模監査法人を選んでいることを発見した。

　大規模監査法人がクライアントリストを調整する理由として，監査の失敗による名声の喪失を回避することがある。また，アーサー・アンダーセンの名声の喪失によってクライアントの証券市場での評価が下がっていることをNelson et al. (2008) は報告している。またBoone et al. (2011) の報告によれば，訴訟リスクの増加は期待外アクルーアルズの増加と関係していることを示している。これは訴訟リスクが財務報告に与える影響を示唆している。監査人の交代が証券市場でどのように評価されているのかについてはKnechel et al. (2007) が検証している。産業専門性の高い大規模監査法人から中堅・中小監査法人へ交代した場合が一番ネガティブな反応を示していることを報告している。

　他にもGeiger et al. (2006) は，法的責任が緩和された環境による監査報告への影響を報告している。訴訟リスクと四半期レビューとのマイナスの関係をKrishnan and Zhang (2005) が報告している[12]。

---

12) 間接的な証拠として，DeFond and Lennox (2011) の検証結果が挙げられる。米国企業改革法以降の改革で小規模監査法人が監査市場から退出した。このケースを対象にした検証した結果，退出した小規模監査法人のクライアントを引き継いだ監査人が継続企業の前提に関する情報を開示する傾向にあることを示した。

Rice and Weber (2012) は，外部資金への需要と企業規模，非監査報酬，大規模監査法人の監査と内部統制の問題開示とのマイナスの関係と財務困窮状態と監査努力，以前の内部統制の問題に関する情報もしくは訂正開示の有無，監査人や経営者の交代との正の関係を示している。検証結果を踏まえ，この研究は，内部統制の問題を開示するのかどうかの判断に，問題発見と開示の動機が影響していると主張している。

IV わが国における内部統制の問題開示会社の実態調査

　ここでは実態調査の結果を報告する。その前に本研究における内部統制の問題開示会社の選択方法を説明する必要がある。まず，eolで内部統制報告書について全文検索を使って情報開示している会社を選ぶ。検索条件は2009年4月1日から2015年9月30日までを検索期間とした。これは公表日で検索することになるためである。そして連結決算会社のみを検索対象とした。検索語は「重要な欠陥」又は「開示すべき重要な不備」とした。この検索で該当した289社について内部統制の問題が開示されているのかどうかを手作業で調べた結果[13]，204社が該当した。また複数回問題を開示している会社もあるが，本研究では，初回の開示のみを検証対象としている。

1．記述的調査

(1) 年度別分類

　適用初年度の内部統制報告書での開示状況を踏まえ，町田 (2011) は重要な欠陥の開示割合が少なかった理由として，①アメリカでの制度の実施状況を踏まえ，アメリカで制度が実施された2004年から5年間，あるいは日本で内部統制の意見書が公表された2007 (平成19) 年2月から2年間程度の準備期間があったことから，企業及び監査法人等において十分な準備を図られたこと，②日本の制度ではアメリカの制度と異なり，業務プロセスに係る内部統制の評価範囲が大幅に絞りこまれており，また内部統制の運用評価を可能であれば期末日

[13)] 「内部統制の重要な欠陥はなかった」といった記載もあるため手作業で調査する必要がある。

前に実施しうる等の弾力的な取り扱いが認められていることから，評価及び是正の対応が図りやすかったこと，③金融庁によるQ&A等において，企業の内部統制報告実務の進捗状況や現場の声，あるいは経済環境等を考慮して，重要な欠陥の判断についての緩和措置に近い見解が示されていることを挙げている。

藤川（2009）は重要な欠陥の兆候として統制環境及びガバナンスの問題が大きく，財務報告の信頼性の確保にはコンプライアンスならびにガバナンスの体制整備が重要であるとしている。

内部統制の重要な欠陥の開示が相対的に少ないことについて清水（2010）は制度に対する真面目に取り組む日本企業の努力が功を奏したとする好意的な見方もあるが，重大な欠陥には明確な判断基準がないことから，欠陥の指摘が少ないのは監査人のIT等についての監査についての能力不足ではないかという批判もあるとしている。重大な欠陥の指摘が少ないがそれだけでは効果があったとする会社が少ないのは，費用と時間がかかりすぎたとする現場の負担感とまだ改善すべき点があるとの認識があると思われる。

記虎・奥田（2014）は基本方針についての適時開示によって個別リスクが総じて低減するとの証拠を示した。最初に制定された基本方針について適時開示の場合や3回以上の基本方針の改定についての適時開示の場合といった，開示によって企業の内部統制システムの構築に関わる情報の質が改善される度合いが大きいと期待される場合に，開示による個別リスクの低減効果が大きいことを明らかにした。

記虎（2012）は適時開示されている基本方針の改定理由の実態調査を行った。その理由は多様であるものの，金融商品取引法に基づく財務報告に係る内部統制報告書制度の導入と反社会的勢力への対応を図ることが多くの企業にとって基本方針を改定するきっかけとなったことを明らかにした。

内部統制報告書によって内部統制の問題を開示した会社の年度別分類は図表4－1の通りである。2008年度は2009年3月期決算企業だけが該当している。2009年3月期決算企業では52社が問題を開示していた。2009年度の問題開示企業は50社だった。2010年度の問題開示企業は21社だった。2011年度の問題開示企業は19社だった。2012年度の問題開示企業は17社だった。2013年度の問題開

図表4-1　年度別分類

年度	2008	2009	2010	2011	2012	2013	2014	合計
開示件数	52	50	21	19	17	21	24	204
開示割合	1.42	1.40	0.60	0.55	0.50	0.62	0.70	
上場会社数	3665	3561	3472	3427	3379	3396	3413	

示企業は21社だった。2014年の問題開示企業は24社だった。年度ごとに推移をみると導入初年度と2年目の開示企業に開示件数の約半数が含まれている。増減はあるものの開示企業は減少の一途をたどっている。また開示割合については2008年度の約1.41％が最も多く、その後は減少傾向にある[14]。こうした減少傾向についてはわが国企業の対応が順調に進んでいたことの証左とする解釈もできる一方、わが国企業の問題開示に対して消極的な態度を表しているとする解釈もできる。

（2）業種別分類

内部統制の問題を開示した会社の業種は偏っているのだろうか？　ここでは東証業種分類を利用して業種別に会社を集計した[15]。結果は図表4-2にまとめた。

最も多い件数だったのは情報・通信業で37社が問題を開示していた。次に卸売業で34社が問題を開示している。その後にサービス業に属している22社が問題を開示している。そして電気機器や小売、建設業が続く。情報・通信業の会社が最も多く問題を開示している背景には、新興企業が多いことが挙げられる。先行諸研究が指摘している内部統制の問題開示要因を新興企業は多く抱えている。例えば設立から日が経っていないことや規模が小規模な点である。卸売業に属する会社で問題開示件数が多いのは、会計処理上の問題が起きやすいこと

---

14) 上場会社全数を対象にしているため、非連結会社まで含んで割合を計算しているため、若干小さい数値になっている。

15) わが国には代表的な3つの業種コードがある。日経業種コードと東証業種分類、世界産業分類基準であるが、どれを利用しても問題がないのだろうか？　この問題を実証的に検証した木村（2009）がある。検証結果は、企業業績、成長性、株式市場関連の指標が各業種分類によってグルーピングされた企業群の同質性を否定するものではない一方、企業規模、流動性、資本構成、資産効率性、営業サイクルに関連する指標については日経業種分類中分類・東証業種分類中分類を用いた場合、より同質的な企業群が構成されており、これらの分類の信頼性が相対的に高いことを示唆している。

図表4-2　業種別分類

年度	2008	2009	2010	2011	2012	2013	2014	合計
ガラス・土石	2	0	0	0	0	1	0	3
ゴム	0	0	1	0	1	0	0	2
サービス	7	6	1	1	1	1	5	22
その他金融	0	0	0	1	0	0	0	1
その他製品	2	3	0	0	2	0	2	9
パルプ紙	1	0	0	1	0	0	1	3
医薬品	0	1	0	1	0	0	0	2
卸売業	9	5	3	4	5	3	5	34
化学	2	0	0	0	0	0	0	2
海運業	0	1	0	0	0	0	0	1
機械	2	1	0	1	1	0	2	7
金属製品	1	0	0	1	0	0	1	3
空運業	0	0	0	1	0	0	0	1
建設業	4	4	2	2	1	0	1	14
小売業	4	4	3	1	1	1	2	16
情報・通信	6	9	6	3	3	9	1	37
食料品	2	3	0	0	0	0	0	5
精密機器	0	1	0	2	1	2	1	7
電気・ガス	1	0	0	0	0	0	0	1
電気機器	7	6	3	0	1	3	0	20
非鉄金属	0	2	0	0	0	0	0	2
不動産	0	2	1	0	0	1	0	4
輸送用機器	1	1	1	0	0	0	2	5
陸運	1	1	0	0	0	0	1	3
合計	52	50	21	19	17	21	24	204

が背景にある。同様の理由は電気機器や小売業、建設業でも当てはまる。サービス業に属している会社で多く問題が開示されたのは単純に属する会社が多いことが理由であろう。その他の業種については検証期間中、断続的に開示している会社が出現している。これは不正な財務報告や従業員不正、財務諸表の修正開示等とともに問題が開示されたことが理由として挙げられ、多くの会社が問題を抱えているわけではないと解釈できる。

(3) 市場別分類

　市場別分類は図表4-3の通りである。市場別で一番多く問題開示企業を抱えていたのはJASDAQであり、73社であった。問題開示企業のうち約3割の会社がJASDAQに属していることは、わが国でも新興市場で資金調達をしている会

図表4-3 市場別分類

年度	2008	2009	2010	2011	2012	2013	2014	合計
札証	0	0	0	1	0	0	1	2
札証アンビシャス	0	1	1	0	0	0	0	2
大証2部	5	4	1	1	1	0	0	12
ヘラクレス	1	5	0	0	0	0	0	6
東証1部	18	5	4	5	2	5	8	47
東証2部	3	6	2	1	1	1	4	18
東証マザーズ	0	8	6	4	4	4	2	28
福証Q-Board	1	0	0	0	0	0	0	1
名証2部	1	0	0	1	2	0	0	4
名証セントレックス	3	3	2	1	0	1	1	11
JASDAQ	20	18	5	5	7	10	8	73
合計	52	50	21	19	17	21	24	204

社で問題が発生しやすいことを示している。次に問題開示会社が多い市場は東京証券取引所第1部だった。東京証券取引所第1部では他の市場に比べ，審査基準が厳しいため，問題が発生した際にすぐに開示することを選択するのかもしれない。そして東証マザーズで資金調達している会社のうち28社が問題を開示している。それに続いて東京証券取引所第2部，ヘラクレス，名証セントレックスの順に問題開示件数が多かった。新興市場で問題が開示されやすい理由は，上場に関する審査基準が東京証券取引所第1部等に比べ緩やかであることから，内部統制の整備が不十分な会社も市場に参加できることにあるのかもしれない。また，上場したとはいえ，まだまだ発展途上な会社も多いため，内部統制の整備よりも事業拡大に集中し，内部統制に対する投資が不十分であることが背景にある。

2．内部統制の問題開示会社と対照企業の選択

(1) 選択の目的

　会計監査領域におけるアーカイブルデータを利用した研究の一つの問題に，対照企業群をどのように選択するかがある。理工系の研究のように実験室で管理統制された環境の中でデータを入手し，検証することができない。ある要因が何かを引き起こしているのかどうかや特定の症状に対して何かの薬剤を投与

することで症状が緩和するかを検証する際には管理統制された方法による検証が必要になる。本研究の課題である内部統制の有効性とコーポレート・ガバナンスの性質の関係を検証する際には，コーポレート・ガバナンスを阻害する要因が内部統制の問題開示にどのような影響を与えているのかを検証するために考えられうる他の要因を同一にする必要があるが，そうした環境を設計するのは無理である。もう少し具体的にいうと，例えば取締役会の独立性が高い会社は，そうではない会社に比べ内部統制の問題を開示する傾向があることを検証したいのなら，この2つのグループについて社外取締役の比率以外の要因は同じにする必要がある。ある会社を対象に同一環境下で社外取締役の数を変化させて観察することで検証することは不可能である。同時点にある会社の社外取締役比率は一つしかないからである[16]。こうした問題を踏まえ，検証に携わる人間が，検証対象に近似できる会社を選択し，こうした環境を擬似的に作り出す方法が提案されている。ここでは傾向スコアマッチングと呼ばれる手法を用いて対照群を選択した。

（2）検証対象

検証対象を選択した方法について説明する。まず問題開示会社については内部統制報告書によって内部統制の問題を開示していた会社204社を対象とした。204社について実態調査に必要な情報が日経NEEDS DVD-ROMで入手可能な会社を選択した結果，155社が残った。

対照企業の選択条件は下記の通りである。まず日経NEEDS DVD-ROMで必要な情報を入手できる会社を選択した。内部統制の問題を開示している会社が存在していない業種に属する企業を除いた結果，2008年度は3,122社，2009年度は2,868社，2010年度は2,126社，2011年度は2,138社，2012年度は2,245社，2013年度は1,882社，2014年度は2,254社が選択された。なお，業種についての情報は，日経業種コード中分類を利用した。

---

[16] データが入手できる会社を全て検証対象として，要因をコントロールする変数と仮説検証変数を含めて分析することもありうるけれども大量に存在する独立変数はそれぞれの相関関係が従属変数に与える影響を考慮する必要があり解釈が難しくなる。

(3) 手法

内部統制の問題を開示していない会社から本研究の対照企業を選択するために，下記のモデルを設定した。

$$MW = b0 + b1MB + b2ROA + b3CACL + b4INVTA + b5Change\_Sales + b6\,Industry$$

変数の定義を説明する。MWは内部統制報告書で内部統制の問題を開示している会社を1，それ以外の会社をゼロとする変数である。MBは期末時価総額である。ROAは経常利益を期末資産合計で除した値である。CACLは流動比率である。INVTAは棚卸資産期末合計を資産合計で除した値である。Change_Salesは前期からの売上高成長率である。MWは内部統制の問題の開示を表している。MBは会社の規模を表す変数として選択した。ROAは収益性を表す指標として選択した。INVTAは会計上のリスクを表す変数として選んだ。Change_Salesは会社の成長率を表す変数として選択した。Industryは産業ダミーである。

どれも会社の内部統制の問題と関係していると予想できる財務指標である。規模が小さい会社ほど内部統制の問題が発生する危険性が高いことを予想している。また流動比率が低い会社ほど財務安全性が低く，会社の事業再建に注力するため，内部統制の整備は二の次になっていると予想する。棚卸資産は，会計上のリスクを表す変数として設定した。棚卸資産に関する内部統制の問題が開示されているケースもある。他にも税効果会計や減損といった項目についても検証する必要があるかもしれないが一般性のより高い科目を選択した。成長性が多くの先行研究が着目している要因である。内部統制の整備が追いつかないため急激に成長する会社では問題が生じやすいと推測できる。

手順はこのモデルを年度ごとに推定した後，その係数を利用して内部統制の問題を開示する確率を計算する。この確率が問題開示企業のそれと最も近い会社を選択した。最終的に検証対象として選んだ会社は310社である。内訳は問題開示企業155社と問題非開示企業155社である。

（4）傾向スコアマッチング[17]

　会計・監査領域でアーカイバルなデータを利用した検証のほとんどは観察的研究に属している。観察的研究で明らかにある関連は，全て因果関係となるわけではない。因果関係以外には偶然誤差や系統誤差，「結果－原因」関係，交絡がある。ある予測変数が何かしらの原因変数となっているのかを検証する際には因果関係の関連を除外できるようにする必要がある。対処の方法として，研究デザインの段階で対象者を限定したり，マッチングの手法を使ったりする方法が考えられる。他にはデータ解析段階で交絡へ対処するために，層化や傾向スコアを利用することがある。本研究では傾向スコアを利用した。例えば会社規模による交絡が存在している可能性が高い。取締役会の規模と内部統制の問題開示の関係を検証する際にどちらの変数にも影響する会社規模の要因を考慮しないと因果関係の特定が困難になる。

　傾向スコアはRosenbaum and Rubin（1983）によって提案された手法である。予測因子が原因変数となるのかを検証する際には交絡する変数を利用したモデルを推定し，傾向スコアを計算し，結果が近い会社同士を対象にすることで交絡する変数を制御する手法である。

　傾向スコアの利点は6点挙げられる。
・多くの交絡因子を同時に調整することができる。
・連続変数としての情報を完全に活かすことができる。
・傾向スコアを層化やマッチングに用いることで統計モデルに仮定する必要がなくなる。
・柔軟性が高くやり直しがきく。
・マッチングできないグループが存在する場合，比較不可能なグループ，共通点がないため交絡調整ができないグループの存在を知ることができる。
　一方で傾向スコアの欠点も3点ある。
・解析結果の理解が難しいこと。
・調整に用いる因子を予め測定しておく必要がある。
・両グループ間で交絡因子の分布が十分に重なっている場合のみ使用できる。

---

[17] この説明は，Hulley et al.（2013），Dehejia and Wahba（2002），Holland（1986）を参考にした。

マッチングに用いた場合，有効サンプル数が減少する。

本研究では，内部統制の問題を開示した会社の特徴についての統計的証拠が蓄積されている現状を踏まえ，先行研究が有意であることを報告している要因を用いて，傾向スコアを利用することとした。

3．比較調査

(1) 企業規模

内部統制の問題の開示と企業規模の関係については2つの推論が成り立つ。一つの推論は，大規模な会社ほど内部統制の問題を抱える可能性が高いとするものである。大規模な会社では内部統制の整備に必要な資源が大きくなる。また多くの従業員や財産を管理することになるので，内部統制プロセスを整備が及んでいない部分があり，それが内部統制の問題へ大きくなる危険性もある。もう一つの推論は小規模な会社ほど内部統制の問題を開示する傾向があるとするものである。大規模な会社では内部統制を整備する際に規模の経済が働く可能性もあるし，整備について外部の有識者からアドバイスを受ける機会も増える。そのため大規模な会社では内部統制の整備は進んでいるから問題が発生する可能性は低くなる。逆に小規模な会社では内部統制の整備よりも事業拡大のための投資が優先されるため，内部統制の問題が発生する可能性が高まる。ここでは内部統制の問題を開示している会社とそうではない会社で規模に違いがあるのかを検証した。会社規模を資産合計の自然対数で表し，検証した結果を図表4-4にまとめている。開示企業の資産規模の平均値は9.663であり，標準

図表4-4　会社規模の比較

パネルA：記述統計

	平均値	標準偏差
開示企業（150社）	9.663	1.786
非開示企業（150社）	9.529	1.717

パネルB：平均値の差の検定

t値	−0.349

注：会社規模は資産規模の自然対数で表している。

偏差は1.786だった。非開示企業の資産規模の平均値は9.529であり，標準偏差は1.717だった。両グループの平均値の違いが統計的に有意な差であるかどうかをt検定で検証した結果をパネルBに要約した。検定統計量であるt値が－0.349から統計的に有意な差がない可能性が高いことを示唆している。

資産規模に違いがみられなかったことは先行研究と異なった結果であるとは限らない。本研究の研究対象は期末時価総額を会社規模の変数として傾向スコアに含めている。この変数が有効に働いていたら規模で有意な違いが識別できないのは当然である。この結果は資産規模に違いがないと解釈するよりも規模を表わす別の変数から調べて傾向スコアによるコントロールが有効であることを示していると解釈するのが適切である。

（2）会社の"若さ"

わが国は老舗企業が多い国である。老舗企業の特徴は2つあると飯島他（2011）が指摘している。まず大半の老舗企業は中堅・中小企業であることである。業種的には各地域の人々の日常生活に密着した業種が多い。第2の特徴は大半の会社では創業者一族が何らかの形で所有もしくは経営に関与している同族会社になっていることである。経営の特徴は財務保守性と手堅い経営である。資源ベース理論によると同族会社では創業者以来長い間かけて形成された創業者固有の文化，社風が存在し，この創業家固有の文化，社風は他社が容易に模倣できない経営資源となり同族企業の競争優位性が生じていると説明している。

清水（2015）は日本企業が老舗企業の家訓に示されるように社会性のある高いレベルに統制を保持しているとしている。日本企業の誠実性・社会性が何かを検討し，経営者の監視も必要だが，株主に対する規制も必要ではないかと主張している。一方で"若い"会社における内部統制の重要性について銭（2012）は以下の通り主張している。

銭（2012）は，ベンチャー企業の成長特性及び経営課題に照らし合わせてみると，内部統制の目的全てについてベンチャー企業の成長性特性，そして急成長に伴う経営課題の解決に有効であると指摘している。ベンチャー企業における内部統制のあり方は，形式要件の整備よりも実際の運用基盤の構築が重要で

あると主張している。形式要件を整備するためだけに内部統制システムを構築することは、システムそのものが初期から形骸化するおそれがある。2012年にアメリカでは新規産業活性化法（JOBS法）が成立した。JOBS法は雇用創出を担う中小企業の資本市場へのアクセス改善を図るため、証券関連法を大胆に改正し、IPO時の制度面での障害を取り除こうとしたものである（岩井 2012）。

先行研究の指摘を考慮すると老舗企業では内部統制の問題が生じる確率が低くなることが予想される。老舗企業では設立以来の成熟した組織とともにその管理・統制体制は確立されている。そのため、大きな事業革新でも起きない限り内部統制の問題が発生しない。ここでは内部統制の問題を開示した会社とそうではない会社で設立からの年数に違いがあるのかを検証した。次に会社の組織の構成員の平均年齢にも違いがあるのかも調査した。

まず会社の設立年数の平方根を用いた推定結果を図表4−5aにまとめた。開示企業の平均値は6.186であり、標準偏差は2.148だった。非開示企業の平均値は6.398であり、標準偏差は1.912だった。若干ではあるが、非開示企業の方が設立より日が経っていることを示している。両グループの平均値の差が統計的に有意であるのかどうかを調べた結果をパネルBに示した。検定統計量であるt値は0.904であることから統計的に有意な差ではない可能性を示唆している。つまり、両グループの設立年数からみた"若さ"に違いがない可能性が高いことを示唆している。

次に従業員の平均年齢を利用して会社の"若さ"を調べた場合の結果を図表4−5bに要約した。開示企業の平均値は39.09であり、標準偏差は4.102だった。

図表4-5a　会社の"若さ"の検証（設立年数の平方根）

パネルA：記述統計

	平均値	標準偏差
開示企業（150社）	6.186	2.148
非開示企業（150社）	6.398	1.912

パネルB：平均値の差の検定

t値	0.904

図表4-5b 会社の"若さ"の比較検証（従業員の平均年齢）

パネルA：記述統計

	平均値	標準偏差
開示企業（153社）	39.09	4.102
非開示企業（153社）	38.865	4.300

パネルB：平均値の差の検定

t値	−0.469

　非開示企業は38.865であり，標準偏差は4.3だった。僅かであるが，開示企業の平均値の方が高いことを示している。この平均値の差が統計的に有意なのかどうかを調べた結果をパネルBに要約している。検定統計量であるt値が−0.469だったことから，この違いが統計的に有意ではないことを示している。

　会社の設立年数は内部統制の問題開示と関係があることを報告している先行研究もある。この検証結果では内部統制の開示の有無で会社の"若さ"には違いがない可能性を示唆している。

（3）子会社の数

　企業集団における内部統制の運用状況についての記載について町田（2016）は，コーポレート・ガバナンスに関する報告書を対象に調査した。この検証では，2015年3月時点で東京証券取引所上場会社のうち3月決算企業を対象としている。検証の結果，企業規模や企業集団等によって差異がなく，会社法施行規則の条文に沿った記載やその簡略化された記載，あるいは一部の積極的な企業による詳細な決議事項とその逆に一部の消極的な会社による乏しい開示内容とが混在している状況にあると報告している。

　奥田他（2012）は事業の複雑性が高い会社ほど内部統制の有効性を高めるのに積極的になるはずが，その分コストがかかるためか複雑性が高いほど内部統制報告制度に否定的な評価を下している傾向を示した。次に企業外部からの圧力が強い場合には，内部統制を積極的に評価することを示唆している。同様に奥田他（2007）は事業が複雑であればあるほどガバナンス体制の構築に積極的

図表4-6 複雑性の比較（子会社の平方根）

パネルA：記述統計

	平均値	標準偏差
開示企業（148社）	3.092	2.191
非開示企業（148社）	2.651	1.923

パネルB：平均値の差の検定

t値	−1.842

であることを報告している。

　親会社取締役の子会社に対する監督は，平時においては親会社の内部統制システムの整備の一環として企業集団に係る内部統制システムの整備を通じて行われる（森田2016）。

　子会社の数が多い方が内部統制の問題を発生させやすい可能性を示唆している。ここでは子会社数の平方根を利用して検証した。検証した結果は図表4－6に要約している。

　開示企業の平均値は3.092であり，標準偏差は2.191だった。非開示企業の平均値は2.651であり，標準偏差は1.923だった。平均値を比較すると開示企業の子会社数の方が非開示会社のそれよりも大きい数値だった。この平均値の違いを統計的に有意なものかどうかを検定した結果をパネルBに要約している。検定統計量であるt値は－1.842だった。この結果は有意水準10％で統計的に有意であることを示している。内部統制の問題開示の有無によって子会社数に違いがある可能性が高い可能性を示唆している。

（4）海外子会社の数

　近年企業の海外進出の増大，IT技術の複雑化，M&Aの増加などが内部統制の徹底が図りにくい経営環境の背景となっていると石崎（2015）は指摘している。そして海外取引国の公務員への贈収賄が発覚することで，国際的に当該企業のイメージダウンをもたらす状況になるため，それらを防止するため内部統制を整備する必要があると提起している。

日本企業の海外子会社等による贈賄リスクの脅威について柿崎（2016）が報告している。2011年にはナイジェリアの合弁事業においてナイジェリア政府高官への贈賄行為で罰金を支払ったこと，同年ラテンアメリカ諸国の国営企業関係者に対して賄賂を送ったとして罰金を支払った日本企業がある。こうした事態を重くみた経済産業省は2015年に外国公務員贈賄防止指針を改定した。遠藤元一（2015）は自社の贈賄リスク防止策の有効性を常時モニタリング・評価し，必要に応じて改善を続けることを解決策として挙げている。

　成田（2011）は海外展開している会社にとって決算期統一は重要な検討事項である。決算期統一対象海外子会社が多い場合は，親会社における連結決算処理作業にも影響を与えるため，必要に応じて親会社の連結決算プロセス，連結決算システム，連結決算処理体制を見直すことが必要になる可能性がある。

　石島（2014）はわが国上場会社の海外連結子会社における不正会計の事例を取り上げ，その発生原因と再発防止策を検討した。

　内部統制の問題の背景の一つに子会社の内部統制の不備を挙げるケースがある。内部統制の問題開示の有無によって海外子会社の数に違いがあるのかを検証した。

　海外子会社での不正が内部統制の問題開示の背景にある事例を2つ示す。

〔開示例1〕
　当連結会計年度末をみなし取得日として連結子会社としたESTecコーポレーション（韓国コスダック上場）において，平成21年5月に従業員による売上債権回収代金の着服という不正が発覚しました。これは，同社の売上債権の回収管理手続に係る内部統制の整備・運用に重要な欠陥があり，かつ，同社に対する管理体制（モニタリング）が十分に構築できていなかったためであります。
　当連結会計年度の末日までに，当該重要な欠陥が是正されなかった理由は，同社は当連結会計年度末で連結子会社になったため，重要性により同社の業務プロセスを評価の対象に含めておらず，当該不正の事実が決算日以降に発覚したためであります。
　当社は，財務報告に係る内部統制の整備・運用の重要性を強く認識しており，翌連結会計年度においては，同社の業務プロセスを評価範囲に加えるとともに，当社より同社に対する管理体制（モニタリング）を強化し，適切な内部統制を整備・運用する方針であります。

第4章 内部統制の問題とその開示

〔開示例2〕
当社の連結子会社であるタダノ・アメリカCorp.の取締役副社長（現地採用，平成24年5月21日付解任）が，その職位を利用して，私的流用を目的に同社の資金を横領するという不正行為が，平成24年5月に判明し，当社はただちに社内調査委員会（委員長：取締役執行役員専務 鈴木 正）を設置し，不正調査専門の現地法律事務所を起用して社内調査を進めてまいりました。
　これは，同社の全社的な内部統制において，職務分掌の運用上の問題（専門的業務執行への牽制体制）及びコンプライアンスの徹底が十分でなかったことに加え，当社のグループ各社に対するモニタリング機能が不足していたことにより発生したものと認識しております。

検証した結果は図表4-7にまとめている。

開示企業の平均値は4.832であり，標準偏差は16.729であった。非開示企業の平均値は2.555であり，標準偏差は6.094だった。開示企業の海外子会社数の散らばりは大きい。平均値を比較すると開示企業の方が多いことを示している。この違いが有意なのかどうかを調べた結果をパネルBに要約した。検定統計量のt値は-1.592だった。検定の結果は両グループの平均値の違いは統計的に有意な差ではない可能性を示唆している[18]。内部統制の問題開示の有無と海外子会社の数には統計的に有意な違いはなかった可能性が高い。

図表4-7　複雑性の比較検証（海外子会社）

パネルA：記述統計

	平均値	標準偏差
開示企業（155社）	4.832	16.729
非開示企業（155社）	2.555	6.094

パネルB：平均値の差の検定

t値	-1.592

注：検証した数値は海外子会社数の平方根である。

---

[18] 海外子会社の実数値を利用して検証した結果も同様だった。

(5) 成長率

わが国の内部統制問題開示企業と非開示企業では成長性に違いがあるかもしれない。内部統制の問題を開示している会社は開示期では成長性が高いことを示唆する証拠が報告されている。成長性が高い会社は組織の拡大に内部統制の整備が追いつかない可能性がある。内部統制の整備が追いつかないことでその問題を生じさせる危険性が高まるとしている。

一方で，内部統制の問題は急激に発生するものではない。開示する以前から成長していて徐々に整備が追いつかない状況に陥っていることも想定できる。ここでは開示期から3期前に遡って売上高成長率の推移を観察した。

そしてもう一つの関心は内部統制の問題が開示された後の成長率である。内部統制の問題を是正するための費用負担のため，成長が鈍化するのか，それとも是正されたことで事業活動の有効性と効率性を高めることで成長性が維持・向上するのかを観察した。

開示企業と非開示企業の3期間の売上高成長率の推移を図表4-8にまとめた。またこの推移を折れ線グラフで表現したのは図表4-9に示している。両者の推移を調べた結果，開示以前では開示企業の方が非開示会社よりも成長率が高く，開示後については非開示会社の方が開示会社よりも成長率が高いことを示している。

全期間の売上高成長率について両グループの平均値の差が有意なものかどうかを検証した結果も示している。検定統計量であるt値の通り，全ての期間で統計的に有意な差が識別できなかった。開示期で売上高成長率について統計的に有意な差が識別できなかった理由は傾向スコアで利用したことが理由である。その他の期間について統計的に有意な差が識別できなかったが，内部統制の問題開示以降非開示企業に比べ成長率の改善が鈍化していることから内部統制の問題を是正するためのコスト負担は成長を鈍化させている可能性を示唆している。

この推移を解釈するには検証期間の偏りが制約としてある。会社の約半数は2008年度と2009年度に集まっている。リーマン・ショックの影響から業績が悪化している会社も多かったことから，成長率にも影響している可能性がある。

また開示期以降については2012年度以降のデータは利用できていないことから，開示期以降3期間のデータは2008年度から2011年度の会社の成長率を反映しているだけの可能性もある。

図表4-8　成長率の比較検証

	開示企業	非開示企業	t値
3期前	9.244	6.520	1.077
2期前	1.088	0.542	0.301
1期前	2.636	0.041	0.290
開示期	−2.163	−0.862	−0.791
1期後	−7.869	−6.263	−0.456
2期後	1.384	−0.285	0.175
3期後	1.209	7.085	−1.344

図表4-9　成長率の推移

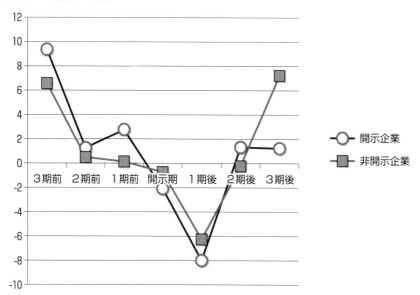

(6) 収益性

　内部統制の問題開示企業は非開示企業に比べ収益性が低下している傾向を先行研究が報告している。収益性の低下は内部統制の整備のための原資が少なくなることを意味する。また内部統制は組織と関係しているものなのだから高収益で会社が順調に運営されている場合は一般的に組織的な問題は起きにくいだろう。収益性が悪化すると，売上目標達成のためのプレッシャーや従業員の士気の低下から内部統制の問題が発生する危険性が高まる。

　内部統制の問題を開示している会社と開示していない会社で収益性に違いがあるのかを調べる。開示期については多くの先行研究で結果が報告されているけれども本研究では開示前3期間の推移も示した。内部統制の問題は突然生じるものではなく収益が悪化する過程で内部統制の問題も発生する可能性を検証することを目的としている。なお収益性はROA（総資産利益率）で測定した。

　もう一つの関心は内部統制の問題が発生した後に収益性がどのような推移を辿るのかである。成長性の推移と同様に内部統制の改善のためにコストを費やした結果，収益性の悪化が進むのかもしれないし，逆に内部統制が改善されたことで事業活動の有効性と効率性も向上するため，収益性が向上するかもしれない。わが国の内部統制の問題開示会社がどのような推移を辿ったのかを図表4-10に示した。また推移を折れ線グラフで表現した結果を図表4-11に示している。

　開示前3期間の推移はどちらが低いのかは明確ではない。収益性によって開示の予想は難しいことを示唆している。両グループの平均値の差について統計的に有意な差があるのかを検証した結果，どの期間も統計的に有意ではなかった。開示期の収益性は大きく開示企業群の平均値が非開示企業群の平均値を下回った。一方でこの差について統計的に有意な差かどうかを検定した結果，統計量であるt値が-1.253となった。これは開示期の収益性の差は統計的に有意ではないことを示している。この理由は明確である。傾向スコアで収益性を利用しているため，両グループについて統計的に有意な違いが識別された場合，傾向スコアの推定に問題がある可能性を示唆する。有意ではない結果は傾向スコアの推定が有効である可能性が高いことを示している。

　開示後の推移は明確である。開示企業群の収益性はなかなか改善しないこと

図表4-10　収益性の推移について

	開示企業	非開示企業	t値
3期前	1.833	1.671	0.110
2期前	−0.909	−1.022	0.039
1期前	−4.883	−1.700	−0.949
開示期	−9.165	−4.933	−1.253
1期後	−6.669	−7.803	0.203
2期後	−7.579	0.421	−1.655
3期後	−0.002	0.015	0.749

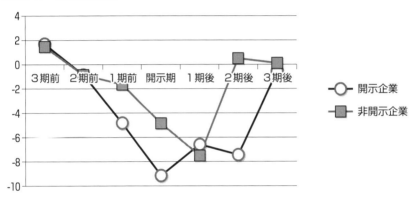

図表4-11　収益性の推移

を示している。非開示企業群は開示後2期間で改善の兆候がうかがえるけれども，開示企業群は3期後についても大きく改善はしていない。この結果はいくつかの解釈ができるだろう。継続的に財務状況が悪化しているほど深刻な会社は内部統制の問題を開示する傾向がある可能性を示した結果である。もう一つは内部統制の問題を改善させることに注力する必要があるため，収益性の改善が遅れている可能性を示している結果とも解釈できる。

　収益性の推移を解釈する際にも成長性の推移を確認する際の同様の制約が存在する。まず，開示3期前から開示期までの期間に含まれる開示企業の約半数は2008年度と2009年度に含まれている。そのため，リーマン・ショック後の経済不況を反映し，業績の悪化がみられている可能性がある。また，開示から3

期間の収益性の推移は2012年度以降のデータを含んでいない。そのため開示後の動きについては開示前と同様の条件で解釈できるかには疑問が残っている。

(7) 財務困窮の程度

　内部統制の問題は事業活動の継続可能性に影を落とす可能性がある。内部統制の問題を開示した後に上場廃止となった会社も散見される。事業活動の再建に努力しなければならない会社は内部統制の整備に資金を投下する余力はない。また事業活動の再建に貢献できるような人材から他の会社に流出するだろうから，従業員の質とモラルも低下していく。こうした状況下で内部統制の問題は発生する可能性がある。

　この研究では，継続企業の前提に関する情報開示の有無を利用して財務困窮の程度を検証した。事業活動を継続する能力に問題があると思われる事象や状況が存在する際に，これらの情報を経営者が開示する。継続企業の前提が財務諸表を作成する前提であるが，1年以内に事業活動を継続できなくなる可能性が高い場合，開示されている財務諸表が利用できない危険性がある。こうした状況や事象が存在するのかを経営者が評価した情報を，監査人が検証する形で情報が開示される。

　内部統制の問題開示の有無と継続企業の前提に関する情報の開示の有無で構成されるクロス表を示している（図表4－12）。内部統制の問題と継続企業の前

図表4-12　財務困窮との関係

パネルA：クロス表

	GC=1	GC=0	計
開示企業	26	125	151
非開示企業	17	134	151
計	43	259	302

注：GC=1は継続企業の前提について情報開示している会社
　　GC=0はそれ以外の会社

パネルB：独立性の検定

カイ2乗値	2.196

提に関する情報をともに開示している会社は26社だった。内部統制の問題を開示した会社で継続企業の前提に関する情報を開示していない会社は125社だった。内部統制の問題開示の有無と継続企業の前提の開示の有無が関係しているのかどうかを独立性の検定で検証した。検定統計量のカイ2乗値は2.196だった。この結果は両変数に統計的に有意な関係ではない可能性が高い可能性が示している。この結果からだと財務困窮の程度と内部統制の問題開示との間に有意な関係性がないことを示唆している。

(8) 監査法人の規模

内部統制報告制度の導入に際して，内部統制を整備するための知識や能力を備えた人材の不足が問題として挙げられていた。内部統制を評価する立場にあった監査人が指導的機能を発揮することも期待されていた。内部統制の問題を開示した会社と開示していない会社では監査を実施する監査法人の規模に違いがあるのかを検証した。

監査法人の規模は監査の質と密接な関係をもっているとして，監査の質を表す変数として利用している先行諸研究もある。大規模な監査法人では，国際的な監査法人のネットワークに属しているため，最新の監査技術に関する情報が入手できたり，各国の会計・監査制度についての最新の情報が手に入ったりする。こうした監査サービスの質の向上に役立つ情報が手に入るだけではなく，規模の経済のベネフィットを享受することができる。大規模監査法人では所属する公認会計士の技術や知識を向上させるトレーニングを比較的効率的に実施できるだろうし，監査法人全体・公認会計士個人の資質向上によるコストを多数のクライアントの報酬に転嫁できるので，相対的にコスト優位であるとみなされる。監査サービスのインプットだけではなくアウトプットでも大規模監査法人の優位性を指摘することができる。多数のクライアントを抱える大規模監査法人の方がそれ以外の法人よりも，特定クライアントからの報酬依存度が低いため独立性を維持しやすい条件にある。特定のクライアントからの報酬に依存していると，どれだけ厳格な監査を実施していたとしてもその事情を知らない外部者からは独立性に疑念をもたれることになるだろう。

先行研究で監査法人の規模と監査の質の関係についての検証では，大規模監査法人と中小規模監査法人で監査の質に違いがあるのかに着目したものがある。Khurana and Raman（2004）は，大規模監査法人は訴訟リスクと名声のどちらに影響を受けて，高質の監査サービスを維持しようとしているのかを検証した。検証結果は訴訟リスクの増加が名声の維持よりも監査の質の維持のドライバーとして有効であることを示している。Lennox and Pittman（2010）は，大規模監査法人の監査と会計不正の関係を1981年から2001年にわたって検証した。検証結果は，大規模監査法人の監査と会計不正の間には負の関係があることを示している。一方でLawrence et al.（2011）が大規模監査法人の監査とそうではない監査法人の監査で質が異なるのかを検証し明確な違いを識別することはできなかった。同様の結果を報告している。監査の質を表す変数が大規模監査法人とそれ以外の監査法人で異なるのはクライアントの性質を反映しているだけであることを示した。また訴訟リスクとの関係を指摘する研究もある。Casterella et al.（2010）は訴訟リスクが高まる要因として監査法人の規模を指摘している。

　大規模監査法人と2番手グループにある監査法人とで監査の質が異なるのかについてHunt and Lulseged（2007），Boone（2010）が報告している。Hunt and Lulseged（2010）は，小規模監査法人がクライアントの規模によって開示判断を変えているのかを検証した。検証結果は，大規模監査法人と同様に大きなクライアント相手でも利益マネジメントを抑制しているし，財務困窮状態にある会社には継続企業の前提に関する情報を開示していることを示している。Boone（2010）の検証結果は，どちらのグループの監査の質には大きな違いがないけれども，期待される質には大きな違いがあることを発見している。大規模監査法人と中小監査法人もしくは大規模監査法人と2番手グループにある監査法人で監査の質に違いがあるのかを検証した結果は混在している。本研究では監査法人の規模の大小と内部統制の問題開示の有無が関係しているのかを検証した。

　監査法人の規模の大小と内部統制の問題の開示の有無との関係を図表4-13にまとめた。内部統制の問題開示企業のうち，大規模監査法人の監査を受けている会社は84社である。一方，内部統制の問題開示企業のうち中堅・中小監査

図表4-13 監査法人の規模との関係

パネルA：クロス表

	大規模法人	大規模法人以外	計
開示企業	84	69	153
非開示企業	98	55	153
計	182	124	306

注：大規模法人：新日本，トーマツ，あずさ，あらた
　　大規模法人以外：それ以外の法人

パネルB：独立性の検定

カイ２乗値	2.82

　法人の監査を受けている会社は69社だった。監査法人の規模と内部統制の問題開示の関係についての検定を行った結果はパネルBである。独立性の検定についての統計量では2.82だった。この結果は有意水準10％で統計的に有意な関係があることを示している。この結果から，内部統制の問題開示の有無と監査法人の規模が関係している可能性を示唆している。内部統制の問題について監査法人からの指摘で発覚しているケースがある。こうした事例は，内部統制の評価について外部監査人の評価が関係している可能性を表し，その関係を検定結果と整合している。

　もう一つの解釈は内部統制の問題開示企業グループと非開示企業グループの大規模監査法人の割合を背景としている。内部統制の問題開示企業で大規模監査法人の監査を受ける会社の割合は54.9％である。内部統制の非開示企業で大規模監査法人の監査を受けている会社の割合は64.05％である。非開示企業の方が大規模監査法人の監査を受けている割合が大きいことは，中小監査法人による監査を受けている会社で内部統制の問題を開示している会社が相対的に多いことを示唆しているとも解釈できる。

（9）監査法人の交代

　内部統制の問題がある会社は内部統制の整備が行き届いていないので財務諸表監査に必要なコストの増加が予想される。こうした会社の財務諸表監査を実

施することで監査の失敗リスクが高まる。もし監査を失敗したら，監査法人は長年培ってきた名声を喪失する危険性もある。多くのクライアントを抱える監査法人ならこうした会社との監査契約を打ち切ることもある。受け取る報酬よりも支払う損失の方が高い会社をクライアントとするのは合理的ではないだろう。

　監査法人が交代する理由について，クライアントが抱えるリスクを回避するためなのか，それとも法人が抱えるクライアントの再編成を行うためなのかについてエンロン事件の前後で検証したLandsman et al. (2009) がある。彼らの結果は，エンロン事件以降クライアントのリスクを回避するための交代よりも監査法人の抱えるクライアントの再編成を目的とした交代が増えていることを指摘している。監査法人とクライアントの経済的関係の変化が交代を引き起こしているとも考えられる。大規模監査法人の監査を受けていた会社が中堅・中小監査法人へと交代する理由として大規模監査法人がクライアントを調整している可能性を示している。

　大規模監査法人がクライアントのリストを調整することで2番手以下の監査法人へリスクが移転しているかどうかを検証した研究にHogan and Martin (2009) がある。この調査結果は，2番手監査法人が抱える新しいクライアントは監査上のリスク，ビジネス上のリスクが既存のクライアントに比べ高いこと，そしてその傾向が大規模監査法人の監査を受けていたクライアントで顕著だったことを報告している。

　米国企業改革法施行後，大規模監査法人から中堅監査法人へ監査契約を移す会社が増えた。外部監査人の視点からこの行動をCassell et al. (2012) は検証し，コーポレート・ガバナンスが強い会社を大規模監査法人は手放さないことを示している。

　Beneish et al. (2005) は，監査法人が交代の際に会計処理の方針が衝突したとか内部統制の不備の存在を交代理由として開示することと負の異常株式リターンとが関係していることを示した。

　Lam and Mensah (2006) は，監査人の継続企業の前提に関する情報開示と法的環境の関係を報告している。監査人を取り巻く法的環境は交代の判断だけではなく情報開示にも影響している。本章の枠組みでいえば，監査人の交代は

監査の失敗のリスクを回避するために内部統制の問題開示を誘発する可能性があることを予想できるだろう。内部統制の問題を開示する会社の統制リスクの上昇を，監査報酬に転嫁できれば契約の解消を選択しなくてもよいかもしれない。Hogan and Wilkins (2008) は，統制リスクの上昇を監査報酬に転嫁していることを示す証拠を示している。

　監査人の交代と内部統制報告の関係を検証した研究にEttredge et al. (2011) がある。Ettredge et al. (2011) は，内部統制監査報告書で内部統制の問題を指摘した監査法人との契約を打ち切る傾向があると仮定した。内部統制の問題を開示された会社はそうではない会社に比べ，より高い質の監査サービスを提供する監査法人と契約する傾向にあることを示した。内部統制と並行して議論される財務報告の訂正報告との関係についてMande and Son (2013) が検証している。この研究では，訂正報告書の内容が深刻であればあるほど，コーポレート・ガバナンスが強ければ強いほど，訂正開示によって監査人の交代が促されている傾向を示している。

　監査法人の交代に関する議論はクライアントの受け入れに関する動機の問題へとつながる。ある監査法人がリスクを回避するためなのか，クライアントリストを再編成するためなのか，クライアントとの契約更新をしなかった場合，契約を打ち切られたクライアントは別の監査法人と契約することになる。交代先の監査法人はなぜ何らかの事情を抱えているクライアントを受け入れたのかについての議論が延長線上にあるだろう。監査法人の法的な責任とその意思決定を検証したLaux and Newman (2010) がある。彼らは法的環境の厳しさとクライアントの受け入れる可能性はU型の関係にあることを示した。他には，Chen and Zhou (2007) は，アーサー・アンダーセンのクライアントを利用して，監査委員会や取締役会の性質が監査人の交代にどのように影響しているのかを検証した。検証結果は，より独立性の高い監査委員会や財務専門性の高い監査委員会や取締役会を有する会社は，問題が発生する前にアーサー・アンダーセンとの契約を解消していたこと，活動的な監査委員会を有している会社はアーサー・アンダーセンの後継に大手監査法人を選んでいることを発見した。

　大規模監査法人がクライアントリストを調整する理由として，監査の失敗に

よる名声の喪失を回避することがある。アーサー・アンダーセンの名声の喪失によってクライアントの証券市場での評価が下がっていることをNelson et al. (2008) が報告している。またBoone et al. (2011) の報告によれば，訴訟リスクの増加は期待外アクルーアルズの増加と関係していることを示している。これは訴訟リスクが財務報告に与える影響を示唆している。監査人の交代が証券市場でどのように評価されているのかについてはKnechel et al. (2007) が検証している。産業専門性の高い大規模監査法人から中堅・中小監査法人へ交代した場合が一番ネガティブな反応を示していることを報告している。

他にもGeiger et al. (2006) は，法的責任が緩和された環境によって監査人の報告が影響を受けていることを報告している。訴訟リスクが四半期レビューとマイナスの関係にあることをKrishnan and Zhang (2005) が報告している。

このような先行研究の結果を踏まえ，ここでは内部統制の問題開示の有無と開示期での監査法人の交代の有無の関係をまず調べた。次に内部統制の問題開示の有無と開示から3期前の監査法人の交代の有無の関係を調べた。内部統制の問題の存在を識別し，監査の失敗リスクの高い会社との監査契約を更新しない監査法人もあるかもしれない。最後に内部統制の問題の開示の有無と開示期以降3期間の監査法人の交代の有無を調べた。内部統制の問題開示以降の交代行動を観察することで，財務諸表の虚偽表示リスクが高い可能性のある会社に対する行動はどのようになっているのかを明らかにした。

問題開示期以前3期間の監査法人の交代の有無と内部統制の問題開示の有無との関係をクロス表で表現した。内部統制の問題開示企業で開示期以前に監査法人の交代を経験した会社は60社だった。一方で，内部統制の問題開示企業で開示期以前に監査法人の交代を経験していない会社は93社だった。

開示期以前に監査法人の交代の有無と内部統制の問題開示の有無との関係について検定した結果，統計量であるカイ2乗値は6.209だった。この結果は有意水準5％で統計的に有意であることを示している（図表4-14）。この結果から，監査法人の交代は内部統制の問題開示と関係している可能性を示唆している。

開示後1期から3期の監査法人の交代の有無と内部統制の問題開示の有無との関係をクロス表で表現した。問題開示企業のうち，開示から1期以降に監査

法人の交代を経験している会社は43社であった。一方内部統制の問題開示企業のうち，開示後1期以降に監査人の交代を経験していない会社は83社だった。

開示期以降監査人の交代の有無と内部統制の問題開示の有無との関係を検定した結果はパネルBに示している。検定統計量であるカイ2乗値は4.039であり，有意水準5％で統計的に有意であることを示している（図表4－15）。開示後1期以降の監査法人の交代の有無と内部統制の問題開示の有無が関係している可能性を示唆している。内部統制の問題開示の前後で監査法人の交代を調査した結果，問題を開示していない会社で監査人の交代があった会社の割合が，開示前後で大きく異なっている。非開示会社では内部統制の問題開示前に交代しているケースが多い。この結果は，開示以前に監査人を交代させ，会社が期待する適切な監査の水準に調整している可能性を示唆している。

図表4-14　監査法人の交代との関係（開示期以前）

パネルA：クロス表

	交代あり	交代なし	計
開示企業	60	93	153
非開示企業	114	39	153
計	174	132	306

パネルB：独立性の検定

カイ2乗値	6.209

図表4-15　監査法人の交代との関係（開示後1期以降）

パネルA：クロス表

	交代あり	交代なし	計
開示企業	43	83	126
非開示企業	28	98	126
計	71	181	306

パネルB：独立性の検定

カイ2乗値	4.039

小括

　本章では内部統制の問題を開示している会社の実態調査を行った。その前段階としてわが国での内部統制実務での内部統制の問題の判断基準を検討した。経営者や外部監査人が内部統制の問題に関してどのように判断しているのかを，基準がどのように規定しているのかを示した。会社ごとに有効な内部統制は異なるため，具体的な基準を設定することは難しい。この点については内部統制報告制度を通じた実務の経験の蒸留が必要になるだろう。

　次に内部統制の問題開示に対する実態調査の先行研究の概観を示した。内部統制報告書を対象とした検証の多くは開示初年度と2年目に集中しているので継続的な調査はほとんど行われていない。本研究は2008年度から2014年度までの開示企業について実態調査を行い，その推移を確認した。

　本研究全体に関わる対照企業群を選択するための手続を行った。内部統制の問題の開示要因を検証する際の重要な問題である。本研究では傾向スコアマッチングの手法を利用して抽出した。傾向スコアを推定する際には内部統制の問題の存在に影響する可能性が高い変数を選択した。

　内部統制の問題開示とコーポレート・ガバナンスの性質との関係を検証する前に，内部統制の問題開示と財務指標等との関係を検証した。内部統制の問題開示企業群と非開示企業群で子会社数に違いがある可能性を示唆する証拠を得た。他の財務指標についてはそれぞれ違いがみられたが統計的に有意な差がみられなかった。一方で成長性の推移については内部統制の問題開示の有無で違いがあることと収益性の推移については開示期以降に違いがあることを示唆する証拠を報告した。

　監査法人の規模，開示期前の監査法人の交代の有無，開示期後の監査法人の交代の有無と内部統制の問題開示の有無は統計的な有意な関係を示唆する証拠を得た。内部統制報告についても，監査法人の影響がある可能性を示唆している。ただし，監査法人の規模と内部統制の問題開示の有無との関係は会社規模と監査法人の規模の強い相関関係の結果が背景にあると解釈できるかもしれな

い。この解釈については会社規模に違いがみられなかったこと，そして傾向スコアマッチングで会社規模の変数を組み入れているため，会社規模による影響は考慮しなくてもよいだろう。

　この章の検証結果の解釈には利用した検証手法の制限がある。本章の結果は記述的な統計手法で検証したものである。制約はあるものの，内部統制の問題開示の有無と外部監査人の性質との間に統計的に有意な証拠があること，そして成長性の推移に違いがあった証拠を報告することで学術上の貢献をなしている。

第5章

内部統制の問題開示と経営者の性質

I 問題の所在

1．本章の目的と背景

　本章の目的は内部統制の問題開示と経営者の性質の関係を検証することで，内部統制の問題開示に経営者の性質がどのような影響を与えているのかを特定することである。経営者が組織の気風に与える影響は大きく，内部統制の整備と運用に大きく影響を与えるものであるにもかかわらず，国内外を通じてその関係についての検証はほとんど存在しない。

　経営者が内部統制の整備と運用の責任者だから内部統制の有効性に関係していて当然であると考える向きもあるかもしれない。しかし，経営者が会社の全ての事業活動に参加しているわけでもなく，最前線の従業員の勤務実態を四六時中監視しているわけにいかない。つまり，会社の内部統制を整備・運用する際に必要な情報を経営者が必ずもっているわけではない。経営者は必ずしも内部統制を有効かつ効率的に整備・運用できるとは限らない。

　もし内部統制の整備・運用を怠れば，株主等利害関係者から委ねられる経営を適正に遂行しているとはいえない。株主も経営者が内部統制をどのように整備し，運用しているのかを年中監視しているわけにいかない。そのため，内部統制の整備・運用に努力することなく経営していたとしても，外部の利害関係者はその状況を完全に把握することはできない。こうした環境は経営者による内部統制の整備と運用にかかわる機会主義的な行動を促すかもしれない。

　内部統制の整備と運用について経営者が抱える問題を 2 点挙げたが，情報開示についても同様のことがいえる。経営者は会社の内部統制の有効性を評価し，その評価結果を報告する。報告に際して，会社組織に張り巡らされた内部統制を全て把握することなどできない。また外部の利害関係者が会社の内部情報に精通していない以上，経営者が内部統制の開示について機会主義的な行動をとることも可能になる。つまり，本来なら問題があるにもかかわらず，その問題が明るみになるまで開示しない選択肢もある。

このような視点でみると，内部統制の整備と運用そして報告に係る責任を経営者が果すことができない状況も存在するのである。本章では内部統制の問題開示に着目し，どのような経営者の性質がその要因となるのかを検証した。

本研究の貢献はわが国において内部統制の問題開示とどのような経営者の性質が関係しているのかを検証した証拠を報告することにある。内部統制とコーポレート・ガバナンスの根幹に位置する経営者の性質がどの程度影響しているのかを明らかにした証拠を報告した。

2．制度的背景

内部統制基準では，経営者の役割と責任について以下のように説明している。「経営者は組織のすべての活動について最終的な責任を有しており，その一環として取締役会が決定した基本方針に基づき内部統制を整備及び運用する役割と責任がある。経営者はその責任を果たすための手段として，社内組織を通じて内部統制の整備及び運用（モニタリングを含む）を行う。経営者は，組織内のいずれの者よりも，統制環境に係る諸要因及びその他の内部統制の基本的要素に影響を与える組織の気風の決定に大きな影響力を有している[1]」。内部統制基準では組織を代表する経営者が内部統制の整備と運用に責任を果たしていることを明記している。また内部統制の整備と運用に係る責任を有しているとともに，その有効性に係る評価と開示を行う必要もある。

経営者は財務報告の信頼性を確保するため，「内部統制の基本的枠組み」において示された内部統制のうち，財務報告に係る内部統制については，一般に公正妥当と認められる内部統制の評価の基準に準拠して，その有効性を自ら評価しその結果を外部に向けて報告することが求められる（麦島2011）。

内部統制は会社組織に張り巡らされているので，組織デザインに責任をもつ経営者がその整備と運用に責任をもつのは当然である。では内部統制基準では経営者の内部統制評価プロセスについてどのように求めているのだろうか。

経営者は，有効な内部統制の整備及び運用の責任を負う者として，財務報告に係る内部統制を評価する。経営者は，内部統制の評価にあたって，連結ベー

---

[1] 内部統制基準Ⅰ.4.(1)

スでの財務報告全体に重要な影響を及ぼす内部統制（全社的な内部統制）の評価を行った上で，その結果を踏まえて，業務プロセスに組み込まれ一体となって遂行される内部統制（業務プロセスに係る内部統制）を評価しなければならない。

　経営者による内部統制の問題開示については，自分がデザインし，整備し，運用している内部統制を自分で評価する方法を採用している。自分が設計し，整備したものの問題を素直に認め，それを開示することができるのだろうか。その開示によっては自分の名声を失う危険性もある。自分の名声に傷がつく段階，すなわち不正な財務報告が発覚しない限り内部統制の問題を認めることはできないのかもしれない。あっさり問題を認め修正していく人もいれば，なかなか認めないけれども修正する人もいれば，一切認めずに修正しない人もいる。経営者も人なのだからどのような性質であってもおかしくはない。研究上の課題は外部データからこうした性質をどこまで捕捉できるのかにあるのだろう。

　前代表取締役が関与した不正によって内部統制の問題が開示された事例の一例を挙げる。

〔開示例１〕
前代表取締役の不正行為による不適切な会計処理
　当社は，平成22年11月18日開催の取締役会において，前代表取締役による不正行為の可能性が発覚し，それを受けて行われた第三者調査委員会による調査及びその後の社内調査の結果により，前代表取締役による不正な資金流出が行われていたことが判明し，過年度の有価証券報告書等の注記に関する訂正，及び当連結会計年度において損失613百万円（投資有価証券評価損130百万円，保険解約損93百万円，貸倒引当金，繰入額137百万円，偶発損失引当金繰入額252百万円）の計上を行うこととなりました。
　当該不正行為は，前代表取締役主導により行われたものでありますが，かかる行為を防止することができず，また発覚が遅れたのは，当社の全社的な内部統制において，取締役による経営者監視機能，監査役及び内部監査部門による牽制機能が十分に働かなかったこと，稟議の決裁者が不適切な会計処理に関与していた取締役であったこと，かつ監査法人を欺く不正が行われていたこと，並びに社内におけるコンプライアンスの徹底が不十分であったことが要因であります。

他には創業者による不正によって明るみになった内部統制の問題開示の事例もある。

> 〔開示例 2〕
> 当社の創業者である前取締役 3 名により，過去の決算における会計処理が不正に行われていたことが，平成22年 3 月16日の監督官庁による立入検査を契機として，平成22年 4 月16日に設置された外部調査委員会の調査によってその詳細が判明いたしました。外部調査委員会の調査報告書は，平成22年 6 月 4 日に当社ホームページにて公表されております。当社はこれを受けて過去の会計処理を訂正することといたしました。平成16年 3 月期から平成22年 3 月期までの不正な会計処理の概要は，架空で売上計上がされていた金額が2,211百万円，売上計上時期の修正を要する金額が1,339百万円でありました。これは，不正に関するリスクの検討，コンプライアンスの徹底，取締役・監査役・内部監査部門におけるモニタリングの運用・整備状況が全社的に不十分だったこと，決裁過程において最終決裁権限者が不適切な会計処理に関与していた役員であったことに加え，監査法人を欺く数々の不正が行われていたことが大きな原因であったと判断しております。

これらは経営者が不正に関与した事例である。経営者不正を内部統制がどの程度抑制できるのかについては議論の余地が残されているが，経営者が統制環境の一部と位置づけられるため，内部統制の問題として開示されている。

3. 本章の構成

本章の構成は下記の通りである。まず，先行研究の概観を示す。先に述べた通り，経営者の性質と内部統制の問題開示との関係はアーカイバルデータを利用した研究ではほとんど検証されていない。制度との関係から検証されたものがほとんどであることからそうした考察を明らかにする。次にリサーチ・デザインを説明する。仮説とその検証方法を示す。そして，仮説の検証結果とその解釈を報告する。最後に小括を示した。

II 先行研究の概観

　経営者の性質と内部統制の問題開示の関係を示した検証はほとんど報告されていない。これは経営者の性質を直接に把握するためのデータに制約があるためであろうと推察する。これはいわば，内部統制の問題開示には経営者が関与しているのだから，影響していて当然であろうとの仮定の上での議論になっているともいえる。内部統制の問題開示ではなく内部統制の問題開示の正確性もしくは適切性との関係はどうだろうか。経営者によっては背景が異なるだろうし，能力や知識・経験にも差があるのは当然である。こうした違いが適正な内部統制報告に影響しているのではないだろうかが本章の検証課題設定の背景にある。

　基本的な問題として内部統制報告制度導入の背景にある不正の問題と経営者の問題についての検討結果を概観する。手塚 (2005) は内部統制論議のきっかけとなった事例では反社会的目的が経営者にあり，その経営者の指示のもとに内部統制の組織が働いた可能性があるとの見方もできるとしている。梅村 (2012) はわが国の不祥事の続発が法規制の改正の背景にあるとしている。わが国の不祥事の多くは経営トップの積極的な指示がないにもかかわらず，法令遵守よりも収益を優先し，違法行為を隠蔽するような組織的行為によるものなどの企業体質があるとの指摘がなされた。八田 (2012) は不正に対して，経営トップが不正に対して深く関与していることが内部統制の限界と同じように評価する向きを指摘している。しかし，ここで留意すべきは「内部統制の所有者は経営者である」ことを理解するとともに内部統制の有効性に関する評価の原点には，経営者に係る統制環境についての評価があることを意味する。

　内部統制報告制度が導入されて以降の研究では，内部統制の整備・運用における経営者の役割の重要性を説く報告が存在している。

　例えば，池田 (2011) は経営者が企業を経営していく中で有している当該企業の抱えるリスクについての知識と経験を活用して，真にリスクが存在する部分に必要な内部統制の整備を行うことが重要であるとしている。

　また，品川・土田 (2009) によると，内部統制の評価にあたっては経営者の

関与が決定的に重要である。特に経営者により組織され，内部統制評価プロジェクトを成功させるために各部門間の調整を行うステアリングコミッティにおける経営者の関与が重要であると指摘している。

他には，兼田（2008）によると，経営者は内部統制の充実を図ることが企業価値の維持・向上にとって不可欠である点に注目し，金融商品取引法における義務付けを受動的に捉えるのではなく，経営戦略の一つとして位置づけ，高い意識をもって前向きな姿勢で取り組むことが必要であるとしている。

奥田他（2007）は経営者属性がガバナンス体制構築に対して影響を与えていることを報告している。経営者の影響力が少なければ外部からの視点を取り入れるガバナンス体制を構築し，逆に影響力が大きければ内部統制を強化する形でガバナンス体制を構築していることを報告した。

柳川・船田（2002）はアンケート調査の結果を報告している。その結果を踏まえ，次の特徴を挙げている。①日本においては経営者が株主重視の経営並びに経営効率の改善のために企業統治の問題に取り組んでいる。②経営不祥事の防止や地域社会との共生といった問題については経営者の意識は希薄である状況を示している。③経営者は企業統治の改善として，執行役員制の導入や取締役会の改革，株主重視の経営に積極的に取り組む姿勢を示している。④企業目標としての雇用維持は実際の経営者の間には浸透してないことが明らかになっている。

経営者が真摯に内部統制の整備・運用に向き合うことで，健全な企業環境の整備を実現できるのかもしれないが実際にはいくつかの阻害要因もある。黒川（2013）は経営者の絶対的な会社支配を強調し，経営者に対する監視機構の整備や経営者の高邁な倫理性を強調しすぎる実効性に乏しい議論となっていることを指摘している。

一つには同族経営の問題である。ワンマン経営あるいは同族経営的な色彩が強く，経営者の不正を指摘しにくい企業風土が形成されている場合，粉飾決算等の不正が行われやすい傾向が顕著である（土田 2010）。

この点についてはいくつかの検証は逆の結果を報告している。すなわち，同族経営の方がそうではない会社よりも優位性をもっているとする指摘である。

ファミリービジネスはそうではない会社に比べ経営上の優位性を有していることを篠田(2015)は指摘している。経営者に対する牽制の機能が働いていない点が問題とされる。ファミリービジネスでは経営理念と価値観が明確に示されている。また利害関係者として顧客と従業員を重視しながらも相対的には銀行との関わりを極力回避しようとする姿を明らかにした。

岡本大輔(2012)は創業者社長がいる会社の業績がそうではない会社に比べ優れていることを報告している。起業家精神にあふれた創業者社長の行動が結果に結びついている。一方、生え抜き社長のいる企業の値はそれほど高くない。特に成長性の値は最も低い。管理者精神の強い生え抜き社長は安全策をとることが多いことを示唆している。また年齢が若い社長の会社はそうではない会社に比べ業績が高かった。社長の年齢が高くなるとどうしても保守的なまもりの姿勢をとることが多くなることが背景にあると推測している。

同族経営は内部統制の問題開示の阻害要因になるのだろうか。ワンマン経営者がいて不興を買うと閑職に廻されるといった問題は確かに起きる可能性は高いようにみえる。不興を買うような情報開示を進言できないため、内部統制の問題を開示することを抑制するのかもしれない。一方で、内部昇進の経営者はもしかすると派閥論理の産物なのかもしれない。派閥論理で産まれた経営者はその基盤にある派閥を優遇するけれども反対勢力になる派閥は冷遇するだろう。同様に派閥による支配を揺るがすような情報を開示することを進言したら、同族会社の問題と同じことが起きるだけである。結局同族会社であるのかどうかが内部統制の問題開示とどのような関係にあるのかを検証して実態を確認する必要があるのかもしれない。花崎・寺西(2003)は、家族支配に基づく複雑な所有構造を前提とすると、企業の表面的なあるいは直接的な所有構造をみるだけでは、企業支配の本質を把握することはできない。

そして経営者報酬の問題がある[2]。境・任(2007)はストックオプションと自社株式付与あるいは株式報酬型ストックオプションを組み合わせた複合型株式報酬はエージェンシー問題を克服し、社会的厚生を高めることを証明した。ま

---

[2] 経営者報酬の問題について詳細な議論をここでするとテーマが散漫になるのでその報告の一部を概観することにする。

た，本合 (2010) はROAと役員賞与及び役員報酬との間に正の相関を報告している。また外国人の株式保有はROAと役員賞与・役員報酬との関係を弱くすることを示唆している。稲別 (2002b) は日本の経営者報酬について，サラリーとボーナスのウエイトが圧倒的に高いため，長期的インセンティブが極めて少ないことを挙げている。また中井 (2011) は業績連動型報酬体系が金融危機の基礎的な原因の一つであるとする考え方を紹介している。

　他の要因については経営者交代の問題もある。山口朋泰 (2011) は経営者交代について退任前の経営者が利益増加型の実態的裁量行動を行っている可能性を報告した。経営者による株式保有について経営者持株比率が相対的に低い範囲と高い範囲では裁量的費用の削減行動が抑制され，中間範囲では裁量的費用の削減行動が促進傾向になることを報告している。久保克行 (2010) は業績と経営者の交代に関係があることを報告している。具体的には業績が悪化すれば経営者の交代が起こるようなメカニズムが望ましいとしている。執行役員制度の導入後業績が向上する効果が認められている。業績が悪化した企業では取締役会改革を行う確率が上昇する。また取締役会規模が大きい企業では，改革を行う確率が高い。一方で操業の複雑性を示す多角化や市場の変動を示す株価の変動の効果は統計的に確認できなかった。このことはある特定の業種や企業で取締役会改革が特に必要である。経営者交代については別の視点から検証した報告もある。経営者が株主のためではなく自己保身のために買収防衛策を導入するかどうかを大越 (2012) が検証した。検証結果は日本における買収防衛策の導入は経営者の自己保身のためではないため，株式市場は買収防衛策導入に対してネガティブに反応しないことを示した。

　長瀬 (2007) は上場前の経営者持株比率は外生的であるが，経営者持株比率の高まりは企業パフォーマンスを改善させることを報告している。

　本研究では同族会社の経営者の性質を検証することとした。その理由は内部統制の問題開示とどのような関係にあるのかについて証拠や推論が混在しているためである。

リサーチ・デザイン

1．仮説

本章で検証する仮説は下記の通りである。

H1：年齢が高い経営者ほど内部統制の問題開示に消極的になる。

H2：内部出身の経営者やオーナー企業の経営者ほど内部統制の問題開示に積極的になる。

H3：経営者の持株比率が高くなれば，内部統制の問題は積極的に開示される。

同族企業のガバナンスについての課題を指摘する研究もあれば，同族企業がもつ優位性を指摘する研究もある。本章では経営管理面の問題を示す内部統制の問題を開示することに積極的なのかどうかについて検証するための仮説を設定した。

仮説1は経営者の年齢が内部統制の問題開示と関係しているのかどうかを検証する仮説である。ここでは年齢が高い経営者ほど内部統制の問題開示に消極的になることを検証する。裏を返せば若い経営者は内部統制の問題開示に積極的であることを検証する仮説でもある。岡本（2001）の報告によれば，年齢が若い社長の会社は，そうではない会社に比べ業績が高いことになる。この結果について社長の年齢が高くなるとどうしても保守的なまもりの姿勢をとることが多くなることが背景になる。情緒的な表現なのでまもりの姿勢をどのように解釈するのかは人によって異なるのかもしれない。ここでは内部統制の問題を開示することで生じるコストを回避しようとする姿勢としている。もしこの研究の結果が内部統制の問題開示でも援用できるのなら，年齢が高い経営者の方が問題開示に消極的になるだろう。

仮説2は経営者の出自と内部統制の問題開示の関係についてのものである。わが国企業の特徴として内部出身の経営者が多くを占めていることが挙げられる。また創業者もしくはその一族が経営者として長期間経営にあたる例も多い。こうした内部出身による経営者や創業者もしくはその一族が経営者である方が

内部統制の問題の存在に気づき，その適正な開示につながる可能性が高い。外部招聘の経営者だと，会社内部についての情報を入手することが難しい可能性が高い。いわば社外役員と同様の状況である。仮説2はそのような状況に陥っているのかどうかを検証するための仮説である。

　仮説3は持株比率の問題である。株式を保有すればするほど株主との利益が一致するようになるため，適正な経営の遂行に役立つとするのが一般的である。一方で，これはアメリカの実状を反映しているのだろう。幾分変化がみられるかもしれないが，わが国の経営者の多くは内部出身者であり，彼らの支持母体は株主ではなく会社の従業員である。従業員の利益と株主の利益が対立すれば，株主を選択するとは限らない。経営者の持株比率が高まることで内部統制の問題の適正な開示へどのような影響を与えるのだろうか。経営者の持株比率が高いことはオーナー企業であることを意味している。オーナー企業であることは経営の視点は外部ではなく内部の方に向く傾向が高くなる。会社内部の問題が存在していてそれを隠そうが，公開しようが経営権について何ら問題は生じない。経営権を示す株式を手放しさえしなければ，経営者はその座を追われることはないのである。一方で，経営者の持株比率が低くなる，又はそもそも株式を保有していない状況なら，管理上の問題を開示することで，株主他利害関係者からその能力を疑われる危険性がある。経営管理能力に疑問が生じることで自分の地位を危うくするかもしれない。経営権を奪われる危険性が少ないオーナー企業では内部統制の問題を適正に開示するかもしれないし，逆に経営管理能力に疑問をもたれることで，経営者の座を追われる可能性が高い持株比率の低い経営者は，内部統制の問題開示に消極的になる可能性がある。これらを検証するために仮説3を設定した。

2．検証方法

　仮説の検証対象は第4章Ⅳ.2で説明した310社である。内部統制の問題開示会社155社と非開示会社155社で構成されている。この中で経営者の性質に関する変数が入手できなかった内部統制の問題開示会社1社とその対照企業1社を除外した308社を仮説の検証に利用した。

仮説の検証手順は下記の通りである。まずサンプルの性質を理解するため，記述統計量を計算し，両グループで変数に違いがあるのかどうかを調べるために平均値の差の検定を行った。最後に仮説を検証するため，下記のモデルを推定した。

$$MW = b0 + b1（年齢）+ b2（出自）+ b3（持株比率）$$

変数については下記の通りである。MWは内部統制の問題を開示している場合を1，それ以外をゼロとするダミー変数である。これは内部統制の問題が開示されているのかどうかを示す変数である。次に年齢は開示時点での経営者の年齢を表している。この変数は，仮説1を検証するための変数である。もし仮説1と検証対象企業が整合するなら，この係数推定値の符号はマイナスになると期待できる。

次に経営者の出自についてである。これは経営者が外部から招聘されている場合を1，それ以外をゼロとするダミー変数である。当該会社に勤務して3年以上の場合は内部出身者として取り扱った。外部から招聘されることによる弊害が3年間で少なくなることが期待できるためである。これは仮説2を検証するための変数である。仮説2が検証対象企業と整合するなら，この係数推定値の符号はマイナスになるだろう。

最後に持株比率である。有価証券報告書開示時点での経営者の所有株式数を発行済株式総数で除して100を乗じている。この変数は仮説3を検証するものである。もし仮説3が検証対象企業のデータと整合するなら，係数推定値の符号はプラスになることが予想される。

Ⅳ 検証結果の解釈

1．記述統計量の結果

記述統計量の計算結果は図表5-1に要約した通りである。経営者の年齢の平均値は57.825であり，中央値は59だった。標準偏差が10.101である。検証対象

図表5-1　記述統計（308社）

変数名	平均値	中央値	標準偏差	最小値	最大値
年齢	57.825	59	10.101	33	86
出自	0.094	0	0.292		
持株比率	6.149	0.542	11.539	0	62.594

企業のうち，最年少の経営者は33歳で最高齢の経営者は86歳だった。これは同族経営の会社もあればベンチャー企業も含まれていることを示唆している。

出自の平均値は0.094であり，中央値はゼロだった。検証対象の約9％が外部出身の経営者である。ほとんどの会社が内部出身の経営者か創業者であることを示している。

持株比率の平均値は6.149だった。中央値は0.542である。標準偏差は11.539であった。株式を所有していない経営者もいれば過半数以上の株式を保有している経営者がいることも示している。

2．平均値の差の検定の結果

仮説を検証するために，年齢と持株比率の平均値の違いを検定した。検定結果は図表5-2に要約した。開示企業グループの年齢の平均値は56.916であり，非開示企業グループの年齢の平均値は58.734だった。この結果から，開示企業の経営者の方が非開示会社よりも若い可能性を示している。平均値の違いは統計的に有意であるのかどうかを検定した結果，検定統計量であるt値は1.583だった。この結果は平均値の差が統計的に有意な差ではない可能性が高いことを示している。

持株比率についても開示企業と非開示企業の間で違いがあるのかどうかを調べた。開示企業の平均値は6.623であり，非開示企業の平均値は5.675だった。開示企業の持株比率の方が非開示企業の平均値よりも高いことを示している。この平均値の違いが有意なのかどうかを検定した結果，検定統計量であるt値は，－0.721だった。この検定結果から持株比率についても統計的に有意な差が識別できていないことを表している。有意ではない差ではあるけれども，この違いは2つの解釈がある。まず，開示企業の経営者の持株比率が非開示企業より

図表5-2　平均値の差の検定

変数名	開示企業（154社）	非開示企業（154社）	t値
年齢	56.916	58.734	1.583
持株比率	6.623	5.675	−0.721

も高いことは市場で流通する株式が相対的に少ないことを示している。証券市場での資金調達に依存していない会社が多いことを表している。内部統制の問題開示によって証券市場における資金調達のコストが上昇するかもしれないが，その影響を受ける可能性が低くなる。証券市場での資金調達に重点が置かれている会社だと，内部統制の問題を開示するかどうかは慎重になるかもしれないが，そうではない会社については開示についてそれほど身構える必要はない。

　2つ目の解釈は，経営者の持株比率が高いことは経営者の意向が会社の事業に与える影響が高くなる。事業活動に影響する内部統制の問題が生じているときに，自らの経営責任を果すために積極的に開示している可能性がある。どちらの解釈にせよ，経営者の保有株式が多くなることが内部統制の問題開示と関係している可能性があることを示している。

3．仮説の検証結果

　本章の仮説を検証するためにモデルを設定し，推定した結果を図表5−3にまとめている。モデル全体の有意性を示すLRカイ2乗値は2.84だった。モデルが観察データをどの程度説明できているのかを示す$PseudoR^2$は0.006だった。変数が少ないことから，説明できている部分は小さくなっている。

　最初に経営者の年齢についての係数推定値は−0.017だった。経営者の年齢が高くなることで内部統制の問題の開示が抑制される傾向を示している。この結果は経営に関する経験値が高い経営者は内部統制の問題が存在する場合，それを速やかに開示する傾向があると解釈できる。もう一つの解釈は，創業者が長期に渡って経営に関与していることを示し，設立から日が経っている会社である可能性がある。内部統制の問題が発生する可能性が低くなる要因を経営者の年齢が反映しているだけの可能性もある。この係数推定値の有意性を検定し

図表5-3　回帰分析の結果（308社）

変数名	係数推定値	z値
定数項	0.976	1.42
年齢	−0.017	−1.51
出自	−0.002	−0.16
持株比率	0.005	1.42
LRカイ2乗値	2.84	
PseudoR^2	0.006	

た結果，統計量であるz値が1.42になった。この結果は係数推定値が統計的に有意ではない可能性が高いことを示唆している。

　経営者の出自の係数推定値は−0.002だった。わずかにマイナスの係数推定値を得ている。外部出身の経営者は内部出身の経営者がいる場合よりもわずかに内部統制の問題を開示することを抑制する傾向を示している。外部出身の経営者は次のキャリアを考える必要があるため，内部統制の問題を開示することでその選択肢が狭まる可能性がある。それを回避するために問題を開示しないようにしているかもしれない。この係数推定値の有意性を検定した結果，z値は−0.16となった。この結果は係数推定値が統計的に有意ではない可能性が高いことを示唆している。

　持株比率の係数推定値は0.005だった。わずかにプラスの係数推定値を得た。持株比率が高い方が内部統制の問題を開示する傾向があることを示している。この結果は平均値の差の検定の結果と整合している。経営者の持株比率が高まることは，証券市場で流通している株式の数が相対的に少ないことを示唆している。証券市場での資金調達への依存度が低い会社は，内部統制の問題を開示することで生じる資本コストの増加による影響が小さい。この推論を踏まえると，持株比率が高い会社は内部統制の問題を開示する影響をあまり考慮せずに判断できている可能性がある。もう一つの解釈は経営者の持株比率が高いことは株主と利益が一致している。内部統制の問題が存在しているにもかかわらずそれを隠すことで将来的に発生するコストを株主とともに負担することになるので，経営者も株主が期待する開示判断を行う。

小括

　本章の目的は経営者の性質が内部統制の問題開示にどのような影響を与えているのかを明らかにすることである。もし機械的に内部統制の問題が開示されるのなら，経営者の性質を検証する必要はないが，内部統制報告は人の手を介して行われる。

　経営者の属性に関する情報から，年齢と出自，持株比率を選択して検証した。検証結果は内部統制の問題開示を積極的にする要因として持株比率が挙げられ，消極的にする要因として年齢と出自が挙げられる。これらの結果は仮説と整合している。

　ただし，結果の解釈についてはいくつかの制約がある。まず対照企業群の設定である。本章では傾向スコアマッチングによって対照企業を選択した。傾向スコアマッチングの際に利用したモデルの独立変数は，内部統制の問題が生じる可能性に影響を与えると仮定できる変数で構成しているけれども変数の選択結果によってはまた別の対照企業を選択することになる。対照企業群が異なることで結果に違いが生じる可能性は否定できない。経営者の性質に関する証拠の解釈についてである。高年齢の経営者は内部統制の問題開示に消極的であることを示す結果は，保守的な判断を背景にしていると解釈している。一方で，高齢の経営者はその保守的な判断によって内部統制の不備が問題として開示しなければならない状態になる前に是正している可能性もある。また外部出身の経営者が内部統制の問題開示について消極的であることを示す結果が得られている。この結果は内部統制の問題を開示することで名声を喪失する危険性があることを理由としていると解釈しているが，逆に名声を喪失することを恐れている経営者は内部統制の不備の段階でそれを是正するだろう。こうした推測は，経営者が会社の代表者として役割を果たしているため，問題を発見するプロセスに影響しているのか問題を開示するプロセスに影響しているのかが明確ではないためである。

　こうした証拠の解釈に制限があるものの，本章の証拠は経営者の性質がその

内部統制の問題開示行動にどのような影響を与えているのかを示すことで学術上の意義をもつ。

　今後の課題としては，内部統制の有効性を高める取り組みを促す動機付けをどのように評価するかである。本研究では例えば経営者交代や経営者報酬の問題には言及しなかった。内部統制の有効性を高めることは経営者の役割の一つである。この役割を適切に果たすよう，どのように動機付ければよいのかを検討する必要がある。

第6章

内部統制の問題開示と取締役会の性質

I 問題の所在

1．本章の目的と背景

　本章の目的は内部統制の問題開示と取締役会の性質の関係を検証することで，取締役会の性質がどのような影響を与えているのかを明らかにすることである。取締役会が内部統制の問題を与える影響を検証した国外の研究報告がいくつか存在するものの，わが国の取締役会の性質とは異にしている。本章の証拠は業務執行と監督の役割を担っている取締役会が内部統制にどのような影響を与えているのかを示す証拠を報告した意義をもつ。

　取締役会は内部統制の整備と運用に係る基本方針を決定している。経営者が内部統制の整備と運用についての役割と責任を果たしているのかを取締役会はモニターする役割を担っている。コーポレート・ガバナンスの議論と同様内部統制についても経営者を監督する役割を担っているはずである。

　制度が期待する通りの役割を担っているのなら，研究上の課題は見つからないだろう。すなわち，取締役会が経営者を監督する役割を果たしているのなら，内部統制の問題開示も適切に行われることになる。しかし，この機能を阻害する要因もいくつか指摘されているのである。わが国企業の特徴である内部出身者で占められる取締役会が1つの要因ともいわれる。すなわち，取締役はあくまで昇進プロセスであり，取締役の次は代表取締役になる。内部での昇進競争で人材の選定を行い，優秀な人材が経営を担う形になることが期待される。一方で，内部昇進を基本にすると，代表取締役が取締役を選ぶことになる。形式的には株主総会で選任されるものの，基本的には経営側の意向が反映される人事が行われる。次の代表取締役になりたいのなら，今の代表取締役には逆らわないことが懸命な選択肢になるのである。内部統制の問題の存在を確認してもそれを開示するように意見することで昇進レースから脱落することになる。内部昇進の取締役の人事権を代表取締役が握っていることは取締役会のモニタリング機能の阻害要因になりうる。

もう1つの特徴として大規模な取締役会である。大規模な取締役会は迅速な意思決定を阻害する。もしも全会一致を原則とするのなら，取締役会としての意思決定には時間がかかる。取締役会の規模が拡大すればするほど意思決定を阻害する要因になりうるのである。

　他には同族会社では代表取締役の親族が取締役に就任している場合がある。代表取締役の親族がいることは取締役会での審議に影響するだろう。代表取締役の意向が通りやすい環境である。一方で，この取締役はおそらく次期代表取締役になるだろう。自分が代表取締役になる前に問題が是正されていることを期待しているのかもしれない。もしそう考えるなら，問題を早めに開示し，是正してもらうことを期待するだろう。家族経営は阻害要因となるかもしれないが，別の推論も可能である。

　取締役会がその監督機能を十全に果たすことができない要因が存在しているものの，それらの影響を弱める仕組みを組み込むことはできる。彼らと株主の利益を一致させることで株主が期待する行動に導こうとする方法もある。取締役会の株式所有割合が高くなればなるほど株主と利益が一致することになる。本章では株式所有割合で株主の利益との一致の程度を表している。ただし，株主と取締役会の利益が一致したら内部統制の問題開示の可能性が高まるとは限らない。持株比率が高いことはそれだけ市場に出回っている株式数が少ないことを示している。証券市場における資金調達に依存していない会社はそれほど内部統制の問題開示に消極的にはならないかもしれない。内部統制の問題開示による影響をあまり受けないためである。

　取締役会が代表取締役の業務執行を監督することが期待されるが様々な阻害要因が考えられる。こうした要因が内部統制の問題開示を阻害するのかどうかを本研究では検証した。

2．制度的背景

　わが国の内部統制基準では，取締役会は内部統制の整備及び運用に係る基本方針を決定する役割を担っていると示している。取締役会は経営者の業務執行を監督することから，経営者による内部統制の整備及び運用に対しても監督責

任を有している。取締役会は「全社的な内部統制」の重要な一部であるとともに，「業務プロセスに係る内部統制」における統制環境の一部である。八田・町田（2007）は取締役会の役割は会社法の取締役会の権限と同じ内容であると説明している。

　取締役会の役割や機能について別の視点から検討しよう。2015（平成27）年に公表された日本版コーポレートガバナンス・コードでは以下のように説明されている。

　コーポレートガバナンス・コード基本原則3において，上場会社は，会社の財政状態・経営成績等の財務情報や，経営戦略・経営課題，リスクやガバナンスに係る情報等の非財務情報について，法令に基づく開示を適切に行うとともに，法令に基づく開示以外の情報提供にも主体的に取り組むべきである。その際，取締役会は，開示・提供される情報が株主との間で建設的な対話を行う上での基盤となることも踏まえ，そうした情報（とりわけ非財務情報）が，正確で利用者にとってわかりやすく，情報として有用性の高いものとなるようにすべきである。

　コーポレートガバナンス・コード基本原則4でも以下のように説明している。「上場会社の取締役会は，株主に対する受託者責任・説明責任を踏まえ，会社の持続的成長と中長期的な企業価値の向上を促し，収益力・資本効率等の改善を図るべく，
①企業戦略等の大きな方向性を示すこと
②経営陣幹部による適切なリスクテイクを支える環境整備を行うこと
③独立した客観的な立場から，経営陣（執行役及びいわゆる執行役員を含む）・
　取締役に対する実効性の高い監視を行うこと
をはじめとする役割・責務を適切に果たすべきである」。

　取締役会の役割と責務としてコーポレートガバナンス・コードでは下記の通りに決められている。

　コーポレートガバナンス・コード原則4－1において取締役会は，会社の目指すところを確立し，戦略的な方向付けを行うことを主要な役割・責務の1つと捉え，具体的な経営戦略や経営計画等について建設的な議論を行うべきであり，重要な業務執行の決定を行う場合には，上記の戦略的な方向付けを踏まえ

るべきである、と示されている。

コーポレートガバナンス・コード原則4－2において取締役会は、経営陣幹部による適切なリスクテイクを支える環境整備を行うことを主要な役割・責務の1つと捉え、経営陣からの健全な起業家精神に基づく提案を歓迎しつつ、説明責任の確保に向けて、そうした提案について独立した客観的な立場において多角的かつ十分な検討を行うとともに、承認した提案が実行される際には、経営陣幹部の迅速・果断な意思決定を支援すべきである、と説明されている。

コーポレートガバナンス・コード原則4－3において取締役会は、独立した客観的な立場から、経営陣・取締役に対する実効性の高い監督を行うことを主要な役割・責務の1つと捉え、適切に会社の業績等の評価を行い、その評価を経営陣幹部の人事に適切に反映すべきである。また、取締役会は、適時かつ正確な情報開示が行われるよう監督を行うとともに、内部統制やリスク管理体制を適切に整備すべきである、と指摘されている。

経営者は内部統制監査を実施した公認会計士等と内部統制の問題に関するコミュニケーションを図ることがある。監査基準委員会報告書第53号A20では、コミュニケーションを図る場合、識別した内部統制の問題によって経営者の誠実性や能力が問題になる場合がある。例えば、経営者による不正又は意図的な法令違反に関する証拠となる可能性がある場合や、経営者の適切な財務諸表の作成責任を遂行する能力に疑義が生じる場合が挙げられる。このような場合は内部統制の問題について経営者に直接報告することが適切ではないとしている。

取締役会の果たすべき役割や責任についてはいくつかの基準やルールで規定されている。このルールが期待するパフォーマンスを阻害する要因を本章で検証した。

取締役会の不正が内部統制の問題の背景として開示された事例もいくつか存在している。

〔開示例1〕
本社経理部の現金出納業務において、元取締役経理部長が、平成15年2月から6年間にわたり、架空の旅費や教育研修費等の名目で不正に現金を引き出し、合計10,818千円を私的に流用しました。当該不正について、社内調査を実施し、

基準日後の平成21年4月28日にその事実と金額が確定したため、基準日時点では是正措置は講じられていません。

〔開示例2〕
　下記に記載した財務報告に係る内部統制の不備は、財務報告に重要な影響を及ぼすこととなり、重要な欠陥に該当すると判断しました。従って、当事業年度末日時点における当社の財務報告に係る内部統制は有効でないと判断しました。
記
　当社の元取締役2名による多額の不正資金流出が平成22年1月24日に発覚しました。この元取締役による不正行為は、定められた取締役会の承認を得ずに独断で行われ、内部統制を無視ないし無効ならしめたことから、防止することができませんでした。当社は、当該不正行為及び不正経理処理に関連して、総額145億円の特別損失を計上することとしました。その内、19億円は前事業年度に発生したものとして前事業年度の財務諸表の訂正を行い、残りの126億円（不正取引調査費用他を含む）については当事業年度に計上しましたが、これらの事実は、全社的な内部統制において不備があったものと認識しますので、重要な欠陥に該当すると判断しました。

　取締役による不正の一例を挙げたが、取締役会の役割のうち、業務執行の部分でのものが散見される。取締役会には業務監督の機能を有する。一部の取締役の業務執行上の問題を他の取締役が監視できなかったことを示唆している。業務監督の機能を失われていることで、それが内部統制の問題を生み出す危険性を生み出しているのかもしれない。本章では取締役会の業務監督の機能に影響する要因を検証した。

3．本章の構成

　本章の構成は下記の通りである。まず、先行研究の概観を示した。わが国では内部統制の問題開示と取締役会についての検証はほとんど存在しない。報告の多くは、取締役の内部統制構築義務を認めた大和銀行株主代表訴訟事件に関係するものである。また取締役会の性質と業績パフォーマンスとの関係を検証しているものを検証した。取締役会の有効性を阻害する要因が内部統制の問題

への影響をアーカイバルデータで検証した結果はアメリカに集中している。取締役会の性質が異なるため，その結果の解釈をわが国企業に当てはめることは難しい。次にリサーチ・デザインを示した。仮説やその検証方法を説明している。そして検証結果とその解釈を示している。最後に本章の小括を行った。

先行研究の概観

　本章では取締役会の性質を検討した。宮島（2008）は日本の取締役会の特徴として①経営の執行と監督が未分離であること，②取締役人数が多く大規模なこと，③少数の銀行・支配会社派遣役員を除くともっぱら内部昇進者から構成されることを挙げている。①は日本企業の事業ポートフォリオが相対的に専業的であり，内部組織の分権度が低い特徴と対応していた。②は従業員集団に潤沢な昇進機会を提供する点で長期雇用の論理的帰結である一方，外部環境の変化が相対的に小さい環境に依存していた③は長期雇用の慣行と補完的であり，またメインバンクとの株式持合いに支えられてきたとしている。

　古井（2004）は取締役会の承認と監視について批判的な見解を紹介している。1つ目は，経営トップと取締役会メンバーの社会的，心理的関係によって取締役会の監視機能や評価機能が有効に機能しない可能性である。2つ目は取締役会メンバーの経営判断に対する能力が十分かどうかである。

　池島（2009）によれば2002年改正商法以前の日本では取締役が，現在のような内部統制システムを構築する職責を負うとする商法上の規定はなかった。取締役は，解釈上も内部統制システムを整備・運用する義務はなく，不正行為の存在を疑わせる事情があって初めて不正行為を探しだすためのシステムを整備・運用する義務が発生するとしていた。

　こうした状況に一石を投じたのは大和銀行株主代表訴訟事件であった。この裁判の判決は取締役の内部統制システムの構築義務を認め，この義務に違反した取締役に損害賠償を負わせた。2002年に改正された商法では委員会等設置会社で取締役会が内部統制システムの大綱を決定する職責を負うことが規定された。その後制定された会社法では大会社及び委員会等設置会社に対して，会社

の業務の適性を確保するための体制の整備に関する決定を義務付けている。また取締役会設置会社にあっては，内部統制システムに関する事項を決定する場合，重要な業務執行の決定として取締役会の決議事項になる。

取締役の内部統制システム構築義務違反が問われた判例として大和銀行株主代表訴訟事件，ヤクルト株主代表訴訟事件，ダスキン株主代表訴訟事件がある（池島2009; 野村2006）。

長畑（2008）は内部統制の構築については不正防止の性質上，経営判断のようなリスクをとることは期待されていないため，内部統制については経営判断を考慮することが難しいと主張している。また内部統制の構築について損害の予見可能性があり，かつ当該損害の回避が期待されうる場合に，内部統制を構築しなかった場合は，取締役の行為に過失ありとなるため，善管注意義務違反が問われることとしている。

取締役会が内部統制に関する役割について検討した検証結果がいくつか報告されている。内部統制システムの責任者である取締役が不祥事を防止する強い当事者意識をもつことである（武田2010）。相澤（2006）は健全な会社経営を行うためには，当該会社の事業・特性等に応じて必要かつ適切な内部統制システムを構築することが求められるのは当然であり，そのことは業務執行を行う取締役等の善管注意義務等の一内容として要請される。イギリスでの内部統制報告の導入に関する最初期の議論については津田（2004）が概説している。キャドベリー委員会報告書，ハンペル委員会報告書等を踏まえ，内部統制の整備・運用を行い，その実態を情報として開示するのは取締役であり，監査人は取締役の内部統制の整備・運用の状況に関する言明にはそれを裏付ける根拠があるかどうかを確かめることであるとしている。

取締役会の規模はどのように決まっているのだろうか。直感的には会社規模と強い関係にあるだろう。三輪（2009）はわが国企業における取締役会の規模と構成の決定要因を検証した。取締役会の規模の決定要因としては株式の持合い比率，外国人株主や社長の持株比率，企業規模，資産の時価・簿価比率，株価収益率の変動性などを報告している。また，取締役会の構成については，外国人株主や社長，社外取締役の持株比率，ストックオプションの採否が決定要

因となることを報告している。

　取締役会の規模が大きくなるとその機動的な意思決定が阻害される。この問題に対応するために少人数の会議体を設け，そこで審議する形態をとる会社もある。常務会や経営会議と呼ばれる会議体であるが，執行役員制度もその1つであろう。本章では検証しなかったが，執行役員制度についての検討結果を示しておこう[1]。執行役員制度や常務会，経営会議は広く一般に導入されるようになっているため，その効果を測定することが難しいと考えたためである。

　青木（2002）の分析から低い企業パフォーマンス，特に企業の資本効率性や成長性が同業他社と比較して低いことが経営改革の直接的な圧力となり，執行役員制度の導入確率が上昇する関係を明らかにした。

　井上（2012）は日本の執行役員制度について検証し，次の3点を主張している。①執行役員と取締役のそれぞれの権限の関係が法的に整理されていないため，現行会社法では機能的には執行役員はあくまでも使用人の範囲にとどまりその程度の権限委譲では執行役員制度導入以前から存在している使用人の役職である本部長，部長，支店長等との本質的な違いを見出すことはできないこと，②執行役員の権限のあいまいさと合わせて制度運営の多くの実態において，取締役兼任の執行役員が経営の主要ポストを占め，取締役会あるいは個々の取締役が執行役員を指揮命令するモデルを形成するため，対外的に公表しているような意思決定・監督機能と業務執行機能の分離ができていないため相互に独立性が存在しないこと，③日本企業のグローバル化の進展にともなって，取締役会の簡素化が要請され，それへの対応の一環として執行役員制度が採用されているケースがある。執行役員制度の本質は社員の処遇手段であることを示している。

　取締役会の大規模化による弊害を解消するために執行役員制度や経営会議，常務会といった少数の会議体を構成することで問題は生じないのだろうか。

　過去の事例から企業の経営が一人又は少数の者にコントロールされており，

---

1) 他にも委員会等設置会社への移行による影響についても議論があるだろう。本研究では監査役設置会社を対象としているので，この点については検証から外した。方（2011）は委員会設置会社を導入した会社の利益調整について検証している。検証の結果，取締役規模の大きい会社では利益増加型の利益調整が誘発されることを報告している。

取締役や監査役等による経営者に対する監視機能が果たされないような場合に，粉飾決算等の不正が行われやすいと兼田（2008）は指摘している。また宮島（2008）は規模縮小のみが行われ，機構改革を実施しないタイプは業績が悪く規模が小さいことを意味する。大規模な会議体では機能不全に陥る危険性があり，小規模な会議体なら不正の温床になるかもしれない。この手の議論では大規模ならどうかとか小規模ならどうかの議論になるが，規模に見合った取締役会の規模が必要ではないのかとする視点で本章では検討した。

　持株比率の影響を検討している報告結果を概観する。胥（1998）は役員持株がエージェンシーコストを低め，経営パフォーマンスを改善することを示し，その重要性を指摘している。稲別（2002a）は株式所有が分散している大規模及び中規模の株式会社では取締役会は彼らの基本的な選出母体である株主を代表していないことを明らかにしたMaceの調査を紹介している。取締役の監視機能の面からいえば，独立取締役を増やすことが一定の有効性をもつことは当然だろう。アメリカの社外取締役は同時に他の企業のCEOでもあり，お互いに社外取締役として就任している場合も多い。そこには職業経験，学歴や年齢におけるデモグラフィックな類似性に基づく関係が生まれる可能性が高いとしている。

　他の要因として取締役会の年齢を検証した報告もある。中西・関（2015）は企業規模の拡大とともに取締役の平均年齢が高くなることを示している。またROEと取締役の平均年齢が逆相関の関係にあること，企業規模の拡大とともに取締役の在任期間が短くなることを報告している。

　わが国でも内部統制報告制度の導入とともにコーポレート・ガバナンス改革も進んでいる。日本版コーポレートガバナンス・コードの公表もわが国企業のコーポレート・ガバナンスへの意識を変える必要があることを背景としているのかもしれない。Cohen et al.（2010）は米国企業改革法以降，監査人のコーポレート・ガバナンスに対する認識が変化していることを報告している[2]。

---

[2] 他には，取締役会のメンバーに創業者がいることをコーポレート・ガバナンスの強さを下げている変数と捉え，会計不正との関係を識別したHasnan（2013）がある。また期差任期取締役制度が利益マネジメントを抑制していることをZhao and Chen（2008）が報告している。Bowen et al.（2008）は取締役会の報酬形態や開催日数といった性質を利用してコーポレート・ガバナンスに問題がある会社は会計上の裁量行動を抑制できていない可能性を示している。

取締役会の性質が財務報告に与える影響を検証した研究にBeasley（1996），Karamanou and Vafeas（2005），Ashbaugh-Skaife et al.（2006），Byard et al.（2006），Lara et al.（2007），Bowen et al.（2008）がある。財務報告の信頼性を高める取組みとしての内部統制報告に取締役会がどの程度関与しているのかを本章は着目している[3]。

　業務執行に関する意思決定と代表取締役の業務を監督する役割を担う取締役会は，内部昇進の取締役と外部から招聘された社外取締役で構成されている。昇進プロセスの1つに取締役があり，代表取締役があるので，極端な言い方をすれば代表取締役と取締役は上司と部下の関係になる。上司に対して異論を挟む余地が残されないような風土が存在していれば，取締役の監督機能は役に立たないものになる。取締役会の性質が内部統制の有効性を向上させる取組みにどの程度影響しているのかを検証した。Karamanou and Vafeas（2005）は，取締役会や監査委員会が有効に機能していることは経営者の利益予想の改訂を促していることを発見し，この結果をより有効な内部統制の存在は財務報告の質を向上させることを示唆していると結論づけている。これらの検証はアメリカ企業を検証対象としている。アメリカ企業とわが国企業では会社の成り立ちからして違いがある。当然取締役会の性質にも違いがあるだろう。平松（2001）は経営者に対する監視を「監査役」と「取締役」が二重に行う特徴を有している。二重監視の仕組みはドイツにおいて監査役会が取締役を監視することとされている状況やアメリカにおいて取締役会の中に設けられた監査委員会が業務執行役員を監視することとされている状況と比べると特徴的であるとしている。先行諸研究の報告内容にある通り，わが国企業とアメリカ企業では性質を異にしているため，これらの検証結果がわが国企業にも当てはまるとは限らない。

---

[3] 取締役会の性質が財務報告の信頼性を保証する監査法人の選択に影響していることをChen and Zhou（2007）が報告している。

リサーチ・デザイン

1．仮説

本章の仮説を検証するため，下記の仮説を設定した。

H1：取締役の規模が大きくなればなるほど内部統制の問題開示に消極的になる。

H2：取締役会の持株比率が高まることで内部統制の問題開示に積極的になる。

H3：取締役会に代表取締役の親族が存在することは内部統制の問題開示を積極的にする要因となる。

仮説1について説明する。取締役会の規模が大きくなることで内部統制の問題開示に限らず，取締役会の機能を阻害する要因との指摘もある。取締役会としての意思決定を行う際に意見聴取を行うだけで時間がかかる。また採否を決めるのにも全会一致だと意見の集約に時間がかかるだろう。こうした問題を解消するために執行役員制度や経営会議，常務会を設置する場合がある。そうした対処にもかかわらず取締役としての機能が規模によって制約される危険性がある。内部統制の問題の適切な開示に対しても規模が影響しているのかを検証するためにこの仮説を設定した。

仮説2は，取締役会の持株比率についてである。取締役会の持株比率については，株主利益と一致するように取締役会が行動する程度を表している。株主が適正な経営執行を望んでいる場合，取締役会の経営者に対するモニタリングが強化させることになる。取締役会の持株比率が高くなればモニタリング機能が高くなり，内部統制の問題の適正な開示につながると考えられる。それを検証するために仮説2を設定した。

仮説3は取締役会に代表取締役の親族がいるのかどうかを示している。取締役会に代表取締役の親族がいる場合，その会社は同族会社である可能性が高い。同族会社とそうではない会社では内部統制の問題開示に関する影響には違いがあるだろう。同族会社は内部統制の問題開示によって生じる問題，株価の下落

等による損失はそれほど大きくはない。また長年蓄積してきた組織風土をもって内部統制の問題を是正してきた可能性もある。そして組織の管理方法も完成されている可能性がある。同族会社である方が，内部統制の問題を発見し，開示する傾向が高いのではないのかの推論には上記の背景がある。これを検証するために仮説3を設定した。

2．検証方法

仮説の検証対象は第4章Ⅳ.2で説明した310社である。内部統制の問題開示会社155社と非開示会社155社で構成されている。この中で取締役会の性質に関する変数が入手できなかった内部統制の問題開示会社5社と，その対照企業5社を除外した300社を仮説の検証に利用した。

本章の仮説を検証する方法は以下の通りである。まず，記述統計量を計算し，検証対象の性質を示した。次に内部統制の問題を開示している会社とそうではない会社とで仮説変数に違いがあるのかどうかを調べるために平均値の差の検定を行った。

仮説を検証するために設定したモデルは下記の通りである。

$$MW = b_0 + b_1（取締役会規模）+ b_2（持株比率）+ b_3（親族の有無）$$

変数の定義は下記の通りである。MWは内部統制の問題開示会社を1，それ以外をゼロとするダミー変数である。これは内部統制の問題開示の有無を表している。取締役会規模は取締役会の構成員数を資産合計の自然対数で除した数値である。これは仮説1を検証するための変数である。取締役会の規模が同じでも会社の規模が異なればその性質には当然違いが出る。大規模会社だと適正な規模の取締役会でも中小規模会社で同じ取締役会の規模ならそれは大きすぎる可能性もある。取締役会の規模だけではなく会社の規模を考慮した変数としている理由は上記の通りである。この変数について仮説1が整合するなら，係数推定値の符号はマイナスになることが予想できる。次に持株比率は取締役会の構成員の持株数を発行済株式数で除した変数である。この変数は仮説2を検証するために設定した。もし仮説2が整合するなら，係数推定値の符号はマイ

ナスになると予想できる。親族の有無については取締役会の構成員に代表取締役の親族がいる場合を1，それ以外をゼロとするダミー変数である。取締役会に代表取締役の親族がいるのは代表取締役の後継者が取締役として経験を積むといったことを理由としているのかもしれない。この変数は仮説3を検証するために設定した。もし仮説3が整合するなら，係数推定値の符号はプラスになることが予想される。

なお，全ての独立変数は有価証券報告書から手作業で入手した。

検証結果とその解釈

1．記述統計量

記述統計量の計算結果は図表6-1にまとめている。取締役会の規模の平均値は0.706であり中央値は0.683だった。標準偏差は0.234だった。最小値は0.265である一方，最大値は1.458だった。

取締役会の株式保有割合の平均値は9.056であり，中央値は2.090だった。標準偏差は13.32であった。最小値はゼロ，最大値は60であった。

取締役会について代表取締役の親族がいるか否かを表す変数の平均値は0.180であり，中央値はゼロだった。標準偏差は0.418である。

図表6-1　記述統計（300社）

変数名	平均値	中央値	標準偏差	最小値	最大値
取締役会規模	0.706	0.683	0.234	0.265	1.458
持株比率	9.056	2.090	13.32	0	60.000
親族の有無	0.180	0	0.418		

2．平均値の差の検定の結果

仮説を検証する変数が内部統制の問題開示の有無によって違いがあるのかどうかを検証した結果を図表6-2にまとめている。取締役会の規模について開示企業の平均値は0.680であり，非開示企業の平均値は0.732となった。取締役会の

図表6-2　平均値の差の検定

変数名	開示企業（150社）	非開示企業（150社）	t値
取締役会規模	0.680	0.732	1.949
持株比率	9.147	8.965	−0.119

規模が大きい方が内部統制の問題を開示している可能性がある。この平均値の差が統計的に有意であるのかどうかを検証した結果，検定統計量であるt値は1.949だった。この結果は有意水準10％で統計的に有意であることを示している。

取締役会の持株比率について開示企業の平均値は9.147であり，非開示企業の平均値は8.965であった。開示企業の持株比率が非開示企業のそれよりも大きいことがわかる。この違いが統計的に有意であるかどうかを検証した結果，検定統計量であるt値が−0.119である。この結果は両グループの持株比率の差が統計的に有意なものではない可能性が高いことを示している。

3．仮説の検証結果

取締役会の性質と内部統制の問題開示の有無との関係を検証した結果は図表6−3にまとめている。モデル全体の有意性を示すLRカイ2乗値は3.9である。モデルが観察データをどの程度説明できているのかを示すPseudoR^2は0.009だった。

取締役会の規模の係数推定値は−0.928となった。取締役会の規模が大きくなることで内部統制の問題が開示される傾向が抑制されることを示している。この係数推定値が統計的に有意であるのかどうかを検証した結果，検定統計量であるz値は−1.83となった。この検定結果は有意水準10％で統計的に有意であることを示している。規模が大きくなることで内部統制の有効性が高まっている可能性を示す結果は，コーポレート・ガバナンスの阻害要因として挙げられる。大規模な取締役会は，内部統制の有効性の阻害要因とはなっていない可能性を示している。

取締役会の持株比率に関する係数推定値は−0.004であった。わずかながらマイナスであった。持株比率が高まることで内部統制の問題開示を抑制する傾

図表6-3　回帰分析の結果（300社）

変数名	係数推定値	z値
定数項	0.696	1.81
取締役会規模	−0.928	−1.83
持株比率	−0.004	−0.83
親族の有無	0.094	0.34
LRカイ2乗値	3.90	
PseudoR^2	0.009	

向があることを示唆している。この係数推定値が統計的に有意であるのかどうかを調べた結果，検定統計量であるz値は−0.83であった。この結果は係数推定値が統計的に有意ではない可能性が高いことを示唆している。

　取締役会に代表取締役の親族がいるかどうかを表す変数の係数推定値は0.094だった。代表取締役の親族がいることは内部統制の問題開示を促進することを示している。代表取締役の親族がいることは同族経営を行っている傾向を背景にしている。同族経営の会社では証券市場における資金調達にそれほど依存していないかもしれない。そのため内部統制の問題の関与によって生じる危険性のある資金調達コストについて，それほど深刻なものにならない。むしろ内部統制の問題が事業経営に深刻な問題を引き起こすことの方が問題なのかもしれない。この結果はこうした背景があると解釈できる。この係数推定値が統計的に有意であるのかどうかを調べた結果，検定統計量であるz値は0.34である。検定結果は係数推定値が統計的に有意ではない可能性が高いことを示している。

　仮説とモデルの推定結果とが整合的であることを示している。一方で，取締役会の規模に関する係数推定値のみが統計的に有意であることがわかる。他の係数については統計的に有意ではない可能性が高いことを示唆している。

小括

　本章の目的は取締役会の機能を阻害する要因とその有効性を高める要因とが内部統制の開示行動にどのような影響を与えているのかを明らかにすることで

ある。経営者が内部統制の問題を適切に開示することを取締役会は促しているのかどうかを検証することが主眼にある。

　内部統制の問題開示を積極的にする要因として親族の有無が挙げられる。逆に消極的にする要因として取締役会規模と持株比率がある。これらの結果はH1とH3と整合する。

　ただし，結果の解釈についてはいくつかの制約がある。まず対照企業群の設定である。本章では傾向スコアマッチングによって対照企業を選択した。傾向スコアマッチングの際に利用したモデルの独立変数は，内部統制の問題が生じる可能性に影響を与えると仮定できる変数で構成しているけれども変数の選択結果によってはまた別の対照企業を選択することになる。対照企業群が異なることで結果に違いが生じる可能性は否定できない。次に取締役会の役割には業務執行もある。そのため，取締役会が十分に機能している場合，日々の業務執行で内部統制の問題になる可能性のある不備を事前に是正している可能性がある。この視点にたてば，取締役会の機能は内部統制の問題開示ではなく，内部統制の問題を未然に防ぐものになるため，結果の解釈が大きく変わるだろう。

　証拠の解釈に制約があるものの，本章では取締役会の機能を阻害する要因やその有効性を高める要因が経営者の内部統制の問題開示行動に与える影響を明らかにしたことで学術上の意義を有する証拠を報告した。

第7章

内部統制の問題開示と社外取締役の性質

I 問題の所在

1．本章の目的とその背景

　本章の目的は社外取締役の性質と内部統制の問題開示との関係を検証することである。わが国ではコーポレート・ガバナンス強化の一つの方策として社外取締役の強化が主張されている。

　社外取締役は業務を執行しないが経営を監督する役割を担っている。取締役会の監督機能を強化する方策の一つとして社外取締役の導入が検討される。取締役会の透明性を高めることを株主が期待しているなら経営者はそれに応える必要がある。社外取締役は内部統制の整備・運用のみならず開示について経営者が役割を果たしているのかを監督する機能を強化することが期待されている。

　もしその期待通りに役割を果たしているのなら，研究課題は生じない。社外取締役を導入すれば問題が万事解決するわけではない。内部統制の問題が存在するとき，社外取締役がいることで適正な内部統制報告を行うことができると推測できる。しかし社外取締役の機能を阻害する要因もいくつか存在している。

　社外取締役の割合は多くのアーカイバルデータを利用した研究で利用される変数である。もし取締役の発言力が同じなら，少数の社外取締役の意見が反映される可能性は低くなる。

　社外取締役は会社外部から経営に参加する。そのため会社の内部情報へのアクセスが制限される可能性がある。会社の経営監督のために必要な内部情報が入手できなければ，社外取締役が有効に機能しない。この情報アクセスへの制約を克服するために社外取締役の専門性が必要になるのかもしれない。本章では会計や法律についての専門性がどのように影響するのかを検証する。

　もう一つは，社外取締役の選任についてである。社外取締役の選任についても代表取締役が関与していることがほとんどであろう。もし代表取締役の知り合いが社外取締役に選任されているのなら，その独立性は低い可能性がある。社外取締役が会社とどのような関係にあるのかを調べるために持株比率を利用

した。会計専門家や法律専門家は株式を介した関係をもつことが少ない傾向がある。持株比率が高い社外取締役は取引関係がある会社の関係者であることが多い。こうした社外取締役の存在はその役割を果たすために役立つのかどうかを検証した。

内部統制の問題開示と社外取締役の関係を検証することで、その機能が十分に機能しているのかどうかを明らかにする証拠を報告したことに意義がある。

2．制度的背景

2001年商法で社外取締役は，「その会社の業務を執行しない取締役で，過去においてその会社又は子会社の業務を執行する取締役，執行役又は支配人その他の使用人となったことがなく，かつ，現に子会社の業務を執行する取締役若しくは執行役，支配人その他の使用人でない者」と定義されている。この商法改正によってわが国で初めて社外取締役が定義された。社外取締役が導入された後に実務上の問題を改善するために定義が厳格化されている。

現行の会社法では社外取締役は下記の通りに定義されている。
「社外取締役　株式会社の取締役であって，次に掲げる要件のいずれにも該当するものをいう（第2条十五）。

- イ　当該株式会社又はその子会社の業務執行取締役（株式会社の第三百六十三条第一項各号に掲げる取締役及び当該株式会社の業務を執行したその他の取締役をいう。以下同じ）若しくは執行役又は支配人その他の使用人（以下「業務執行取締役等」という。）でなく，かつ，その就任の前十年間当該株式会社又はその子会社の業務執行取締役等であったことがないこと。
- ロ　その就任の前十年内のいずれかの時において当該株式会社又はその子会社の取締役，会計参与（会計参与が法人であるときは，その職務を行うべき社員）又は監査役であったことがある者（業務執行取締役等であったことがあるものを除く。）にあっては，当該取締役，会計参与又は監査役への就任の前十年間当該株式会社又はその子会社の業務執行取締役等であったことがないこと。
- ハ　当該株式会社の親会社等（自然人であるものに限る。）又は親会社等の取

締役若しくは執行役若しくは支配人その他の使用人でないこと。
ニ 当該株式会社の親会社等の子会社等（当該株式会社及びその子会社を除く。）の業務執行取締役等でないこと。
ホ 当該株式会社の取締役若しくは執行役若しくは支配人その他の重要な使用人又は親会社等（自然人であるものに限る。）の配偶者又は二親等内の親族でないこと」。

また独立社外取締役の役割について日本版コーポレートガバナンス・コードでは下記の通りに説明している。

コーポレートガバナンス・コード原則4－7では独立社外取締役の役割について以下のように説明している。上場会社は，独立社外取締役には，特に以下の役割・責務を果たすことが期待されることに留意しつつ，その有効な活用を図るべきである，と説明される。

①経営の方針や経営改善について，自らの知見に基づき，会社の持続的な成長を促し中長期的な企業価値の向上を図る，との観点からの助言を行うこと
②経営陣幹部の選解任その他の取締役会の重要な意思決定を通じ，経営の監督を行うこと
③会社と経営陣・支配株主等との間の利益相反を監督すること
④経営陣・支配株主から独立した立場で，少数株主をはじめとするステークホルダーの意見を取締役会に適切に反映されること

最後に，独立社外取締役は会社の持続的な成長と中長期的な企業価値の向上に寄与するに役割・責務を果たすべきであり，上場会社はそのような資質を十分に備えた独立社外取締役を少なくとも2名以上選任すべきであるとも示されている。

制度上，様々な役割が期待される社外取締役だが，それを阻害する要因もいくつか存在している。その要因の影響を本章では検証した。

3．本章の構成

本章の構成は下記の通りである。まず先行研究を概観する。社外取締役の選任や社外取締役がもたらす様々な効果についての検証は報告されている。こう

した検証結果を概観することで本稿の仮説の背景を説明する。次にリサーチ・デザインを示した。仮説や検証方法を説明している。そして仮説の検証結果とその解釈を示した。最後に本章の小括を説明した。

 先行研究の概観

本研究の検証期間中では社外取締役の設置は義務付けられていない。東京証券取引所の調査によると第1部上場会社における社外取締役の選任は2015年7月29日では94.3％となっており、そのほとんどが選任していることになる。

一般社団法人日本取締役協会監修（2011）は社外取締役制度の導入は企業側にとって期待以上のものがあるが、リクルートの問題が課題として残っていると報告している。社外取締役制度導入について会社のためになっていると会社側も社外取締役自身も認識している。一方で、社外取締役による経営上のアドバイスに最大のメリットを感じているのに対して、社外取締役自身は重要事項の決定や法令遵守体制の確認・監視を実感していると報告している。また社外取締役に要求される知識や経験としてCEO／COO／社長の経験、専門性、国際的経験／知識が挙げられる。そして社外取締役に必要な素養について企業は客観性・社外性を求め、社外取締役は誠実さを最大に評価している点を報告している。

社外取締役の役割についての検討結果はいくつか報告されている。

経営の馴れ合いを防ぐため、豊富な知識や経験をもち経営陣に対する牽制機能の発揮が期待される社外の人材を社外取締役として積極的に登用することも意義深いと兼田（2008）は指摘している。

社外取締役の期待される役割、機能として不正事件等の摘発等を含む。鈴木（2015）はもし社外取締役の選任に不正等による株主にとっての不合理な不測の損失を予防する役割・機能を目的としないならば、それは社外性のある取締役の選任の義務化の理由を否定することを意味すると主張している。

業務執行に関する意思決定と代表取締役の業務を監督する役割を担う取締役会は、内部昇進の取締役と外部から招聘された社外取締役で構成されている。昇進プロセスの一つに取締役があり、代表取締役があるので、極端な言い方を

すれば代表取締役と取締役は上司と部下の関係になる。上司に対して異論を挟む余地が残されないような風土が存在していれば，取締役の監督機能は失われる。社外取締役はこうした内部昇進の取締役の欠点を補うものと期待されている。そして経営の面からだと外部から招聘され，その専門的な知識や能力が意思決定に役立つものと期待されている。それでも社外取締役は内部から昇進したわけではないので，その会社の情報に精通しているわけではない。そして長期間社外取締役として意思決定に従事していれば，期待される独立性を維持することが難しくなる危険性がある。逆に短期間で契約が終了したら，会社を理解できずに社外取締役の任期が終わるといった問題も生じる。社外取締役が期待される役割を果たすための設計には困難がつきまとう。

　社外取締役と監査役の関係について検討している研究もある。社外取締役と監査役はどちらも経営の監督機能を期待されている。岡本大輔他 (2012) は社外取締役が戦略的意思決定に参画する割合が相対的に低い理由として，日本のガバナンス制度に社外監査役が設けられていることにあると指摘している。社外取締役に期待される役割は社内にない経営に対する意見を求めることであるが，それは社外監査役に委ねている場合が多いことを示唆している。

　ただし監査役設置会社ではない会社では社外取締役の役割が異なる可能性もある。長吉 (2003) によれば委員会等設置会社の社外取締役の任務は本来，豊富な経営経験に基づいて，当該企業の株主利益の拡大や保護のために，経営者に法令を遵守させたり，その経営を監視したり牽制したりすることであった。しかし，社外取締役が監査委員会を通じて経営に関与するようになった結果，その機能は経営者に対する監視・牽制だけにとどまらず，積極的に経営戦略の立案に関与したり，企業の内部統制システムに基づいて不正・誤謬の防止や早期発見に努力したりするようになる。この場合，社外取締役が経営者に対してかなりの発言権を有することになる。奥田他 (2007) は社外取締役と社外監査役の間には代替関係ではなく補完関係があることを報告している。

　社外取締役の社外性についての検討結果についても概観する。野田 (2005) では社外取締役の社外性についてはモニタリングモデルの取締役会を働かせる上で高く評価されるべきであると報告している。社外取締役の独立性確保が難

しいことと社外取締役がCEOと同水準の情報を持ち得ないことを古井（2004）は指摘している。宮島編（2008）は積極的な社外出身者の活用が，株式市場からの要請によって促されたことを示唆している。今井（2013）は1名以上の独立社外取締役の義務化と将来その構成を過半数にすることで経営規律の向上が図れるとしている。

　社外取締役が取締役会に占める割合についての検討も報告されている。

　三輪（2010）は社外取締役比率が高いほど，将来の企業業績が高まるとはいえない結果を報告している。検証結果から社外取締役比率の増加が将来の企業業績の増加をもたらす可能性は低いと予想されるため，社外取締役の増員を求める外部からの要請を日本企業の経営者が受け入れても，企業業績が向上する可能性が低いことを示している。

　方（2011）の検証によると社外取締役の割合が高まるにつれ利益増加型の利益調整をする可能性が高まると報告している。

　中西・関（2015）は社外取締役が増えることで代表権を有する取締役会の在任期間が短くなること，外国人株式保有割合が高くなることで社外取締役が増える傾向を報告している。

　金光（2015）は社外取締役の存在と会社の評判の関係を検証した。検証結果は，大学教授との兼任比率と会社の評判の向上に強い効果をもち，高い兼任役員比率も企業の評判を上げること，社外取締役比率が低いほどROAが高く，また大学教授兼任比率が低いほどROAが高い事実を発見した。

　最後に社外取締役の性質と財務報告の関係を検証した結果も報告されている。

　矢澤（2004）は社外取締役と会計政策の関係には2つの仮説があるとしている。一つ目は社外取締役が経営者の会計政策をモニタリングする「会計政策抑止仮説」と2つ目の社外取締役が「隠れ蓑」になることにより，かえって経営者にとって会計政策を行いやすい土壌が形成される「会計政策誘発仮説」である。検証の結果，社外取締役の多い企業ほど経営者の裁量的会計行動が誘発されることを報告した。なかでも親会社やグループ企業など特定の企業から多く役員を受け入れている企業ほど裁量的会計行動が誘発されやすいことを示唆する結果が得られた。

Ⅲ リサーチ・デザイン

1．仮説

本章の仮説は下記の通りである。

H1：社外取締役が取締役会に占める割合が高くなることで内部統制の問題開示に積極的になる。

H2：社外取締役の持株比率が高まることで，内部統制の問題開示に消極的になる。

H3：法律専門家の存在は内部統制の問題開示を消極的にする。

H4：会計専門家の存在は内部統制の問題開示を消極的にする。

仮説1は社外取締役の割合と内部統制の問題開示の関係を検証するものである。社外取締役の役割は業務の執行を離れ，監督に限定されている。社外取締役が取締役会を占める割合が高まることで，モニタリング機能が強化されることが期待される。社外取締役が増えることで取締役会での発言力が高くなるかもしれない。社外取締役の存在でモニタリング機能が強化され，内部統制に係る経営者の業務の適正な遂行が実現し，内部統制の問題の開示を促すことになると予想した。

仮説2は社外取締役の持株比率と内部統制の問題開示との関係を検証したものである。社外取締役が株式を所有していることをどのように解釈するかは議論の余地が残っているだろう。株式を保有している社外取締役は株主と利益が一致する程度が高いため，モニタリング機能の強化を推進すると解釈できる。一方で，株式を保有している社外取締役は，何らかの取引関係がある会社の経営者等である可能性が高い。相互に社外取締役を兼務することで経営をモニターする役割を担っている可能性がある。この場合，取引関係での結びつきがあるので「社外」性が低くなっているかもしれない。モニタリング機能が弱くなる可能性がある[1]。

---

1) これは財務状況に問題がない会社を前提にしている。もし財務状況が悪化していて，掛等の代金回収が難しい場合，モニタリング機能が強化されるのかもしれない。

本章では，わが国の社外取締役の多くは何らかの関係をもつ会社の経営者が就任していることから，後者の推測に従って仮説を設定した。

仮説3は法律専門家の存在が内部統制の問題開示とどのような関係にあるのかを検証するものである。ここで法律専門家は弁護士資格を有する社外取締役がいるのかどうかで識別した。また会計専門家の存在が内部統制の問題開示とどのような関係にあるのかを検証する仮説としてH4を設定した。会計専門家は公認会計士か税理士の資格を有する社外取締役で識別している[2]。法律や会計専門家が存在することでモニタリング機能が高まっていると予想される。一方で社外取締役の機能が低下する要因として内部情報へのアクセスが制限されていることや時間的な制約が大きいことが挙げられる。こうした制約を克服するために高い専門性でカバーすることも期待されるが，カバーできていない場合は適正な開示を促す力が減退する可能性がある。本章では法律専門性もしくは会計専門性が高い社外取締役はその内部情報へのアクセスの制約や時間的制限で本来の力を発揮できていない可能性があるとして仮説を設定した。

2．検証方法

仮説の検証対象は第4章Ⅳ.2で説明した310社である。内部統制の問題開示会社155社と非開示会社155社で構成されている。

仮説の検証方法は下記の通りである。まず検証対象となる会社の性質を理解するため，記述統計量を計算した。次に内部統制の問題開示の有無によって変数に違いがあるのかどうかを調べるために，平均値の差の検定を行った。

最後に仮説の検証をするために，下記のモデルを推定した。

$$MW = b_0 + b_1（社外取締役比率）+ b_2（持株比率）+ b_3（法律専門家）+ b_4（会計専門家）$$

変数の定義は下記の通りである。MWは内部統制の問題が開示されている場

---

[2] 税理士資格を取得する方法はいくつかある。例えば資格試験に合格し税理士登録した者と国税庁での勤務実績によって税理士となった者とでは，会社が期待する役割に違いがあるのかもしれない。本章ではこの点を考慮していないため，解釈の制約になっている。

合を，それ以外をゼロとするダミー変数である。社外取締役比率は仮説1を検証する変数である。社外取締役の人数を取締役会構成員の人数で除した値である。もし仮説1が整合するなら，係数推定値の符号はプラスになると予想できる。

持株比率は仮説2を検証するための変数である。社外取締役の持株数を発行済株式総数で除し，100倍したものである。もし仮説2が整合するなら係数推定値の符号は，マイナスになると予想できる。

法律専門家は仮説3を検証するための変数である。この変数は，弁護士資格を有する社外取締役がいる場合を1，それ以外をゼロとするダミー変数である。もし仮説3が整合するなら係数推定値の符号はマイナスになると予想できる。

会計専門家は仮説4を検証するための変数である。この変数は，公認会計士資格又は税理士資格を有する社外取締役がいる場合を1，それ以外をゼロとするダミー変数である。もし仮説4が整合するなら係数推定値の符号はマイナスになると予想できる。

なお，独立変数は有価証券報告書から手作業で入手した。

検証結果とその解釈

1．記述統計量

記述統計量の計算結果を図表7-1にまとめた。社外取締役が取締役会に占める割合の平均値は0.138であった。中央値は0.105である。標準偏差は0.157で最小値はゼロだった。最大値は0.625となっている。社外取締役を置かない会社もあれば，社外取締役が取締役会の半数以上を占める会社もある。

図表7-1　記述統計（310社）

変数名	平均値	中央値	標準偏差	最小値	最大値
社外取締役比率	0.138	0.105	0.157	0	0.625
持株比率	0.223	0	1.869	0	29.236
法律専門家	0.061	0	0.266		
会計専門家	0.052	0	0.221		

社外取締役の持株比率の平均値は0.223であった。中央値はゼロである。標準偏差は1.869であり，最小値はゼロ，最大値は29.236であった。社外取締役の持株比率がゼロの会社もあれば，29%程度保有している会社もある。社外取締役で株式を保有している場合は得意先等の経営者が関与しているケースがあることが背景にある。

法律専門家が取締役会に占める割合の平均値が0.061となり，これはおよそ6%が法律専門家であることを示している。会計専門家が取締役会に占める割合は0.052であった。この結果は取締役会に占める会計専門家の占める割合がおよそ5%になっていることを示している。

2．平均値の差の検定の結果

仮説検証にかかわる変数について内部統制の問題開示の有無によって違いがあるのかを検定した結果を図表7-2にまとめている。社外取締役が取締役会に占める割合について問題開示企業の平均値は0.154であり，非開示企業の平均値は0.121であった。開示企業の社外取締役が占める割合の方が非開示企業のそれよりも高かった。この結果は2つの解釈ができる。問題を抱えている可能性が高い会社のなかで問題を開示している会社の社外取締役が多いことはモニタリング機能の強化に社外取締役が役立っていることを示している。もう1つはわが国では不正等が発覚した後に問題が開示される傾向がある。不正等が発覚し，それに対応するために社外の法律専門家や会計専門家を社外取締役として招聘した結果であるとも解釈できる。この平均値の違いが統計的に有意なものであるのかを調べた結果，検定統計量であるt値は－1.85であった。この推定結果は有意水準10%で統計的に有意であることを示している。

図表7-2　平均値の差の検定

変数名	開示企業（155社）	非開示企業（155社）	t値
社外取締役比率	0.154	0.121	－1.850
持株比率	0.054	0.391	1.593

持株比率については問題開示会社の平均値が0.054であり，非開示企業の平均値は0.391となった。非開示企業の社外取締役の持株比率の方が開示企業よりも高いことを示している。この違いから，開示会社の社外取締役は株式保有を通じて得られるベネフィットを享受する機会が乏しいため，内部統制の問題開示に積極的になっていると解釈できる。この平均値の差については統計的に有意な差があるのかどうかを検証した。検定統計量であるt値は1.593である。この結果は統計的に有意な水準とはいえない。この結果から持株比率には全体として違いがない可能性があることを示唆している。

3．仮説の検証結果

　社外取締役の性質と内部統制の問題開示の関係を検証するためにロジスティック回帰分析を行った。回帰推定の結果は図表7-3にまとめている。モデル全体の有意性を表すLRカイ2乗値は10.14だった。またモデルが観察データをどの程度説明できているのかを示しているPseudoR^2は0.023である。

　社外取締役の占める割合に関する変数の係数推定値は1.934であった。この結果は社外取締役が取締役会に占める割合が高くなることで内部統制の問題開示が高まっている傾向を明らかにしている。これは平均値の差の検定の結果と整合している。社外取締役の存在によって取締役会のモニタリング機能が強化されていることを表している。この係数推定値が有意であるのかどうかを検定した結果，検定統計量であるz値は2.38で，有意水準5％で統計的に有意であることを示している。

図表7-3　回帰分析の結果（310社）

変数名	係数推定値	z値
定数項	−0.179	−1.17
社外取締役比率	1.934	2.38
持株比率	−0.419	−1.48
法律専門家	−0.407	−0.90
会計専門家	−0.099	−0.18
LRカイ2乗値	10.14	
PseudoR^2	0.023	

社外取締役の持株比率の変数の係数推定値は−0.419であった。社外取締役の持株比率が高まることで内部統制の問題開示が抑制されていることを示唆している。持株比率が高い社外取締役は得意先等の経営者である可能性がある。利害関係者が社外取締役として参加することでモニタリング能力が弱まる可能性を示唆している。この係数推定値が統計的に有意かどうかを検証した結果，z値は−1.48になった。これは統計的に有意な水準ではないことを示している。

法律専門家の有無に係る変数の係数推定値は−0.407である。法律専門家の存在は内部統制の問題開示を抑制する傾向があることを示唆している。この係数推定値が統計的に有意なのかどうかを検証した結果，z値は−0.9となった。この結果は係数推定値が統計的に有意な水準にない可能性が高いことを示している。

会計専門家の有無に係る変数の係数推定値は−0.099だった。この結果は法律専門家の有無と同様に存在すれば内部統制の問題開示を抑制することを示している。この係数推定値が統計的に有意なのかどうかを検証した結果，z値は−0.18になった。この結果は内部統制の開示の有無と会計専門家の有無との間に統計的に有意な関係がない可能性が高いことを示している。

仮説検証の結果は，社外取締役が取締役会に占める割合が内部統制の問題開示に影響している可能性を明らかにしたことになった。

小括

本章の目的は社外取締役に期待される機能を阻害する要因やそれらを有効にする要因が内部統制の問題開示要因となっているのかを明らかにすることであった。社外取締役は取締役会のモニタリング機能を強化する役割を求められている。その通りに機能すれば実務上の問題が発生しないけれども，それには阻害する要因も存在している。

本章での検証結果を概略すると，内部統制の問題開示を積極的にする要因として社外取締役比率があり，消極的にする要因として持株比率と法律専門家，会計専門家が挙げられる。これらの結果は仮説と整合している。特に社外取締

役比率が高まることで内部統制の問題開示を積極的にすることを示していることは社外取締役が機能するためには複数名就任している必要がある可能性を示唆している。

ただし，結果の解釈についてはいくつかの制約がある。まず対照企業群の設定である。本章では傾向スコアマッチングによって対照企業を選択した。傾向スコアマッチングの際に利用したモデルの独立変数は，内部統制の問題が生じる可能性に影響を与えると仮定できる変数で構成しているけれども，変数の選択結果によってはまた別の対照企業を選択することになる。対照企業群が異なることで結果に違いが生じる可能性は否定できない。次に，社外取締役の持株比率から，取引先等関係している会社の経営者等が就任している可能性を示しているが，直接観察できる変数である。この変数を追加した場合，結果が異なる可能性はある。

今後の課題は，内部統制の問題開示を内部統制報告書で行うのか訂正報告書で行うのかで社外取締役の性質に違いがあるのかを調べることを挙げる。内部統制報告制度が導入されて数年が経つが，訂正報告書による内部統制の問題開示は増加している。この対比では対照企業群の選択によるバイアスの影響をあまり考慮する必要がない。

証拠の解釈に制約があるものの，本章の証拠は社外取締役の機能に影響する要因が経営者の内部統制の問題開示行動にどのような影響を与えているのかを明らかにした学術上の意義をもつ。

第8章

内部統制の問題開示と監査役の性質

Ⅰ 問題の所在

1．本章の目的と背景

　本章の目的は監査役の性質と内部統制の問題の関係を検証することで，監査役の性質が内部統制の問題開示要因として影響しているのかどうかを明らかにすることである。監査役は取締役等の職の執行に対する監査の一環として，独立した立場から，内部統制の整備及び運用状況を監視，検証する役割と責任を有している。監査役又は監査役会はアメリカでは採用されていない形式なので，この問題意識はわが国特有のものになる。

　監査役は，代表取締役と取締役の業務執行を監視する立場にある。その役割には内部統制の整備及び運用そして報告について責任と役割を果たす代表取締役の業務監督も含まれている。監査役がその役割を果たしているのなら，内部統制の問題が存在する際にそれらが適切に開示されることが期待される。ただし他の機関等と同じくその機能を阻害する要因が存在する。

　まず，監査役もまた人事昇進プロセスに組み込まれていることである。監査役の選任についても代表取締役が関与することになる。いわば上司と部下の関係にある代表取締役と監査役で，社会やルールが期待するコミュニケーションが図られるかが問題になる。

　次に，監査役会の規模の問題である。監査役会の規模はある程度決まっている。企業規模の大小にかかわらず監査役会の規模は一定なら，大規模会社の監査役の業務負担は過重なものになる。逆に小規模会社では監査役監査に支払うコストが高くなる弊害がある。本来なら会社の規模や他の要因によって規模を決定するのが適切なのかもしれないが，会社法上の要件を満たすための設計になっている傾向がある。本章の検証では企業規模と比較して監査役会の規模が適切なのかを検証した。

　監査役の前職による影響もあるかもしれない。監査役に就任する前に取締役を経験している者の存在は監査役監査の有効性を下げるかもしれない。取締役

会のメンバーには前職時代に共に仕事をした者がいるかもしれない。こうした者の業務執行について意見を述べることは難しいだろう。前職取締役の監査役の存在は、キャリアパスとして取締役の次の職務とする会社であることを表しているのかもしれない。どちらにせよ前職取締役の監査役の存在は監査役のモニタリング機能の制約要因となる。

そして、監査役の独立性についてである。わが国の監査役会は内部昇進の監査役と外部から招聘した社外監査役で構成されている。これは内部昇進の監査役は人事権を握る代表取締役等に対して意見を述べることが難しく形骸化している危険性を考慮して、外部から招聘した独立の監査役によってモニタリング機能を強化することを求めている。社外監査役についてもモニタリング機能の強化を期待されているが、その役割の障害になる危険性が高い要因が存在している。社外取締役の機能を阻害する要因と同じく、会社内部情報へのアクセスの制限である。そして非常勤であるケースが多い社外監査役では時間的制約も大きく、適切な監査役監査を実施するための制約になる。社外監査役の専門性はこうした問題による影響を軽減することになるかもしれない。本研究では社外監査役の専門性として会計と法律の専門性を検証した。

最後に同族会社の特徴は監査役監査の実施に影響するのかもしれない。代表取締役の親族が監査役に就任している場合、監査役会のモニタリング機能を阻害する要因になる。そして持株比率の高い監査役の存在は会社と何かしらの関係を有している者が監査役に就任している可能性を示している。例えば、前職が取締役だった者であるとか得意先の取締役などが監査役に就任している場合である。監査役会の持株比率が高いことは監査役会のモニタリング機能を阻害する要因となりうる。

監査役会が不正に対応した事例として下記のものが挙げられる。

〔開示例〕
　平成23年12月8日、当社監査役会宛てにあった内部告発に基づき、同12日に監査役会及び顧問弁護士による内部調査委員会が設置され、告発内容が事実であるかどうかについて調査を行いました。同26日に内部調査委員会から当社取締役会に提出された内部調査報告書では、元代表取締役社長（以下、「元社長」

> という）が個人的な借入及びその金利の返済に会社資金を流用したことや，当社と元社長の借入先の間で直接あるいは外注先を通じて返済する契約に，2名の取締役が加担していたことが報告されておりました。当社取締役会はこの報告に基づき，元社長ら3名に対し事実確認等を行ったところ，同27日，元社長及び取締役2名はその事実を認め，また辞任の申し出がありましたので当社取締役会はこれを受理し，新たな代表取締役社長を選定いたしました。

　この事例では経営者の不正に対して監査役会が対応したものである。監査役会が有効に機能すれば経営者不正にも対応できることを示唆している。監査役の機能を改善したり，阻害したりする要因の影響もある。本章ではこの影響を検証した。

　こうした監査役会のモニタリング機能に影響を与える要因が内部統制の問題開示の要因となりうるのかを本研究では検証した。わが国企業の特徴である監査役会の存在が内部統制の問題開示とどのような関係にあるのかを検証した結果を報告することに本研究の意義がある。

2．制度的背景

　監査役の内部統制に対する役割と責任について内部統制基準は，監査役又は監査委員会は，取締役及び執行役の職務の執行に対する監査の一環として，独立した立場から，内部統制の整備及び運用状況を監視，検証する役割と責任を有していると説明している。この規定について八田・町田（2007）は，会社法上の大会社では監査役は会計監査人の監査の方法及び結果の相当性について判断を下すことになる。一方で内部統制監査の責任は会計監査人にあり，その結果を統制環境の一翼を担う監査役が評価するとなるとトートロジーが生じるため，制度運用面での解決を図るべきであるとしている。

　他の視点から監査役・監査役会の役割を説明してみよう。日本版コーポレートガバナンス・コードでは下記の通り説明されている。

> 「監査役及び監査役会は，取締役の職務の執行の監査，外部会計監査人の選解任や監査報酬に係る権限の行使などの役割・責務を果たすに当たって，株主に対する受託者責任を踏まえ，独立した客観的な立場において適切な判断を行う

べきである。

　また，監査役及び監査役会に期待される重要な役割・責務には，業務監査・会計監査をはじめとするいわば「守りの機能」があるが，こうした機能を含め，その役割・責務を十分に果たすためには，自らの守備範囲を過度に狭く捉えることは適切ではなく，能動的・積極的に権限を行使し，取締役会においてあるいは経営陣に対して適切に意見を述べるべきである」。

　内部統制監査における監査役と外部監査人とのコミュニケーションについては監査基準委員会報告書第53号に下記の通り説明している。監査役は内部統制監査を実施した公認会計士等から内部統制の問題についてのコミュニケーションを図ることがある。これは監査役等がその監視責任を果たすのに役立つ。

　財務報告の内部統制への監査役監査の職責として会社法施行規則129条1項3号と5号は，業務監査の一環として，業務執行の適正性を確保する体制などいわゆる内部統制システムの構築・運用に係る取締役の職務遂行に関して，善管注意義務に違反する重大な事実が認められるか否かなどの監査意見を監査役監査報告において述べることが求めている。また内部統制の報告書のうちに重要な事項に虚偽記載がある場合又は記載すべき事項・誤解を生じさせないために必要な重要な事実の記載が欠けている場合，内部統制報告書の提出時の会社役員として，株主に対する当該虚偽記載等により生じた損害を賠償する責任を負う可能性がある。

　社外監査役についての規定についても説明すると，社外監査役の会社法上の位置づけとして1993（平成5）年商法で大会社は監査役3名以上で構成される監査役会を設置し，その少なくとも1名は「社外監査役」でなければならないものとした。社外監査役は就任前5年間にその会社又はその子会社の取締役又は支配人その他の使用人になったことがない者を要件としている。

　そして，2014（平成26）年改正会社法は，監査役設置会社では3人以上で，かつ，その半数以上が社外監査役でなければならないと規定している。社外監査役は次の要件のいずれかを満たすものをいう。（1）その就任の前10年間当該株式会社又はその子会社の取締役・会計参与（法人のときは，その職務を行うべき社員。以下同じ）・執行役・支配人その他の使用人であったことがない

こと。(2) その就任の前10年内のいずれかのときにあっては，当該監査役への就任の前10年間当該株式会社又はその子会社の監査役であったことがある者にあっては，当該監査役への就任の前10年間当該株式会社又はその子会社の取締役・会計参与・執行役・支配人その他の使用人であったことがないこと。(3) 当該株式会社の親会社等（自然人に限る）又は親会社等の取締役・監査役・執行役・支配人その他の使用人ではないこと。(4) 当該株式会社の親会社等の子会社等（当該株式会社及びその子会社を除く）の業務執行取締役等ではないこと。(5) 当該株式会社の取締役・支配人その他の重要な使用人又は親会社等（自然人に限る）の配偶者・二親等内の親族ではないこと。

わが国の監査役会設置会社には必ず社外監査役がおかれているため，社外監査役が監査役会に占める割合をもって独立性とすることはできない。

3．本章の構成

本章の構成は下記の通りである。まず先行諸研究の概観を示した。監査役に期待される役割を検討した研究報告を中心に説明する。次にリサーチ・デザインを示した。仮説と検証方法を説明している。検証結果とその解釈を示した後，最後に本章の小括を示した。

先行研究の概観

最初に監査役監査の役割についての検討結果を概観する。高橋 (2006) は監査役として重要な監査視点は，単に取締役会決議の内容が法令の定める項目・要件を形式的に適合しているのか，又はその内容が適切であるかにとどまらないと説明している。当該基本方針に基づき整備され運用される内部統制システムが実際に有効に機能し，かつ，意図した通りの目的を達成するものであるかに関して，日頃の業務監査を通じて，あるいは社内に精通した立場から監視・検証する必要がある，と指摘している。

武井 (2009) によれば監査役は財務報告に関する内部統制の構築・運用に係る取締役の職務執行に対して自社にとってリスクの大きい業務分野を評価範囲

としていわゆるPDCAのプロセスがうまく循環しているかどうか，さらに経営トップをはじめとする取締役が十分な関与をしているのかどうかを監視し，検証することになる。

李 (2008) によれば，監査役監査には2つの側面があるとし，それらは監視目的監査と会計監査である。ここでは監査役監査の問題点を挙げている。まず，監視目的の監査ならば行為を認識の対象とし，取締役による「言明」自体が存在しないまま監査が求められるため，監査役監査の実施には多くの困難が存在する。次に会計監査については監査役が必ずしも会計専門家ではないので，会計に関する議案・書類等を調査し，その結果を株主総会に報告する職務を効果的に遂行するために，公認会計士による会計監査が必要となる。株主総会の形骸化の結果，会社の経営者が実質的に監査役の人事権を握っているので，一般的に監査役は役員ポストの一つでしかない場合があると指摘している。

この点に関して佐藤 (2000) は，取締役の不正や違法行為が判明したとき，監査役は自分を選んだ取締役に対して法定通りの処置をとれるかを問題とした。ここでは法定通りの処置をとった場合の心理的葛藤に着目し，社外者を増やすなどの形式要件による独立性の担保より監査役会の協議・決定を必須とするルール化などの支援の仕組みが必要ではないかと主張している。

蟹江 (2003) によれば，監査役の監査は取締役会による経営業務の妥当性にかかわる監督との役割分担の故に，いわゆる適法性監査に限定される。また，監査結果をもって業務執行者の人事や報酬の決定に直接的な影響力を行使することはできないため，コーポレート・ガバナンスへの関与は間接的なものになると指摘している。一方で，監査委員会は取締役会の権限を背景として監査を行うものであるから，経営業務の適法性のみならず妥当性にまで及ぶと解される。また監査委員会の監査の結果は取締役の人事並びに取締役及び執行役の報酬額の決定に直接影響を及ぼすことからコーポレート・ガバナンスへの関与は直接的であるとしている。

取締役会が決議した「監査役監査が実効的に行われることを確保するための体制」の内容については，監査役の監査を受けなければならないと武井 (2007a,b) は指摘している。

柳川・船田 (2002) は，アンケート調査の結果，監査役が精一杯の努力をしていることと企業統治の改善には監査役会の改革より他の問題が重要であることを報告している。

監査役会の役割についての検討結果を報告するものもあればその問題点を指摘する研究報告もある。今井 (2013) は実質的に社長が決め，自らの子飼いとしている監査役を，真に経済的・精神的に独立させ，高い倫理観をもって監査できるように「監査役候補選任プロセス」を変更することを提案している。

弥永 (2016) は海外子会社に対して監査役等は法令上，報告徴収権や業務財産調査権を有しないと理解すると，これらにどのように対応するのかの問題を提示している。

社外監査役の役割について検討した研究もいくつか報告されている。

方 (2011) の検証によると社外監査役の割合が高まることで利益増加型の利益調整の可能性が高まることが示された。

別冊商事法務編集部 (2010) は監査役については，これまでも累次の商法改正等により，その監督機能の強化が図られていたが，監査の実効性が不足している，社外監査役の独立性が低い，財務・会計に関する専門的な知見が不足しているケースがあるといった指摘をしている。

日本監査役協会 (2008) は2007年12月に監査役設置会社を対象にアンケートを実施した。監査役総数のうち68.3％が社外監査役が占めている。社外監査役の前職と現職については「無関係な会社の役職員」「公認会計士または税理士」「弁護士」が多いことを報告している。社外の人材の起用を取締役ではなく，監査役によってなしていることが明らかになっている。そこには法律上の微妙な問題があるものの，人材の活用の側面から社外監査役によって社外の人材を起用していることを報告している。

監査役会と内部監査の連携についての検討もいくつか報告されている。鈴木 (2015) は監査役がその役割を果たし，有効に機能するために社外性については取締役に要求されるそれとは大きく異なると主張した。社外性が高まることで情報の非対称性も影響を受けるけれどもこれを補うために内部監査部門との連携が必要になるとしている。蟹江編 (2008) では，監査役が内部監査部門等

と緊密な連携のもとに監査を実施することについて，古き時代の法的形成論ないし会社機関構造論からすると，内部監査部門の活動は取締役の職務執行の一環であるから，経営監視機関である監査役と内部監査部門との「連携」は本質的にはありえないとしている。

監査役会が内部統制監査とどのような関係にあるのかを検討した結果もいくつか報告されている。八田（2012; 2015）は内部統制の番人として位置づけられる監査役の機能について再認識することが重要であるとしている。

町田（2006）によると内部統制基準では監査役はあくまで企業内のモニタリングの一部として位置づけられているとしている。監査役は会計監査人の監査の方法・結果の相当性を判断することになるのだから会計監査人によって評価されるのは適切ではないとする向きもあるが，それぞれにチェックし，財務報告に係る内部統制の有効性を高めることに資する役割を担うとしている。

麦島（2011）によれば監査役は業務執行をしないから，取締役会が内部統制システム構築の責任を果たしているか監査する職責を担っていると指摘している。

武井（2007）によれば，業務執行取締役の職務執行の状況を取締役会が適正に監督しているのか否かが実効的な内部統制システムの前提となる統制環境として大変重要である。監査役監査の実効性確保体制に対して，取締役がその重要性を十分に認識して整備に取り組んでいるのかどうかも重要な統制環境を構成しているといえ，統制環境に対する監査役監査の重要性が指摘される。

藤原（2012）は企業集団の内部統制の情報開示と監査役監査の関係を検討している。日本監査役協会が実施したアンケートに基づくと監査役の情報収集の方法は，親会社の「監査役による往査」が第1位であり，親会社監査役は企業集団内の監査に関わる情報収集に熱心である。その一方で親会社の役職員又は監査役が子会社監査役を兼務することで情報収集能力を確保するケースが40％を超えている。この点について兼職が広範にみられることは企業の健全の実現・確保の観点からは問題であると指摘している。

監査役設置会社と委員会等設置会社で財務報告の信頼性に関する内部統制の構築に違いがあるかを比較した佐久間（2008）がある。両者の間には統計的に

有意な差がないことが報告されているが，委員会等設置会社へ移行した会社では裁量的会計発生高が変化していることを示している。

　藤川（2007）は内部統制システム監査において大きな役割を担う監査役監査の行動指針としては，財務報告に係る適正な内部統制が構築されているか，構築されていなければ監査役は構築についての助言又は勧告を取締役に対して適宜実行すること，経営の意思決定に対する日常の監査活動の一環として，具体的事項につき自ら適正性又は妥当性を監査し，検証することを挙げている。また公認会計士との連携として，会計監査人が会計監査の過程において，財務報告に係る内部統制の有効性に重大な影響を及ぼすおそれがあると認められる事項を発見したとき，及び代表取締役又は財務担当取締役と会計監査人との間で監査方法又は会計処理の意見が異なるとき，監査役は会計監査人に対し，遅滞なく監査役に報告するよう要請するとともに，必要に応じて代表取締役又は財務担当取締役に対し助言・勧告をすることを求められているとしている。

　蟹江編（2008）は経営執行部が行う内部統制全般についても，監査役自らが検証する部分と内部監査や会計監査人との連携を通じて心証形成する部分とを，複合的に組み合わせ，合理的に取り組んでいくべきである。大規模会社においてはこれが監査役監査を実施する上での基本姿勢となろうとしている。

　監査役会と内部統制の関係についてアーカイバルデータを利用して検証している先行研究はほとんどない。アメリカではわが国と異なる会社機関設計であり，監査委員会システムを前提とした検証が行われている。多くのわが国企業では異なる形態を採用している。監査委員会の性質をアーカイバルデータから抽出し，それが様々な事象や状況に関係しているかどうかを検証している。

　データの前提が監査委員会となっているため，わが国の監査役会設置会社に対してそのまま結果を利用することはできない。一方で監査役会の性質又は監査役会の機能を阻害する，もしくは有効にする要因を検討する際に役立つ視点が多いため，ここで概観を説明する。

　内部統制の問題開示会社の特徴を検証した初期の研究では内部統制の有効性とコーポレート・ガバナンスとは無関係である可能性が高い証拠が報告されている。Doyle et al.（2007）は，内部統制の問題の開示についての意思決定につ

いて調査するため，2002年から2005年の内部統制の問題を開示した779社と内部統制の問題を開示していない5,047社を対象に検証した。Doyle et al.（2007）の検証結果から，コーポレート・ガバナンスとの関係は識別できなかった。

　内部統制の有効性に対してどのような監査委員会の性質が影響しているのかについては以下の通りである。Krishnan（2005）は，内部統制報告制度導入前のデータを利用して監査委員会の性質と内部統制の関係を検証した。検証結果は高い独立性と財務専門性は内部統制の問題の発生を有意に抑制することを示している。Zhang et al.（2007）は，監査委員会の質と内部統制の問題開示の関係を検証している。検証結果は，監査委員会の財務専門性や会計専門性が低い場合，内部統制の問題が開示される傾向があることを示した。Hoitash et al.（2009）は，内部統制監査を対象としてコーポレート・ガバナンスと内部統制の問題開示の関係を検証している。検証結果は，取締役の有効性とともに監査委員会のメンバーの会計専門性やモニタリングの経験が内部統制の問題開示を抑制していることを示している。Goh（2009）は，監査委員会と取締役会の性質が内部統制の問題の是正につながるか検証した。検証結果は，大規模な監査委員会や財務専門性の高い監査委員会，社外取締役の存在は内部統制の問題の是正を促進している可能性を示している。

　監査委員会の性質が財務報告に与える影響を検証した研究にPiot and Janin（2007），Sharma et al.（2011）がある。監査役会の性質と内部統制の問題を直接検証した研究に，Lennox and Park（2007），Bronson et al.（2009），Naiker and Sharma（2009），Bruynseels and Cardinaels（2014）がある。監査委員会の性質が協働する監査人の選任にどのような影響を与えているのかを検証したAbbott and Parker（2000）がある。監査委員会の構成員は訴訟リスクをできる限り減らすために，より質の高い監査サービスを提供してくれる監査人を選択する傾向を仮定して分析した。検証結果は，活動が活発な監査委員会ほど専門性の高い監査法人を選択することを示した。

　監査委員会の専門性に関する先行諸研究の結果の概観は下記の通りである。訴訟リスクの高い会社ほど財務専門性の高い監査委員会のメンバーを求め，その効果はコーポレート・ガバナンスの有効性によって影響を受けていることを

示したKrishnan and Lee（2009）がある。Erkens and Bonner（2013）は，大規模会社になればなるほど財務専門性の高い監査委員のステータスが他の委員に比べ低い傾向を報告し，ステータスが高い会社ほど財務専門性の高い監査委員への需要が低い可能性を示唆している。同様の結果は，Badolato et al.（2014）が報告している。法的専門性を有している監査委員会のメンバーの存在が財務報告の質を高めていることを示したKrishnan et al.（2011）がある。Singhvi et al.（2013）は，米国企業改革法施行後は財務専門性の高い監査委員会の責任者の選任を証券市場が評価していることを報告している。Cohen et al.（2014）は監査委員会の産業専門性が財務報告プロセスのモニタリングの有効性を高めていることを示した。Liu et al.（2014）は監査委員会の財務専門性がマイナスの利益サプライズを回避しようとする期待マネジメントを減らしていることを報告している。また監査委員会の責任者が残留することで経営者による監査委員会への影響が強くなることを報告したCarver（2014）がある。

アーカイバルデータを利用した検証結果では，社外性や専門性に着目している場合が多い。それらをアーカイバルデータでもってどのように表現するのかについてはこうした研究の知見を活かすことができる。

リサーチ・デザイン

1．仮説

本章の仮説は監査役会の機能に影響を与える要因と内部統制の問題開示との関係を検証する視点で設定した。設定した仮説は下記の通りである。

H1：監査役会の規模が大きくなれば，内部統制の問題開示に対して積極的になる。

H2：監査役の持株比率が高まることで内部統制の問題開示に対して消極的になる。

H3：監査役会が完全に社外監査役で構成された場合，内部統制の問題開示は消極的になる。

H4：監査役会に代表取締役の親族がいる場合，内部統制の問題開示は消極的になる。
H5：監査役会に以前取締役に就任していた者がいる場合，内部統制の問題開示に消極的になる。
H6：会計専門家が社外監査役にいる場合，内部統制の問題開示に消極的になる。
H7：法律専門家が社外監査役にいる場合，内部統制の問題開示に積極的になる。

仮説1は監査役会の規模が大きくなることで内部統制の問題開示とどのような関係になるのかを検証するものである。監査役会の規模は多くの場合3名から4名であり，取締役会の規模ほど会社規模と強い関係はない。とはいえ，監査役会の規模を検証する際には会社規模との関係を考慮しなければならない。単純に監査役会の規模だけに着目したらその規模に対する適切性を見落とすことになる。同じ規模の監査役会でも大規模企業だと不適切に小さいかもしれないし，中小規模会社だと適切な水準以上になるかもしれない。本章では企業規模に比して監査役会の規模が適切なのかどうかを検証した。監査役会の規模が大きくなれば，それだけモニタリング機能が強化されるだろう。その結果として経営者と取締役会の適切な業務遂行が促され，内部統制の問題が存在している際に，それを適切に開示するように仕向けることができると予測した。

仮説2は監査役の持株比率が内部統制の問題開示にどのような関係をもっているのかを検証するものである。監査役の持株比率が高まることによる問題開示への影響は2通り考えられる。持株比率が高まることで株主利益と一致させモニタリング機能が高まると予想できる。一方で，持株比率は以前からの会社との取引関係や以前経営管理層にいたことを示している可能性があり，こうした監査役の存在はモニタリング機能を阻害する危険性があると予想できる。本章ではわが国の人事慣行を考慮し，後者の予想を採用した。監査役会構成員は内部出身者と外部招聘の社外監査役で構成される。内部出身者はこれから取締役に就任する可能性のある者か取締役を退いて経営に関与するために就任している可能性が高い。特に後者は取締役として活動していた時期に株式を保有し

ているだろう。社外監査役についても専門家を招聘するのではなく，取引先企業の取締役や監査役が社外者として就任することもある。取引先企業と相互に監査役を持ち合うことでお互いの経営に口を挟まないといった暗黙の了解があったら問題である。こうした疑問が残っているため，本章では持株比率が高い会社では内部統制の問題開示に消極的になるとした。

　仮説3は監査役会の独立性と内部統制の問題開示の関係を検証するものである。米国企業を対象とした検証では監査委員会の独立性を検証した結果が多数報告されている。一方で，わが国では監査役会の独立性を議論する際には法制度を背景とした障壁が存在している。経営者が監査役会の独立性に興味がなかったとしても半数以上は社外監査役でなければならない。半数の社外監査役が経営者の意向をどの程度反映しているのかについてはわからないのである。本章では完全に独立した監査役会の存在は内部統制の問題開示に消極的になるとした。社外監査役だけで構成すれば監査役会の独立性は高まるかもしれない。一方で，内部情報へのアクセスや時間的制約による問題が生じる危険性もある。こうした問題が開示を消極的にすると仮定し，検証した。

　仮説4は代表取締役の親族が監査役会にいることで内部統制の問題開示とどのような関係にあるのかを検証するために設定した。代表取締役の親族がいることは，モニタリング機能が有効に働かない要因になる。モニタリング機能が働かない場合，経営者や取締役会の適切な業務の執行を監督できない危険性が高まり，その結果として内部統制の問題開示に消極的な態度になる可能性を検証した。

　仮説5は以前に取締役だった者が監査役に就任していることが内部統制の問題開示とどのような関係にあるのかを調べる仮説である。以前取締役だった者が監査役会にいれば，取締役会の情報を入手することが容易になりモニタリングが強化される可能性がある一方，取締役会構成員は元同僚の立場になり，モニタリング機能が有効に働かなく危険性もある。本章では後者の推測に基づいて仮説を検証した。

　仮説6は会計専門家が社外監査役に就任していることが内部統制の問題開示にどのように影響しているのかを表す仮説である。会計専門家として公認会計

士資格もしくは税理士資格を有する者を選択した。会計専門家としての知識と経験が社外監査役を機能不全に陥れる要因をどの程度カバーできているのかを検証するために設定した。監査役の主な任務は業務監査であるため，会計監査よりも専門性の発揮できる場所は限られるのかもしれない。そのため，ここでは社外監査役に会計専門家がいることで内部統制の問題開示が消極的になると予想した。

　仮説7は法律専門家が社外監査役に就任していることが内部統制の問題開示にどのような影響を与えるのかを検討するために設定した。法律専門家は弁護士資格を有している者として検証している。法律専門家も会計専門家と同様に社外監査役の機能の阻害要因を克服するための高い知識と経験を有している。わが国の監査役監査は業務監査が中心になるので，会計監査に比べ法律に関する専門的知識は業務の遂行に有用である可能性が高い。この視点から仮説を検証した。

2．検証方法

　仮説の検証対象は第4章Ⅳ.2で説明した310社である。内部統制の問題開示会社155社と非開示会社155社で構成されている。この中で監査役の性質に関する変数が入手できなかった内部統制の問題開示会社6社とその対照企業6社を除外した298社を仮説の検証に利用した。

　仮説の検証方法は下記の通りである。まずサンプルの性質を理解するため，記述統計量を計算した。次に内部統制の問題開示の有無によって仮説変数に違いが出るのかどうかを調べるために平均値の差の検定を行った。最後に仮説の検証のために下記のモデルを推定した。

$$MW = b_0 + b_1（規模）+ b_2（独立性）+ b_3（持株比率）+ b_4（法律専門家）\\ + b_5（会計専門家）+ b_6（親族の有無）+ b_7（前職取締役）$$

　変数の定義は下記の通りである。MWは内部統制の問題が開示されている場合を1，それ以外をゼロとするダミー変数である。これは内部統制の問題開示の有無を表している。

規模は，監査役会構成員数の平方根を資産合計の自然対数で除した値である。この変数は仮説1を検証するためのものであり，もし仮説1が整合するなら，係数推定値の符号はプラスになると予想できる。

独立性は監査役会の構成員が全員社外監査役である場合を1，それ以外をゼロとするダミー変数である。この変数は仮説3を検証するためのものである。もし仮説2が整合するなら係数推定値の符号はマイナスになると予想できる。

持株比率は監査役会の構成員の持株数を発行済株式総数で除して100倍して得られる数値である。この変数は仮説2を検証するために設定した。もし仮説2が整合するなら係数推定値の符号はマイナスになると予想できる。

法律専門家は弁護士資格を有する社外監査役がいる場合を1，それ以外をゼロとするダミー変数である。この変数は仮説7を検証するために設定した。もし仮説7が整合するなら係数推定値の符号はプラスになると予想できる。

会計専門家は公認会計士資格もしくは税理士資格を有する社外監査役がいる場合を1，それ以外をゼロとするダミー変数である。この変数は仮説6を検証するために設定した。もし仮説6が整合するなら係数推定値の符号はマイナスになると予想できる。

親族の有無は，監査役会に代表取締役の親族がいる場合を1，それ以外をゼロとするダミー変数である。この変数は仮説4を検証するために設定した。もし仮説4が整合するなら係数推定値の符号はマイナスになると予想できる。

前職取締役は以前に取締役に就任していた監査人がいる場合を1，それ以外をゼロとするダミー変数である。この変数は仮説5を検証するために設定した。もし仮説5が整合するなら係数推定値の符号はマイナスになると予想できる。

なお，全ての独立変数は有価証券報告書から入手した。

Ⅳ 検証結果とその解釈

1．記述統計量

記述統計量を計算した結果を図表8-1にまとめた。監査役会の規模の平均値

第8章　内部統制の問題開示と監査役の性質

図表8-1　記述統計（298社）

変数名	平均値	中央値	標準偏差	最小値	最大値
規模	0.365	0.349	0.085	0.211	1.266
独立性	0.220	0	0.414		
持株比率	0.175	0.033	0.572	0	7.849
法律専門家	0.131	0	0.172		
会計専門家	0.154	0	0.181		
親族の有無	0.200	0	0.140		
前職取締役	0.356	0	0.532		

は0.365であった。中央値は0.349だった。標準偏差は0.085である。最小値は0.211であり、最大値は1.266だった。監査役会に占める社外監査役の割合の平均値は0.22であった。中央値はゼロであり、標準偏差は0.414になった。監査役会の持株比率の平均値は0.175であり、中央値は0.033であった。標準偏差は0.572である。最小値はゼロであり、最大値は7.849だった。監査役会に法律専門家がいる割合は13.1％だった。会計専門家がいる場合は15.4％だった。監査役会に代表取締役の親族がいる割合は約20％だった。監査役会に以前取締役だった監査役がいる割合は35.6％であった。

2．平均値の差の検定の結果

　仮説を検証するための変数について内部統制の問題開示の有無によって違いがあるのかを調べた結果を図表8-2にまとめた。

　まず監査役会の規模について開示企業の平均値は0.363であり、非開示企業の平均値は0.366であった。本当に僅かだが、非開示企業の方が監査役会の規模が大きい可能性を示しているが、両者の違いは統計的に有意ではない可能性が高い。両グループの平均値の差の検定を行った結果、t値は0.397であり、統計的に有意ではない水準になった。

　監査役会の持株比率について開示企業の平均値は0.125であり、非開示企業の平均値は0.226であった。非開示企業の持株比率の方が開示企業よりも高いことを示しているが、この違いは統計的に有意な水準ではない可能性が高い。持株比率の平均値の差の検定の結果、t値は1.513だった。

図表8-2 平均値の差の検定

変数名	開示企業（149社）	非開示企業（149社）	t値
規模	0.363	0.366	0.397
持株比率	0.125	0.226	1.513

3．仮説の検証結果

　仮説を検証するためにロジスティック回帰分析を行った。回帰推定の結果は図表8-3に要約した。モデル全体の有意性を示すLRカイ2乗値は10.66である。モデルが観察データをどの程度説明できているのかを示すPseudoR^2は0.025になった。

　監査役会の規模に係る係数推定値は0.207である。この結果は監査役会の規模が大きくなれば内部統制の問題開示を促す傾向を示している。監査役の人員が適切な人数で構成されていることでモニタリング機能の有効性が高まることを示唆している。この係数が統計的に有意なのかどうかを検証した結果，z値は0.15である。この結果は係数推定値が統計的に有意ではない可能性が高いことを示している。

　監査役会の独立性に関する係数推定値は−0.612であった。この結果は完全に独立した監査役の存在は内部統制の問題開示を抑制することを示している。監査役会が完全に独立した状態では監査役会が逆に機能不全に陥る危険性を示唆していると解釈できる。この係数推定値の有意性の検定結果，有意水準10％で統計的であることがわかった。

　監査役会の持株比率の係数推定値は−0.480だった。監査役会の持株比率が高まることで内部統制の問題開示を抑制する傾向を示している。株式を保有する監査役の存在は内部統制の問題開示を抑制する可能性があると解釈できる。この係数推定値の有意性を検証した結果，z値は−1.3である。この結果は統計的に有意な水準ではないことを示している。

　会計専門家の有無に係る変数の係数推定値は−0.191である。会計専門家が監査役会に存在していることで内部統制の問題を抑制している傾向を示唆している。この係数推定値が統計的に有意な水準であるかどうかを検証した結果，

図表8-3　回帰分析の結果（298社）

変数名	係数推定値	z値
定数項	−0.046	−0.08
規模	0.207	0.15
独立性	−0.612	−1.94
持株比率	−0.480	−1.3
法律専門家	0.327	1.65
会計専門家	−0.191	−0.93
親族の有無	−0.517	−0.55
前職取締役	−0.158	−0.65
LRカイ2乗値	10.66	
PseudoR^2	0.025	

z値は−0.93であった。この結果は統計的に有意ではない可能性が高いことを示している。

　法律専門家の有無に係る変数の係数推定値は0.327であった。法律専門家が監査役会にいることで内部統制の問題開示が促される傾向を示している。法律専門家の存在は監査役会のモニタリング機能の有効性が高まることを示唆していると解釈できる。この係数推定値が統計的に有意であるのかどうかを検証した結果，z値は1.65である。この検定結果は有意水準10％で統計的に有意であることを示唆している。

　監査役会に代表取締役の親族がいるかどうかを表している変数の係数推定値は−0.517だった。代表取締役の親族が監査役会にいる場合，内部統制の問題開示が抑制される傾向を示している。代表取締役の親族の存在は監査役会の機能を阻害する要因になる可能性が高いことを示唆している。この係数推定値が統計的に有意なのかどうかを検証した結果，z値は−0.55になった。この検定結果は係数推定値が統計的に有意ではない可能性が高いことを示唆している。

　監査役会に以前取締役に就任していた人物がいるのかどうかを表す変数の係数推定値は−0.158であった。監査役会に以前取締役に就任していた人物が存在していることが監査役会の機能を阻害している傾向があると解釈できる。この係数推定値が統計的に有意なのかどうかを検証した結果，z値は−0.65であった。この結果は係数推定値が統計的に有意ではない可能性を示唆している。

仮説検証の結果，監査役会が完全に独立しているのかどうかと監査役会に法律専門家が存在しているかどうかを表す変数の係数推定値が統計的に有意であることがわかった。

Ⅴ　小括

　本章の目的は監査役の機能に影響を与える要因が内部統制の問題開示にどのような影響を与えているのかを明らかにすることである。監査役は取締役会の業務執行を監視することが役割であり，これが十分に機能していれば経営者による内部統制の問題開示が適正に行われる。しかしその機能を阻害する要因やその影響を削ぐ要因もある。これらの要因について仮説を設定し，検証した。全ての変数について仮説と整合する符号を得た。内部統制の問題開示を積極的にする要因として規模と法律専門家の存在がある。逆に抑制する要因として，持株比率，独立性，親族の有無，前職取締役，会計専門家がある。特に，①完全に独立した監査役会は内部統制の問題開示に対して消極的になることと，②法律専門家の存在は内部統制の問題を積極的に開示するように仕向けることを発見事項として挙げることができる。完全に独立した監査役会はその独立性からくる弊害に無力であることを示唆している。また法律専門家としての知識と経験は監査役の主な業務となる業務監査に役立っていることを示唆している。

　ただし，結果の解釈についてはいくつかの制約がある。まず対照企業群の設定である。本章では傾向スコアマッチングによって対照企業を選択した。傾向スコアマッチングの際に利用したモデルの独立変数は，内部統制の問題が生じる可能性に影響を与えると仮定できる変数で構成しているけれども，変数の選択結果によってはまた別の対照企業を選択することになる。対照企業群が異なることで結果に違いが生じる可能性は否定できない。次に，監査役会のサポート体制については言及していない点がある。本章の検証結果は，社外監査役をサポートする体制を充実させる必要性があることを示唆している。こうしたサポートが充実している会社とそうではない会社では監査役の業務の有効性に違いが出る。この点を考慮していないことから，証拠の解釈に制約が生じるかも

しれない。

　今後の課題は，内部統制の問題開示を内部統制報告書で行った会社と訂正報告書で行った会社とで違いがあるのかどうかを調べることであろう。内部統制報告制度が導入されて数年が経つが，訂正報告書による内部統制の問題開示は増加している。訂正報告書で内部統制の問題を開示していることは通常の内部統制報告プロセスで問題が発見できていなかった可能性を示している。これに監査役会の性質がどのように影響しているのかを明らかにできれば，それは新しい知見となるだろう。

　制約が存在するものの，監査役会の機能を制限する要因又は有効性を向上させる要因が内部統制の問題開示に対してどのような影響を与えているのかを明らかにする証拠を報告したことで学術上の意義がある。

第9章

内部統制の問題開示と内部監査の性質

Ⅰ 問題の所在

1．本章の目的とその背景

　本章の目的は，内部統制の問題開示に対して内部監査の性質がどのように影響しているのかを検証し，内部統制の問題開示要因として内部監査の性質が機能しているのかを明らかにすることである。後述するように，内部監査は内部統制の基本的要素の一つであるモニタリング機能の一環として内部統制の整備及び運用状況について監視，検証する役割を担っている。もし内部監査が有効に機能していれば，モニタリングが有効に機能することになり，内部統制の問題の発見とその開示が適切に遂行されることが期待される。

　上述の通り，内部監査が有効に機能するなら内部統制の問題開示も順調に進むことが期待される。しかし，内部監査は取締役会や監査役，監査役会と異なりその設置が会社法で義務付けられているわけではない。会社が必要に応じてその内容や人員を決めることができる。つまり内部監査の内容は会社によって異なるし，その重要度の認識も異なる。

　内部監査に関する研究の多くは制度や事例に基づくものがほとんどである。アーカイバルデータを利用した検証はほとんど行われていない。その理由は内部監査に関する公開情報が少ないことである。有価証券報告書で開示される情報にはかなりの制限があるし，公開されている情報のフォーマットも定まっていない。こうしたデータへのアクセス可能性が低いことから，この領域については検証がなされてこなかったのが実状であろう。本章では上場会社が開示している規模に関する情報に着目し，検証した。この検証結果は，アーカイバルデータを利用した内部監査の性質に関する証拠であり，今後の研究の基礎となる。

　内部監査について基本的な構造に問題がある。内部監査は指揮命令系統としては経営者の指示に従うことになる場合がほとんどである，内部監査の業務やその範囲について最終的な判断を下すのは経営者だとするなら，経営者の不正

に対して内部監査がどの程度有効に機能するのかについて疑問が残る。また，もし業務の中で不正を発見したとしても，それを経営者に報告した結果，内部監査人の人事昇進上の不利益等につながる危険性もある。経営者に従う形の内部監査ではどの程度有効に機能するのかがわからないのである。

　内部監査の規模を表す変数で内部監査の性質の一つとみなす研究もあるが，一筋縄ではいかない。内部監査の規模が大きくても非常勤の職員が多い場合と常勤職員が多い場合とでその果たす機能に違いがあるかもしれない。また専任の職員で構成されている場合と兼任の職員で構成されている場合とでその業務の効率性や有効性に違いが生じるかもしれない。特にわが国の人事慣行を踏まえると，内部監査の専門家を育てる風土はほとんど存在しないだろう。ジョブ・ローテーションの一環として内部監査に携わる職員がほとんどで，単純に規模が大きいからといってその業務が有効なのかそして効率的なのかを測ることは難しいのかもしれない。

　一方で内部監査に携わる人的資源が増えればそれだけいろいろな業務に対する監査が可能になるのかもしれない。この点で規模の大きさは業務範囲の拡大と関係しているため，規模の大きさは会社の監査対象業務についてカバーできる範囲を拡大する意味では説明ができる。いくつかの制約は存在するけれども，本章では内部監査の規模が企業規模に比して大きくなれば適切な情報開示につながると仮定し，検証を行った。

　本研究の検証は極めて限定的なものであるし，証拠の解釈にもいくつかの制約が存在している。その中で内部監査が適切な内部統制報告に資している可能性を示す証拠を報告したことで学術上の貢献をなしている。

2．制度的背景

　内部監査人が内部統制に果たす役割と責任について内部統制基準は以下のように説明している。

「内部監査人は，内部統制の目的をより効果的に達成するために，内部統制の基本的要素の一つであるモニタリングの一環として，内部統制の整備及び運用

状況を監視，検証する役割と責任を有している[1]」。

一般社団法人日本内部監査協会が作成している内部監査基準によれば内部監査とは，組織体の経営目標の効果的な達成に役立つことを目的として，合法性と合理性の観点から公正かつ独立の立場で，ガバナンス・プロセス，リスク・マネジメント及びコントロールに関連する経営諸活動の遂行状況を内部監査人としての規律遵守の態度をもって評価し，これに基づいて客観的意見を述べ，助言・勧告を行うアシュアランス業務，及び特定の経営諸活動の支援を行うアドバイザリー業務である，とする。

内部監査人協会による内部監査の定義によれば，内部監査は「アシュアランス及びコンサルティング活動」である。川島（2006）はこのアシュアランス活動には独立した客観的な評価を通して，財務諸表の作成・表示の適正性や内部統制の有効性について経営管理者層に保証を与えるといった活動機能が求められていると理解している。またコンサルティング活動についても業務プロセスの中で経営意思決定への助言・提案が該当するとしている。

3．本章の構成

本章の構成は下記の通りである。まず，先行研究の概観を示した。内部監査と内部統制の有効性の関係についての議論を中心に概括した。次にリサーチ・デザインを示した。本章の仮説やその検証方法を説明した。そして検証結果とその解釈について示し，最後に本章の小括を示した。

II 先行研究の概観

内部統制のルーツは内部監査にある（麦島 2011）。内部監査と内部統制の関係については検討され，多くの報告がある。内部監査の目的について小池（2013）は経営者が設定した内部統制が有効に機能しているのかを評価することと指摘している。

八田（2001）は内部監査機能及び内部統制の構築には，企業活動の規模，多

---
[1] 内部統制基準 I .4.（4）

様性及び複雑性さらには従業員数といった企業特有の環境要因だけではなく対費用効果の検討を含む個別的な要因をも加味して検討されることになると説明している。

鳥羽他（2015）は内部監査の目的として，執行に属するライン組織で行われる業務が法令及び経営者の方針に準拠し，適切かつ効率的に行われているかを執行に属するスタッフ組織としての内部監査部門が評価し，その結果を経営者に提供することを挙げている。具体的には，①業務が法令等に準拠して行われていること，②経営者の定めた基本方針や社内規則・規定が遵守されていること，③会社の目的にとって有効な業務が効率的に行われていること，④社内で作成された会計情報・その他の業務情報が正確であること，⑤会社の財産が適切に保存されていること，⑥法律で要求されている各種報告を含め，情報開示や情報発信が適切に行われていることがある。

八田（2001）は内部監査機能としていかなる範疇の役割まで期待するのかは，基本的に企業経営者が自らの権限と責任において決定しうるものであるが，内部統制の評価について内部監査が本源的に有している役割を度外視できないとしている。そして健全な内部統制を維持することが求められる経営者の責任として係る内部統制の機能状況についての評価のための監視プロセスを常設することは，経営者自身の責任を果たすうえでも不可欠であると指摘している。

蟹江編（2008）では内部監査の基本的な機能として独立にして客観的な保証機能とコンサルティング機能を挙げており，2つの機能をもってして組織体の目標達成を支援することが可能になるとしている。経営者によって構築された内部統制システムは，有効に運用されなければ意味はなく，またそのように運用されることを確保する体制が必要である。これがモニタリングの意義であり，その役割の一翼を担うものとして内部監査が存在している。

岩倉（2005）では内部監査は法定の監査ではなく，自ら命じた業務執行が適切に遂行されているか否かを代表取締役がチェックする活動として捉えられ，内部監査を担当する部門は内部統制組織の中心的な組織として位置づけられる。

大倉（2008a）は内部監査人が最も内部統制の実質的機能を熟知しているとしている。また，川上（1990）によると内部監査は経営管理の手段の一つであり，

企画・執行両機能と並ぶ統制すなわち内部統制の一つであると解釈している。

　柿崎（2007）によれば内部監査人は内部統制が準拠する法令の枠を超えて，横断的に企業の内部統制システム整備に貢献することを期待される。また，内部統制の有効性を総合的かつ有機的な視点から日常的に検証していく役割を果たすことが内部監査人に期待されているとする。

　松井（2013）は大和銀行ニューヨーク支店巨額損失事件やヤクルト本社事件，三菱商事事件を検討し，内部統制が整備されていると認められるうえで，内部監査の存在が評価されていることに共通点があると指摘している。また内部監査を整備するだけではなく，運用し監視しているかを検討している点も共通している。つまり内部監査は内部統制の有効性を評価する役割を負う。取締役や監査役は内部監査と連携する必要性を主張している。

　堀江（2008a）は内部監査の役割について以下のように説明している。内部監査部門はリスク要因の中でも社内・社外に対する財務報告を歪めることで会社の経営目標の達成を阻害する恐れのある不正経理のリスクを，各業務部門レベルで発見する必要がある。しかし，内部監査部門は不正経理の発見を役割とするわけではなく，より広く経営業務の有効性と効率性を達成できるように助言・勧告を行うことを求められるとしている。こうした中で，各業務部門において業務の有効性や効率性を削ぐような不正経理が行われない体制の構築を支援する適切な改善提案を行うことが期待されていると指摘している。

　内部監査では，発生した場合に会社の経営目的の達成を阻害する可能性がある事象や行為を識別・測定し，重要性の高いリスクの発生の有無を確認する監査実務がある（土田 2010）。

　内部監査組織の形態に関する検証結果が報告されている。

　岩崎（2016）はモニタリングについては内部監査部門が本社各機能の内部監査を実施するとともに主要な子会社の内部監査を実施又は統括する仕組みにしている会社も多いとしている。

　吉武（2016）は，企業集団における内部監査機能の実態調査を行い，結果を報告している。調査対象となった会社の内部監査組織の形態は親会社中心型，子会社中心型，ハイブリット型にわけている。調査の結果は監査対象である企

業集団の状況に影響を受けていることを示している。特に内部監査の組織形態と子会社数等の企業規模との間に相関が認められた。

　内部統制報告制度時代の内部監査についての実態調査も報告されている。内部統制報告制度の導入によって会社の内部監査の実施がどのように影響しているのかを池田（2012）が調査した。2004年から2010年までの間に内部監査のあり方が大きく変化していることを報告している。2004年以前において有効な内部監査を実施していた会社は57％であったが，全く内部監査を実施していない会社は全体の22％であった。このうち96％が2010年までの間に内部監査を実施している。

　小西（2008）のアンケート調査によると内部監査部が内部統制の評価を行うと思われるが，経営者を含む統制環境の評価をすることを困難とする回答から，内部監査部が経営者の支配下にある以上，組織的にみても統制環境の評価が難しいと考えても当然としている。

　内部統制報告制度はわが国だけではなく多くの国で導入されている。その中でアメリカにおける内部統制報告制度との比較検証結果を報告するものもある。

　CIAフォーラム研究会報告（2010）は日米の内部統制報告制度を比較し，内部監査の役割について検討した。この研究報告は，内部統制体制の重要な要素として内部監査の重要性が認識され，期待が高まったことが確認されている。内部統制の未整備は問題に該当する可能性があるため，上場会社では，内部監査部門の設置が事実上義務付けされたかの意識が広まった。そうした中でいくつかの問題点も明らかにしている。内部統制体制の構築局面，さらに施行後の評価局面の双方において，既存の内部監査組織が安易に利用され，内部監査本来の役割がなおざりにされる傾向を生じた。構築局面では，J-SOX対応組織に内部監査部門が深く関与する，あるいは少なくとも要員を派遣する等の事例が多くの組織でみられ，通常の業務監査を犠牲にして対応せざるを得ない状況も発生したと報告している。評価局面でも内部統制評価を内部監査部門が担うことは当然との認識が一般的で，無関与を貫いた内部監査部門は少数であったものと推察される。J-SOX対応を既存の人員の中で行うなら内部統制の専門家である内部監査部門に多くを頼らざるを得ないが，内部監査本来の役割がなおざ

りにされた感が否めないとしている。

　先行研究では内部統制システムを有効に機能させるためには，その実効性をモニタリングする機能を果たす内部監査の充実・強化を図ることが重要であると考えられる。内部統制の評価作業の全てを経営者が行うことは困難であり，内部監査部門がモニタリングにより内部統制の有効性を評価し，その結果に基づき，経営者が最終的に内部統制報告書を作成することになるものと思われる。

　松井 (2007) は内部統制監査を行う監査人がまず全社的統制を評価する中で内部監査が独立的評価機関として対象業務からの客観性を保ち，評価を遂行するに足る十分な知識や能力があるか，経営者，取締役会，監査役又は監査役会に財務報告に係る内部統制を評価した結果として，適切な情報を提供しているのかを評価しなければならないとしている。

　武田 (2010) は，内部監査人は監査目標に必要な監査要点を設定するため，その本務である監査業務の一部として内部統制システムの評価・改善の職務を担っているとしている。

　松井 (2014) は内部統制やリスク・マネジメントの水準向上を図るには，評価プロセスにおいて内部監査に必要な独立性や客観性を侵害しないように改善提案を行い，改善を支援することが必要であるとしている。適切な提案や支援を行えるようにするためには，各内部監査人の内部統制や全社的リスク・マネジメントに関する知識や経験を深めていくことが必要であると主張している。

　北川 (2013) は初期の内部監査の機能を財務事項の証明と内部統制の評価に求めている。そして過去10年の内部監査機能の役割は業績を改善し，経営価値を高めるために，業務監査や戦略的経営課題に焦点を当てるようになったとしている。内部監査情報をはじめとするガバナンス関連情報は，所有者が経営者の経営業績をモニターすることができるとともに私利私欲の経営者を監視するために用いることができることを報告している。内部監査機能は組織全体にわたってかつ直接接近できることができる貴重なガバナンスの資源である。内部ステークホルダーは詳細な内部監査情報に接近することができるが，外部ステークホルダーに利用可能なガバナンス情報は，経営者，監査委員会，外部監査人を通じて開示されるものが中心であり，内部監査機能の構成や諸活動に関連

する直接的詳細な情報に接近することはできない。

　弥永（2016）は，取締役又は監査役等としては，内部監査部門や内部統制部門が適切に整備されていること，及び運用されていることについてチェックし，確信をもつことができれば，取締役・執行役や従業員の職務執行そのものを監督又は監査することを要しないことになる推論を提示している。

　土田（2008）は内部監査人がある目的のための内部統制の整備・運用状況を監査して，代表取締役に報告する。その際の作業として以下のものを挙げている。

・会社を取り巻く重要なリスクを識別する。
・重要なリスクに関係する業務プロセス及び部署を識別する。
・該当する業務プロセスに潜在する業務リスクの存在箇所とリスクの内容を識別する。
・業務執行取締役が設計・導入した統制活動がリスクを合理的なレベルに低減しているかを評価している。
・業務執行取締役が設計・導入した統制活動が意図したように運用されているかを評価する。
・有効な統制活動がないあるいは意図したように運用されていない等，統制活動に不備がある場合は，それらを改善する統制活動を提案し，導入を勧告する。

　土田（2008）によると内部監査人は内部統制の整備に関して会社が抱えるリスクを識別・評価してリスクを合理的なレベルまで低減する内部統制を設計し，業務に導入する機能を果たしているとする。また，内部統制の有効性の評価について既存の内部統制が，ある目的を達成するために有効であるか否かを評価して，不備がある場合は改善措置を提案する機能を果たしているとする。最後に内部統制の評価プロセスについて代表取締役等が実施するリスク評価，あるいは内部統制の有効性評価のプロセスの妥当性を評価する機能を果たすことができる。

　内部監査人の能力や実態に関する調査結果を要約すると下記の通りになる。
　伍井（2013）は内部監査人の専門能力がどのように得られるかを解明し，初

心者のパフォーマンスを向上させるための適切な教育・訓練及び監査支援ツールの開発につなげることを目的としている。検証結果は①子会社等の経営者階層の経験のある者は川上に位置する問題点の発見を高く評価すること，②内部監査人として経営者・取締役会等の経営者階層に直接報告した経験のある者は川上に位置する問題点の発見を高く評価することを示している。

日本監査役協会（2008）の調査によると調査対象となった委員会等設置会社全てに内部監査部門があり，その平均人数は18人であることがわかる。

町田（2005c）の調査は外部監査人と内部監査部門の連携が必ずしも取れていない点を報告している。この結果について，外部監査においては内部統制に大きなウェイトを置かざるを得ず，その中で，内部統制の一部として重要な役割を担っている内部監査部門との連携は外部監査にとって欠かせないものとなる。

わが国の内部監査の問題について手塚（2005）は，上場のために内部監査部門を設置していたが，上場後は事実上廃止してしまう又は事実上機能させていない事例が散見されると報告している。

わが国では内部監査に関する研究課題についてアーカイバルデータを利用した検証はほとんど実施されていない。この理由について内部監査の状況を示す情報にアクセスすることの制限を挙げられる。内部監査について有価証券報告書で開示されている情報は定型化されていないため，会社によってまちまちである。本章では多くの会社が開示している内部監査部門の人数を利用して検証している。それ以外の要因，例えば，公認内部監査人の人数等を利用する際には検証対象は限定される。

アーカイバルデータを利用した検証結果のほとんどが基礎としているアメリカの実務は，内部監査に関与する人々の属性について若干の違いがある。例えば，アメリカでは専任の職員が内部監査に携わっている一方で，日本ではジョブ・ローテーションの一環として内部監査に携わっていることが多い。こうした違いが先行研究の成果によってわが国企業の内部監査をどの程度説明できるかの制約となるかもしれない。

内部監査の質と利益マネジメントの関係を示したPrawitt et al.（2009）がある。また外部監査との連携で発揮される内部監査の機能は内部統制の問題の開示と

正の関係にあることをLin et al. (2011) が報告している。Ege (2015) は内部監査が有効に機能することで経営者不正を減らしていることを報告している。監査委員会に監査の専門家がいることと平均従事年数が長くなる場合によって，内部監査への投資が減少していることをBarua et al. (2010) が報告している。

本章ではアーカイバルデータでもってわが国の内部監査の性質が内部統制の問題開示の適切性にどの程度影響するのかを検証した。先行諸研究と異なる点は，制度的な違いや企業文化の違いがあるわが国企業ではどのようになっているのかを調べたことが挙げられる。わが国の先行研究では内部統制の根幹に内部監査がある。こうした指摘が現実と整合しているのかを検証することで，内部監査と内部統制の関係を明らかにする点でわが国の先行諸研究とは異なっている。

リサーチ・デザイン

1．仮説

本章の仮説は下記の通りである。

H1：内部監査の規模が大きくなれば内部統制の問題開示に消極的になる。

内部監査の性質の検証に利用できるデータはかなり制限されている。その中でデータの入手可能性が高い内部監査の人員数を利用して仮説を設定した。内部監査は経営者が必要に応じて設計できるものである。そのため，モニタリング機能を十分に果たすためにはそれなりの規模が必要になる。内部監査の規模が大きくなることで日常的なモニタリング活動が活発化し，開示が必要な問題が未然に是正されている可能性があると仮定して設定した。

2．検証方法

仮説の検証対象は第 4 章Ⅳ.2で説明した310社である。内部統制の問題開示会社155社と非開示会社155社で構成されている。この中で内部監査の性質に関する変数を有価証券報告書から入手できなかった内部統制の問題開示会社50社とその対照企業50社を除外した210社を仮説の検証に利用した。

仮説の検証方法は下記の通りである。まず，検証対象の性質を理解するために記述統計量を計算した。次に内部統制の問題を開示しているのかどうかで内部監査の規模に違いがあるのかどうかを調べるために平均の差の検定を行った。そして仮説を検証するために下記のモデルを設定した。

$$MW = b0 + b1（規模）$$

変数の定義は下記の通りである。MWは内部統制の問題を開示している場合を1，それ以外をゼロとするダミー変数である。この変数は内部統制の問題の開示の有無を表している。規模は内部監査の規模を表している。内部監査の人員数の平方根を資産規模の自然対数で除した値である。この変数は仮説1を検証するためのものである。もし仮説1が整合するなら，係数推定値の符号はマイナスになることが予想される。

Ⅳ 検証結果とその解釈

1．記述統計量

記述統計量の計算結果を図表9-1にまとめている。内部監査の規模の適切性の平均値は0.328であり，中央値は0.213だった。標準偏差は0.333であり，最小値はゼロ，最大値は2.920だった。

図表9-1　記述統計（210社）

変数名	平均値	中央値	標準偏差	最小値	最大値
規模	0.328	0.213	0.333	0	2.920

2．平均値の差の検定の結果

内部統制の問題開示の有無によって内部監査の規模が異なるのかを検証した結果を図表9-2にまとめている。開示企業の平均値は0.321だった。非開示企業の平均値は，0.336である。この結果から問題開示企業の内部監査の規模の

方が非開示企業より大きくなっていることを示している。両グループの内部監査の規模の違いが統計的に有意であるのかどうかを検証した。検定統計量であるt値は0.331となった。この結果は両グループの平均値の差が統計的に有意な差ではない可能性が高いことを表している。

図表9-2　平均値の差の検定

変数名	開示企業（105社）	非開示企業（105社）	t値
規模	0.321	0.336	0.331

3．仮説の検証結果

内部統制の問題開示の有無と内部監査の性質の関係を検証するため，モデルを推定した。推定結果は図表9-3に要約した。モデル全体の有意性を検証するための検定統計量であるLRカイ2乗値は0.11となった。モデルが検証対象をどの程度説明しているのかを示すPseudoR^2は0.0004となった。内部監査の性質を表す変数が限定されているので本章で推定したモデルの説明力は小さい。

内部監査の規模に係る係数推定値は−0.138であった。この結果は内部監査の規模が充実することで内部統制の問題開示が抑制されることを示唆している。この結果は内部監査の人員充実が内部統制の有効性を高める可能性を示している。この係数推定値が統計的に有意であるのかどうかを検証した結果，検定統計量であるz値は−0.33である。この結果は係数推定値が統計的に有意ではない可能性が高いことを示唆している。

図表9-3　回帰分析の結果（210社）

変数名	係数推定値	z値
定数項	0.045	0.23
規模	−0.138	−0.33
LRカイ2乗値	0.11	
PseudoR^2	0.0004	

V 小括

　本章の目的は内部監査の性質が内部統制の問題開示要因となっているのかを明らかにすることである。内部監査は内部統制の根幹を形成するものであるにもかかわらず，外部データを利用した検証はほとんど行われていない。データの入手可能性には強い制約があるため，本章では内部監査の規模に着目した検証を行った。検証結果は内部監査の規模が大きい会社では内部統制の問題開示が抑制されていることを示している。この結果は監査役会とは異なっている。これは，内部監査が実施するモニタリング活動によって開示する必要性のある問題が未然に防がれていることを示していると解釈するのが適切であろう。監査役会と結果が異なるのはモニターの対象が異なることを反映している。

　ただし，結果の解釈についてはいくつかの制約がある。まず対照企業群の設定である。本章では傾向スコアマッチングによって対照企業を選択した。傾向スコアマッチングの際に利用したモデルの独立変数は，内部統制の問題が生じる可能性に影響を与えると仮定できる変数で構成しているけれども，変数の選択結果によってはまた別の対照企業を選択することになる。対照企業群が異なることで結果に違いが生じる可能性は否定できない。次に内部監査の規模を検証することの適切性である。わが国は専業で内部監査にあたるケースは稀である。この場合，内部監査もジョブ・ローテーションの一環で担当することになるだけである。ジョブ・ローテーションで担当者が変わるため，規模が大きいからといって本質的な機能の向上に有効なのかどうかの疑問に対して明確な解答は難しい。

　今後の課題は内部監査の実施状況に影響を与える要素を表す変数を増やして，内部統制との問題を検証することにあるだろう。内部監査の予算もしくは費用，時間といった情報を入手できれば新しい知見を得ることができるだろう。

　証拠の解釈には制約があるものの，本章の検証結果は内部監査の充実が内部統制の問題を是正している可能性を示していることで学術上の意義をもつ。

第10章

内部統制の問題開示と所有構造の関係

I 問題の所在

1．本章の目的とその背景

　本章の目的は内部統制の問題開示と会社の所有構造との関係を検証し，株式所有構造が内部統制の適切な問題開示と関係しているのかどうかを明らかにすることである。誰が会社の株式を保有しているのかは会社のコントロールの問題として議論されているテーマである。

　内部統制報告の有用性について議論する際には十把一からげに株主と経営者の関係で議論する場合が多い。株主は会社の内部情報を入手することで経営者の業績を確認し，その報酬や雇用条件を決めることができる。経営者が適切に業務を遂行しているのかどうかを適切に評価するために財務諸表が利用される。では，内部統制に関する情報へのニーズは果たして均一なのだろうか。銀行であろうと一般企業であろうと，年金基金であっても，個人投資家でも同じ質の同じ量だけ内部統制に関する情報を必要としているのだろうか。もし均一でないなら，内部統制の問題開示がなぜ情報利用者に役立つのかを検討する際に有用な証拠を報告することができる。例えば，出向している行員から情報を入手するため，銀行は内部統制に関する情報へのニーズがそれほど大きくはないかもしれない。逆に，情報へのアクセスに制約がある個人投資家による所有割合が高くなればなるほど，内部統制の問題の適切な開示に対するニーズは高まるだろう。会社の内部統制に関する情報を入手することができない個人投資家は会社から開示される情報に頼る他ないのである。こうしたいったい誰が株式を保有しているのかについては均質化されているとする議論よりも個別に検討した方が説明しやすい。

　本章で検証した株式所有構造に関する変数は下記の通りである。まず株式の集中度を調べるために，上位10株主の持株比率を利用した。株式所有が集中することで内部統制の問題開示を抑制する可能性を検討した。内部統制の問題を開示することで管理能力に問題があることを示している可能性がある。経営管

理能力について大株主に疑問をもたれることで解任のリスクが高まる可能性がある。株式所有が集中することで内部統制の問題を開示しないことを選択する可能性が高くなる。

　次に銀行等金融機関の持株比率を変数として利用した。わが国企業の特徴としてメインバンクの存在を挙げる向きがあった。バブル経済崩壊後，メインバンクシステムが後退しているものの，銀行を通じた資金調達は根強く残っている。融資先の株式を保有し，金融機関がその経営を監視している可能性もある。銀行による経営の監視は株式保有を通じたものだけではなく，行員を出向させ，財務状況等をモニターする方法もある。内部統制の問題開示を促進させるよりも内部からの情報を入手することで銀行はモニターしていると考えられるので，銀行所有割合は内部統制の問題開示について消極的になる影響を与えている。この関係について本章では検証した。

　そして海外会社等の保有割合を利用した。海外会社・投資者は経営者の内部統制報告によってその状況を確認することができる。海外会社・投資者は内部統制報告をモニタリングの材料として利用している。そのため，海外会社等保有割合が高まることで，内部統制の問題開示に積極的になることを予想して，検証した。

　最後に個人投資家の保有割合を利用した。個人投資家は会社の経営をモニタリングする際には公表された財務情報等を基礎とする。証券会社等投資会社が個人投資家に向けて提供する情報も外部公表データを基礎にしている。個人投資家の所有割合が高まることで適正な内部統制報告への需要が高まる。この関係が実際にも成り立っているのかを検証した。

　会社の経営者が適正な経営を遂行するためにどのように規律付けるのかの最適な方策が何かを探す研究は終わらない。会社内部組織によるコントロールとともに外部からのコントロールも想定されている。本章では外部からのコントロールが適正な内部統制の問題開示とどのような関係にあるのかを検証し，その結果を報告することで学術上の意義を有している。

2．本章の構成

　本章の構成は下記の通りである。まず先行研究の概観を示す。持株比率と経営の状況を検証した研究を中心に概観した。次にリサーチ・デザインを示す。本章での仮説とともに検証方法について説明している。そして，仮説の検証結果とともにその解釈について明らかにした。最後に本章の小括を行った結果を示した。

先行研究の概観

　内部統制の問題と所有構造の関係についてわが国企業を対象として検証した研究はまだない。会社の所有構造が会社の業績等様々な事象および状況に影響しているのかどうかを検証した結果がいくつか報告されている。

　水口（1994）は株式所有構造の変化や機関株主が株主権の行使を通じて，会社の経営陣に対して影響力を及ぼすようになったことを挙げている。株主と株式市場の機関化が株式会社の支配問題にもたらす難点は，株式の投資・運用過程の複雑化の結果，株主権は誰が行使するかといったことが問題になるとしている。

　山本（2009）は日本企業の株式所有構造の特徴である銀行支配，相互持合が経営者の利益マネジメント行動にどのように影響を与えるのかを検証した。検証結果は①日本企業は株式所有構造にかかわらず，一般に利益マネジメントを行う傾向があること，②株式所有構造によって日本企業の利益マネジメント傾向が異なり，最も強いのが株式相互持合企業，次に金融機関の支配力が強い企業，最も弱いのが特別な支配的な株主をもたない会社であることを報告している。

　花崎（2003）は日本の株式所有集中度が英米に比べて高い事実を大株主に企業経営をモニターする高いインセンティブを示すと解釈することに批判的である。垂直的系列，水平的系列，金融系列といった系列の存在がインセンティブを抑制する，と報告している。

　後藤（1996）は企業の所有構造の特質として浮動株を取り上げた。浮動株が低い会社ではそうではない会社に比べ早期に情報の折り込みが行われることが

わかった。相互持合による系列企業の中では情報の伝達が早いことを示唆している。

井上・池田（2010）の調査結果は，とあるファンドに組み込まれた会社の業績を調査した結果，経営上の意思決定や配当に関する経営陣の方針に対して影響を及ぼしていなかったこと，そして自社株買いや自社株償却，増配，不採算事業からの撤退等の提案をファンド側から提案されても採用することはなかったことを示している。これらの結果はアクティビストファンドとの関係が短期的なものとみなし経営陣が意思決定している可能性を示唆している。

外国人投資家の持株比率がどのような影響を与えているのかを検証した結果も報告されている。小林（2007）は，外国人投資家の持株比率が高いほどROEやROAが高く，設備投資にも積極的であり，配当性向も高いことを明らかにした。年金基金の影響力は限定的であることも報告している。

金融機関等の持株比率がどのような影響を与えているのかを検証した結果がいくつか報告されている。

山口朋泰（2011）は金融機関による株式保有比率が高いほど，経営者による売上操作や過剰生産が抑制されることを報告している。柳川・船田（2002）は機関投資家が日本企業の企業統治にほとんど役割を果たしていないとしている。

海道・風間（2009）は株式所有構造の変化の特徴として，1990年代以降の株価の下落を要因としての金融機関を中心とした株式の相互持合の解消を契機とする株式持合構造の流動化，外国人投資家の東京市場におけるプレゼンスの高まり，個人金融資産の1535兆円（2007年9月末）の中には安定的形態での金融資産保持からリスク選好投資の増加を挙げている。

リサーチ・デザイン

1．仮説

本章で検証する仮説は下記の通りである。
H1：上位10株主の保有株式数が多くなると内部統制の問題の開示に消極的

になる。

H2：銀行等金融機関保有割合が高くなると内部統制の問題開示に消極的になる。

H3：海外保有割合が高くなると内部統制の問題開示に積極的になる。

H4：個人株主保有割合が高くなることで内部統制の問題開示に積極的になる。

経営者が適正な内部統制の問題開示を行うのかについて持株比率がどのような影響を与えるのかの視点と株主サイドがどの程度内部統制の問題に関する情報を求めているのかの視点から仮説を設定した。

仮説1は上位10株主の保有株式が高まることで内部統制の問題開示に消極的になることを示している。わが国では株主総会が形骸化しているとする向きもあるけれども，経営管理能力に問題がある経営者が解任される危険性はある。内部統制の問題を開示することは経営管理上の問題を開示することになるので，特に株式所有が集中している会社では解任リスクを回避するために問題開示に消極的になるとの仮定が背景にある。

仮説2は銀行他金融機関の持株比率が内部統制の問題開示に与える影響を検証するための仮説である。わが国企業の特徴の一つとして挙げられるメインバンクシステムは，バブル経済崩壊後後退しているけれども資金調達等を通じて根強く残っている。銀行等金融機関は会社の株式を保有し経営を監視することもありうるが，経営管理や財務状況に問題がある会社に対しては行員を出向させ，内部から監視する方法もある。内部統制の問題を開示する必要があるかもしれない会社には銀行等金融機関は指導を行っていることが予想されるので，特に内部統制の問題開示に関する情報を必要としないかもしれない。一方で経営者は内部統制の問題開示を行うことで経営上の問題を外部に公表することになる。こうした推測に基づき，銀行等金融機関保有割合が高まれば，問題開示に消極的になる可能性が高い。

海外投資家保有割合と内部統制の問題開示の関係を検証するために仮説3を設定した。海外投資家からするとわが国企業の内部情報を入手するためには地理的にも遠い状況にある。そのため，彼らがわが国企業の内部統制の状況を理解する際に，内部統制報告の情報が重要になるかもしれない。そのため，海外

投資家は適正な内部統制報告に対する需要がある。適正な内部統制報告に対するニーズが高いことから海外投資家の保有割合が高まることで内部統制の問題開示に積極的にならざるを得なくなると予想した。

個人投資家の保有割合と内部統制報告との関係を検証するために仮説4を設定した。機関投資家は様々な情報にアクセスし，投資意思決定を行うことができるが，個人投資家には相対的に制約が強い。取引先の証券会社等が公表するレポート等に依存して投資意思決定を行うのだが，会社が公表する情報にも依拠する割合が高いだろう。個人投資家も相対的に適正な内部統制の情報開示を必要としているのである。個人投資家の保有割合が高い会社は内部統制の問題開示に積極的になると予想した。

2．検証方法

仮説の検証対象は第4章Ⅳ.2で説明した310社である。内部統制の問題開示会社155社と非開示会社155社で構成されている。この中で分析に必要なデータが日経NEEDS DVD-ROM版で入手できなかった内部統制の問題開示会社1社とその対照企業1社を除外した308社を仮説の検証に利用した。

仮説の検証方法は下記の通りである。まずサンプルの性質を理解するため，記述統計量を計算した。次に内部統制の問題開示の有無によって仮説を検証する変数に違いが出るのかどうかについて平均値の差の検定を行った。最後に仮説の検証のために下記のモデルを設定した。

MW = b0 + b1（上位10株主）+ b2（銀行持株）+ b3（海外持株）+ b4（個人持株）

変数の定義について説明する。MWは内部統制の問題が開示されている場合を1，それ以外をゼロとするダミー変数である。この変数は内部統制の問題が開示されているのかどうかを表している。

上位10株主は株主の中で保有割合が高い10株主で保有する株式の割合を示している。この変数は仮説1を検証するために設定した。もし仮説1が整合するなら係数推定値の符号はマイナスになると予想できる。

銀行持株は銀行他金融機関保有割合を示している。この変数は仮説2を検証

するために設定した。もし仮説2が整合するなら係数推定値の符号はマイナスになると予想できる。

海外持株は海外投資家の保有割合を示している。この変数は仮説3を検証するために設定した。もし仮説3が整合するなら係数推定値の符号はプラスになると予想できる。

個人持株は個人投資家が保有する割合を示している。この変数は仮説4を検証するために設定した。もし仮説4が整合するなら係数推定値の符号はプラスになると予想できる。

IV 検証結果とその解釈

1. 記述統計量

記述統計量の計算結果を図表10-1にまとめている。株式の保有割合上位10株主の割合の合計の平均値は0.487であり中央値は0.135だった。標準偏差は0.807だった。上位10株主だけで約半数の株式を保有している会社が多いことを示している。銀行他金融機関が保有する株式の割合の平均値は4.110だった。中央値は2.057であり、標準偏差は4.933だった。銀行他金融機関の保有株式割合は約4％であることがわかる。海外投資家の保有割合の平均値は2.067であり、中央値は0.426だった。標準偏差は3.903だった。個人投資家の株式保有割合の平均値は19.042であり、中央値は17.813だった。海外投資家の保有割合は約2％であることがわかった。標準偏差は10.760であった。個人投資家の割合が約19％であることを示している。

図表10-1 記述統計（308社）

変数名	平均値	中央値	標準偏差	最小値	最大値
上位10株主	0.487	0.135	0.807		
銀行持株	4.110	2.057	4.933	0	29.857
海外持株	2.067	0.426	3.903	0	34.160
個人持株	19.042	17.813	10.760	0	66.005

2．平均値の差の検定の結果

　仮説検証に利用した変数が内部統制の問題開示の有無によって違いがあるのかを検証するために平均値の差の検定を行った。検定結果は図表10-2に要約した。

　上位10株主の株式保有割合について開示企業の平均値は0.443であり，非開示企業の平均値は0.530だった。この結果は内部統制の問題開示企業の方が株式の集中度が低いことを示している。この平均値の差が有意であるのかを検定した結果，t値は0.948になった。統計的に有意な差が識別できなかったことは両グループで株式の集中度に明確な違いがないことを示唆している。

　銀行他金融機関の持株比率について開示企業の平均値は3.83であり非開示企業の平均値は4.39である。内部統制の問題を開示している会社の方が，非開示会社に比べ銀行他金融機関の持株比率が低いことを示している。この違いが統計的に有意であるのかどうかを調べた結果，検定統計量であるt値は0.998となった。検定結果は両グループに統計的に有意な差がない可能性が高いことを示唆している。

　海外投資家による株式所有割合について内部統制の問題開示会社の平均値は2.206であり，非開示会社の平均値は1.929だった。内部統制の問題開示会社の海外会社持株比率が高いことは，海外会社による外部からのモニタリングが強いことが背景にあるだろう。両グループの平均値の違いが有意なものであるのかどうかについて検定した結果，t値は−0.622となった。この結果は統計的に有意であるといえる水準ではないことを示している。

　個人投資家の株式所有割合について内部統制の問題開示会社の平均値は20.552であり，内部統制の問題非開示会社の平均値は17.531である。個人投資

図表10-2　平均値の差の検定

変数名	開示企業（154社）	非開示企業（154社）	t値
上位10株主	0.443	0.530	0.948
銀行持株	3.830	4.390	0.998
海外持株	2.206	1.929	−0.622
個人持株	20.552	17.531	−2.485

家による所有割合が高い会社の方が内部統制の問題を開示している可能性がある。両グループの平均値の差が統計的に有意であるかどうかを検証した。検定統計量であるt値は－2.485だった。この結果から両グループの平均値の差は有意水準5％で有意である可能性を示唆している。

内部統制の問題開示の有無によって株式所有割合に違いがあるのかどうかを調べた結果，個人株主の持株比率が統計的に有意な差が得られることを示している。

3．仮説の検証結果

仮説を検証するためにモデルを推定した結果を図表10-3にまとめた。モデル全体の有意性を示すLRカイ2乗値は8.270であった。モデルがデータをどの程度説明できているのかを表すPseudoR^2は0.019だった。

上位10株主の係数推定値は－0.111だった。株式所有が集中していればしているほど内部統制の問題開示が抑制されることが示されている。この係数推定値の有意性について検定統計量であるz値は－0.76である。この結果から係数推定値が統計的に有意ではない可能性が高いことを示している。

銀行他金融機関の持株比率に係る係数推定値は－0.018だった。銀行他金融機関の持株比率が高い方が内部統制の問題開示が抑制されていることを示している。この係数推定値が有意なのかどうかを検証した結果，検定統計量であるz値が－0.73となった。この結果は係数推定値が統計的に有意ではない可能性が高い可能性を示唆している。

図表10-3　回帰分析の結果（308社）

変数名	係数推定値	z値
定数項	－0.441	－1.52
上位10株主	－0.111	－0.76
銀行持株	－0.018	－0.73
海外持株	0.032	0.97
個人持株	0.026	2.32
LRカイ2乗値	8.270	
PseudoR^2	0.019	

海外企業による株式所有割合に係る係数推定値は0.032だった。海外会社の株式所有割合が高まれば，内部統制の問題開示が行われやすくなる傾向を示している。この係数推定値が有意なのかどうかを検証した結果，検定統計量であるz値は0.97である。この結果は係数推定値が統計的に有意でない可能性が高いことを示している。

　個人投資家の所有割合に係る係数推定値は0.026だった。個人投資家の所有割合が高まれば内部統制の問題が開示する傾向があることを示している。この係数推定値が統計的に有意であるのかどうかを検証した結果，検定統計量であるz値は2.32である。この結果は有意水準5％で統計的に有意なことを示している。

　仮説を検証した結果，整合する符号を得ているけれども，統計的に有意な係数推定値を得た変数は個人投資家の持株割合だけである。

Ⅴ　小括

　本章の目的では株式所有構造によって内部統制の問題開示が影響を受けているのかを検証することであった。内部統制報告書が有用であるのかを議論する際には，株主と経営者の関係を中心に議論しているが，内部統制報告書へのニーズは株主によって異なっている可能性がある。会社の内部情報を入手するのが容易な株主として銀行他金融機関を取り上げ，逆にニーズが高いと思われる株主として海外投資家と個人投資家を取り上げた。結果として本章で設定した仮説と整合する符号を得た。株式所有が集中化することで，内部統制の問題開示が消極的になることも示した。これらの結果のうち，個人投資家の保有割合による影響だけが統計的に有意な係数となった。

　この結果を単純に解釈すれば，経営者はその座を追われないように意思決定している可能性があるけれども，もしその座が安泰なら，株主の情報のニーズに合わせた情報を開示している傾向を示していることになる。

　ただし，結果の解釈についてはいくつかの制約がある。まず対照企業群の設定である。本章では傾向スコアマッチングによって対照企業を選択した。傾向

スコアマッチングの際に利用したモデルの独立変数は，内部統制の問題が生じる可能性に影響を与えると仮定できる変数で構成しているけれども，変数の選択結果によってはまた別の対照企業を選択することになる。対照企業群が異なることで結果に違いが生じる可能性は否定できない。

今後の課題としては内部統制の問題を訂正内部統制報告書で開示している会社をどのように取り扱うかであろう。内部統制報告制度が導入されて数年が経つが，訂正報告書による内部統制の問題開示は増加している。これらの企業と内部統制報告書で問題開示した会社とで株式所有に違いがあるのかを検証した場合，本章の結果とどのように違うのかを検証することで新たな知見が生まれる可能性がある。

証拠の解釈には制限があるものの，本章の検証結果は経営者の内部統制の問題開示行動に所有構造が関係している可能性を示すことで学術上の意義がある。

第11章

本研究のまとめと今後の課題

I 本研究のまとめ

　本研究は、コーポレート・ガバナンスの機能に影響を及ぼすと思われる要因が内部統制の問題開示にどのような影響を及ぼしているのかを検証した。内部統制報告は経営者の役割である。経営者による内部統制の整備と運用・評価、そして報告をコーポレート・ガバナンスが規律付けることを期待している。本研究では取締役会、社外取締役、監査役会の機能に影響すると考えられる要因と内部統制の問題開示の関係を調査した。他にも内部監査や株式所有構造による影響も検証した。

　ここでは本研究のまとめとして、研究の目的と調査結果の関係、結果の学術的意義と社会的意義について説明する。特に本研究が内部統制研究にどのような影響を与えているのかの視点から結果を考察する。

1. 研究目的からみた本研究の調査結果

　本研究の検証結果は下記の通りに要約できる。
①経営者の性質のうち、年齢が高まることと外部から招聘されていることは内部統制の問題開示に対して消極的になる一方で、持株比率が高まることによって問題開示が促されている可能性を示唆している。
②取締役の性質のうち、取締役会の規模が大きくなることとその持株比率が高まることは内部統制の問題開示を消極的にする一方、取締役会に代表取締の親族がいることは内部統制の問題開示を積極的にすることを示した。
③社外取締役の性質のうち、社外取締役が取締役会に占める割合が高まれば内部統制の問題開示を促す効果をもたらす一方、社外取締役の持株比率や法律専門家の存在、会計専門家の存在は内部統制の問題開示を消極的にすることを示している。
④監査役会の性質のうち、監査役会の規模が大きくなることと法律専門家の存在は問題開示を積極的にする一方、完全に独立した監査役会の存在、持株比率、代表取締役の親族が監査役であること、前職が取締役の者が監査役に就

任していることは問題開示を消極的にすることを示している。
⑤規模が大きい内部監査の実施は，内部統制の問題を未然に防止している可能性を示す証拠を報告した。
⑥株式所有構造の集中化は内部統制の問題開示を消極的にすることがわかった。また銀行他金融機関持株比率が高くなることで内部統制の問題の開示を消極的にすることを示す一方，海外投資家の持株比率と個人投資家の持株比率が高まることで内部統制の問題開示を積極的にすることがわかった。

　内部統制の整備，運用，評価と報告は経営者の責任である。それにもかかわらず経営者の性質が内部統制の問題開示にどのように影響を及ぼしているのかを明らかにしている検証はほとんど報告されていない。経営者がもつ内部統制の問題を開示する動機付けについては今後の課題としているけれども，経営者がもつ性質と内部統制の問題開示の関係を明らかにしている点で本研究の貢献があるだろう。取締役会，社外取締役，監査役に関する検証結果については概ね下記の通りに要約できる。これらの機関の有効性を高める要因は内部統制の問題開示を促し，逆に低くする危険性のある要因は，内部統制の問題開示を抑制することを示唆している。これらの要因はコーポレート・ガバナンスだけではなく内部統制の機能にも影響している可能性を示している。内部監査は経営者のもとで日常的な業務に関するモニタリング活動に従事している。内部監査の規模が大きくなることで日々のモニタリング活動の結果，内部統制の問題を未然に防いでいる可能性があることを示唆している。最後に，内部統制の問題に関する情報開示と所有構造の関係を示した。内部統制の問題は会社組織内部で発生する。こうした組織内の状況についての情報にアクセス可能な株主が多いときは開示を抑制し，そうではない場合は内部統制の問題開示を促している可能性を示唆している。

2．本研究の成果の意義

　本研究はコーポレート・ガバナンスの機能に影響を与える要因と経営者による内部統制の問題開示行動の関係を検証し，統計的証拠を報告した。証拠の解釈にはいくつかの制約は存在するものの，コーポレート・ガバナンスが有効に

機能していれば，経営者の内部統制の問題開示は適切に行われていることを示している。コーポレート・ガバナンスの視点からみれば，経営者の適切な経営の遂行の一例として，内部統制の問題開示を取り上げた検証となるだろう。取締役会や監査役会が有効に機能していれば内部統制の問題開示が有効に機能することを示す証拠は新しい知見である。

経営者は内部統制の問題開示を回避する動機をもつことが指摘されている。コーポレート・ガバナンスによる規律付けが機能していれば経営者の機会主義的な開示行動を抑制することができることを示した。この結果は，内部統制の問題開示要因の研究に新しい知見を提供したと考える。

内部統制の問題を開示することに本研究は着目した。本来，なぜ内部統制の問題は生じるのかを研究すべきなのかもしれない。これを検証できなかったのはアーカイバルデータによる検証の限界の一つだろう。内部統制の問題を開示している会社は確かに問題が存在しているのだろう。一方で内部統制の問題を開示していない会社は問題がないとは限らないのである。もしかしたら内部統制の問題を発見できなかった結果，開示していないだけなのかもしれない。

実務上の課題としてコーポレート・ガバナンスの充実がある。本研究の証拠はこうした課題に対してどのような意義があるのかを説明しよう。まず，社外取締役や社外監査役の質を高めるだけでは何も解決しない可能性が高いことを示唆している。それぞれの質をどのように定義するのかでまた議論が必要になるかもしれない。有効に機能するために必要な資質を備えた社外役員を迎えるだけではおそらく機能不全に陥り，誰も得しない結果になるだろう。社外役員を迎えれば万事解決するわけではない。彼らをサポートする体制の充実の方がよほど重要であろう。社外取締役の性質を取り扱った第7章と社外監査役の性質を検証した第8章の結果はそれを示唆している。専門性の高い社外役員が存在しても内部統制の問題が開示を促す効果は得られていない可能性が高いことを示している。専門性の高い社外役員をサポートするスタッフを充実させることで，彼らの能力が十分に発揮できるようになることを示唆している。

次に内部監査の充実が内部統制の問題を未然に防いでいる可能性を示唆する証拠を報告している。内部監査の状況を表す変数の入手可能性が低いため，ア

ーカイバルデータによる研究はほとんど報告されていない。本研究では制約はあるものの，内部監査の規模が大きくなることで内部統制のモニタリング機能が強化される。強化された結果として，内部統制の不備が問題にならないうちに是正できている可能性を示唆している。

本研究の証拠はわが国の内部統制及びコーポレート・ガバナンスの強化についての実務上の課題に対してもいくつかの知見を有するものである。

II 今後の課題

本研究ではコーポレート・ガバナンスの性質と内部統制の問題開示について検証をした。ここでは今後の課題と展望について検討する。特に内部統制の研究について本研究では検証しなかった内部統制の整備のメリットや財務報告の信頼性，不正防止の観点からの内部統制研究について本研究との関係を踏まえながら検証する。最後に内部統制報告制度は会社組織の信頼にどのような影響を及ぼすのかについても説明する。

内部統制報告制度が導入される前後は，実務においても研究においてもいわば内部統制バブルと思われるような活況を呈していた。多くの内部統制に関する実務解説書が発行され，制度対応に対する熱心な議論が雑誌でも行われていた。不幸なことに内部統制報告制度が導入される前後にリーマン・ショックや東日本大震災等が発生し，わが国企業はそちらへの対応にも追われることになった。制度導入後は急速に内部統制の議論は収束していった感がある。内部統制や内部統制報告制度についてはもう語り尽くしたのだろうか。

内部統制の整備と運用について義務付けられたことで会社は結局何を得たのだろうか。これを明らかにするのは今後の課題である。先行諸研究では資本コストの減少や外部監査費用の削減等を挙げているが，わが国ではどうだろうか。確かに資本コストは減少したし，外部監査費用を削減したけれども削減した分は内部統制の整備コストに移転しただけなら会社が支払っているコストは同じである。本書の視点はコーポレート・ガバナンスにせよ内部統制にせよ成熟した企業として安定した事業活動を遂行する又は事業継続能力を維持・向上させ

るものとして会社に貢献するものと捉えている。その延長線上に適切な財務報告が実現する。本研究では内部統制の問題開示とコーポレート・ガバナンスの関係を検討したが，今後は両者が会社の事業活動の安定性にどのような影響をもたらすのかを検証する必要があるだろう。

次に内部統制と財務報告の信頼性についても触れておく。内部統制報告制度の主眼は内部統制の充実ではなく財務報告の信頼性にあることは周知の事実である。21世紀初頭に起きた上場会社の不適切な財務報告を背景に議論が進められたことからもこの事実は把握できる。言い換えれば，内部統制報告制度でなくても財務報告の信頼性が向上するならどのような制度，例えば財務諸表監査の強化に集中する対応でもよかったのである。制度設計者が合理的な制度であると選択した結果が内部統制報告制度である。では内部統制報告制度の導入で財務報告にどのような影響があったのだろうか？　この課題についてはいくつかの報告があるものの，内部統制報告制度の簡素化等を経過しているので継続的な検証が必要なのかもしれない。

内部統制報告制度の導入後も様々な不正事案が発覚し，内部統制とコーポレート・ガバナンスのあり方については議論の的になった。本研究はコーポレート・ガバナンスの機能に影響する要因が内部統制の問題開示に影響しているのかどうかを検証することに主眼があった。そのため，不正と内部統制の問題には直接触れることはなかった。この点は今後の課題である。内部統制の目的を考慮すると，究極的な目標は，会社の不正を未然に防ぐことにある。法令遵守は当然であるし，資産の保全を目的とすることは不適切な資産の取得や売却，横領を防ぐことを目的としているものもある。財務報告の信頼性はもちろん，事業活動の効率性や有効性を高めることはその過程で費消される資産が適正なものになるようにすることを期待されていると思われる。

では内部統制が完璧なら不正が起きないのだろうか。おそらくゼロにはできないだろう。制度的には「内部統制の限界が存在するから」であるし，デュルケムの所説によれば「犯罪は健康な社会の不可欠な一部分」であるからである。この犯罪観に従えば，不正は社会や会社組織にある規則や基準によって生み出されるものである。組織によってルールが異なるため，何が問題になるのかは

絶対的なものではなく相対的なものであろう。規則や手続を明確にしてプロセスに組み込むのが内部統制なら不正行為の存在を逆に明らかにしている可能性がある。内部統制の整備によって何が不正で逸脱行為なのかを明確化することで不正を防止しているのかもしれない。内部統制報告制度導入後に起きたいくつかの不正事案は，今まで不文律だったルールが内部統制の整備の結果，その基準が明確化されたために生じた歪みを背景にしている可能性もある。不正と内部統制の関係はいろいろな視点から検証できるだろう。

　最後に，事業活動を安定的に遂行するために，信頼は必要不可欠である。営業に携わる人々が取引先を信頼できているのか，そして，経営者が従業員を信頼できているのか。会社の重要な財産に人間がある。言い換えれば，会社は人間関係で構成されているといっても過言ではないのである。適切な信頼関係を構築することで高い収益性が実現するのかどうかはわからない。しかし，社会の公器として会社をみた場合，高い収益性を上げるためならどんな手を使っても構わないとはいかない。法律を遵守し，証券市場で資金調達を行うのなら適切な財務報告を行う。こういった態度を継続することで社会における信頼が醸成されるのである。この視点からだと内部統制が会社の信頼の基盤となる。内部統制が会社の事業活動の成否の全てを握るわけではない。ただ問題ある内部統制を放置することは事業活動の失敗の危険性を高めるだろう。内部統制を整備することで会社の信頼性が高まるのかといった疑問にどのようにアプローチするのかは今後の課題になるのかもしれない。今後の課題は内部統制やコーポレート・ガバナンスの充実がなぜ必要なのかにある。この課題に対し，本研究は，コーポレート・ガバナンスの機能に影響を与える要因が内部統制の問題開示に影響することを示唆する証拠を報告することで，両者がいわば両輪のような関係にあることを示唆した点で意義を有している。

参考文献

Abbott, L.J. and S. Parker. 2000. Auditor Selection and Audit Committee Characteristics. *Auditing: A Journal of Practice & Theory* 19 (2): 47-66.

Ahmed, A.S. and S. Duellman. 2007. Accounting conservatism and board of director characteristics: An empirical analysis. *Journal of Accounting and Economics* 43 (2-3): 411-437.

Altamuro, J. and A. Beatty. 2010. How does internal control regulation affect financial reporting? *Journal of Accounting and Economics* 49 (1-2): 58-74.

Amel-Zadeh, A. and Y. Zhang. 2015. The Economic Consequences of Financial Restatements: Evidence from the Market for Corporate Control. *The Accounting Review* 90 (1): 1-29.

American Institute of Certified Public Accountants. 1979. Report of the Special Advisory Committee on Internal Accounting Control. New York, NY: AICPA（鳥羽至英訳［1991］『財務諸表監査と実態監査の融合』白桃書房）.

American Institute of Certified Public Accountants. 1979. Conclusions and Recommendations of the Special Advisory Committee on Reports by Management. New York, NY: AICPA（鳥羽至英訳［1991］『財務諸表監査と実態監査の融合』白桃書房）.

Archambeault, D.S., F.T. DeZoort and D.R. Hermanson. 2008. Audit Committee Incentive Compensation and Accounting Restatements. *Contemporary Accounting Research* 25 (4): 965-992.

Ashbaugh-Skaife, H., D.W. Collins and R. LaFond. 2006. The effects of corporate governance on firms' credit ratings. *Journal of Accounting and Economics* 42 (1-2): 203-243.

Ashbaugh-Skaife, H., D.W. Collins and W.R. Kinney, Jr. 2007. The discovery and reporting of internal control deficiencies prior to SOX-mandated audits. *Journal of Accounting and Economics* 44 (1-2): 166-192.

Ashbaugh-Skaife, H., D.W. Collins and W.R. Kinney, Jr. and R. Lafond. 2008. The Effect of SOX Internal Control Deficiencies and Their Remediation on Accrual Quality. *The Accounting Review* 83 (1): 217-250.

―――. 2009. The Effect of SOX Internal Control Deficiencies on Firm Risk and Cost of Equity. *Journal of Accounting Research* 47 (1): 1-43.

Ashton, R.H. 1974. An Experimental Study of Internal Control Judgments. *Journal of Accounting Research* 12 (1): 143-157.

Badolato, P.G., D.C. Donelson and M. Ege. 2014. Audit committee financial expertise and earnings management: The role of status. *Journal of Accounting and Economics* 58 (2-3): 208-230.

Barth, M.E., Y. Konchitchki and W. R. Landsman. 2013. Cost of capital and earnings transparency. *Journal of Accounting and Economics* 55 (2-3): 206-224.

Barua, A., D.V. Rama and V. Sharma. 2010. Audit committee characteristics and investment in internal auditing. *Journal of Accounting and Public Policy* 29 (5): 503-513.

Beasley, M.S. 1996. An Empirical Analysis of the Relation Between the Board of Director Composition and Financial Statement Fraud. *The Accounting Review* 71 (4): 443-465.

Beasley, M.S., J.V. Carcello., D.R. Hermanson and T.L. Neal. 2009. The Audit Committee Oversight Process. *Contemporary Accounting Research*. 26 (1) : 65-122.
Bedard, J.C. and L. Graham. 2011. Detection and Severity Classifications of Sarbanes-Oxley Section 404 Internal Control Deficiencies. *The Accounting Review* 86 (3) : 825-855.
Bedard, J.C., R. Hoitash, U. Hoitash and K. Westermann. 2012. Material Weakness Remediation and Earnings Quality: A Detailed Examination by Type of Control Deficiency. *Auditing: A Journal of Practice & Theory* 31 (1) : 57-78.
Beneish, M.D., P.E. Hopkins, I.P. Jansen and R.D. Martin. 2005. Do auditor resignations reduce uncertainty about the quality of firms' financial reporting? *Journal of Accounting and Public Policy* 24 (5) : 357-390.
Beneish, M.D., M.B. Billings. and L.D.Hodder. 2008. Internal Control Weaknesses and Information Uncertainty. *The Accounting Review* 83 (3) : 665-703.
Berle, A.A. and G.C.Means. 1932. The modern corporate and private property.Transaction Publishers., New York, NY.
Bierstaker, J.L., J.R. Cohen, F.T. DeZoort and D.R. Hermanson. 2012. Audit Committee Compensation, Fairness, and the Resolution of Accounting Disagreements. *Auditing: A Journal of Practice & Theory* 31 (2) : 131-150.
Biggs, S.F. and T.J. Mock. 1983. An Investigation of Auditor Decision Processes in the Evaluation of Internal Controls and Audit Scope Decisions. *Journal of Accounting Research* 21 (1) : 234-255.
Boone, J.P., I.K. Khurana and K.K. Raman. 2010. Do the Big 4 and the Second-tier firms provide audits of similar quality? *Journal of Accounting and Public Policy* 29 (4) : 330-352.
———. 2011. Litigation Risk and Abnormal Accruals. *Auditing: A Journal of Practice & Theory* 30 (2) : 231-256.
Bowen, R.M., S. Rajgopal and M. Venkatachalam. 2008. Accounting Discretion, Corporate Governance, and Firm Performance. *Contemporary Accounting Research* 25 (2) : 351-405.
Bowen, R.M., A.C. Call and S. Rajgopal. 2010. Whistle-Blowing: Target Firm Characteristics and Economic Consequences. *The Accounting Review* 85 (4) : 1239-1271.
Brink,A.G., D.J.J. Lowe and L.M. Victoravich. 2013. The Effect of Evidence Strength and Internal Rewards on Intentions to Report Fraud in the Dodd-Frank Regulatory Environment. *Auditing: A Journal of Practice & Theory* 32 (3) : 87-104.
Bronson, S.N., J.V. Carcello and K. Raghunandan. 2006. Firm Characteristics and Voluntary Management Reports on Internal Control. *Auditing: A Journal of Practice & Theory* 25 (2) : 25-39.
Bronson, S.N., J.V. Carcello, C.W. Hollingsworth and T.L. Neal. 2009. Are fully independent audit committees really necessary? *Journal of Accounting and Public Policy* 28 (4) : 265-280.
Brown, R.G. 1962. Changing audit objectives and techniques. *The Accounting Review* 37 (4) : 696-703.
Brown, L.D. and M.L. Caylor. 2006. Corporate governance and firm valuation. *Journal of Accounting and Public Policy* 25 (4) : 409-434.
Bruynseels, L. and E. Cardinaels. 2014. The Audit Committee: Management Watchdog or Personal Friend of the CEO? *The Accounting Review* 89 (1) : 113-145.
Byard, D., Y. Li and J. Weintrop. 2006. Corporate governance and the quality of financial

analysts' information. *Journal of Accounting and Public Policy* 25（5）: 609-625.
Carcello, J.V. and T.L. Neal. 2003. Audit Committee Characteristics and Auditor Dismissals following "New" Going-Concern Reports. *The Accounting Review* 78（1）: 95-117.
Carcello, J.V., D.R. Hermanson and Z. Ye. 2011. Corporate Governance Research in Accounting and Auditing: Insights, Practice Implications, and Future Research Directions. *Auditing: A Journal of Practice & Theory* 30（3）: 1-31.
Carver, B.T. 2014. The retention of directors on the audit committee following an accounting restatement. *Journal of Accounting and Public Policy* 33（1）: 51-68.
Cassell, C.A., G.A. Giroux, L.A. Myers and T.C. Omer. 2012. The Effect of Corporate Governance on Auditor-Client Realignments. *Auditing: A Journal of Practice & Theory* 31（2）: 167-188.
Casterella, J.R., K.L Jensen and W.R. Knechel. 2010. Litigation Risk and Audit Firm Characteristics. *Auditing: A Journal of Practice & Theory* 29（2）: 71-82.
Chan, K.C., B. Farrell and P. Lee. 2008. Earnings Management of Firms Reporting Material Internal Control Weaknesses under Section 404 of the Sarbanes-Oxley Act. *Auditing: A Journal of Practice & Theory* 27（2）: 161-179.
Chen, K.Y. and J. Zhou. 2007. Audit Committee, Board Characteristics, and Auditor Switch Decisions by Andersen's Clients. *Contemporary Accounting Research* 24（4）: 1085-1117.
Choi, J.H., S. Choi, C.E. Hogan and J. Lee. 2013. The Effect of Human Resource Investment in Internal Control on the Disclosure of Internal Control Weaknesses. *Auditing: A Journal of Practice & Theory* 32（4）: 169-199.
Clinton, S.B., A.S. Pinello and H.A. Skaife. 2014. The implications of ineffective internal control and SOX 404 reporting for financial analysts. *Journal of Accounting and Public Policy* 33（4）: 303-327.
Cohen, D.A., A. Dey and T.Z. Lys. 2008. Real and Accrual-Based Earnings Management in the Pre- and Post Sarbanes-Oxley Periods. *The Accounting Review* 83（3）: 757-787.
Cohen, J.R., G. Krishnamoorthy and A. Wright. 2010. Corporate Governance in the Post-Sarbanes-Oxley Era: Auditors' Experiences. *Contemporary Accounting Research* 27（3）: 751-786.
Cohen, J.R., U. Hoitash, G. Krishnamoorthy and A.M. Wright. 2014. The Effect of Audit Committee Industry Expertise on Monitoring the Financial Reporting Process. *The Accounting Review* 89（1）: 243-273.
The Commission on Auditors' Responsibilities. 1978. Report, Conclusions, and Recommendations.New York, NY: The Commission on Auditors' Respon-sibilities（鳥羽至英訳［1990］『財務諸表監査の基本的枠組み―見直しと勧告―』白桃書房）.
The Committee of Sponsoring Organizations of the Treadway Commission（COSO）. 1992. Internal Control−Integrated Framework. The Framework. New York, NY: COSO（鳥羽至英・八田進二・高田敏文訳［1996］『内部統制の統合的枠組み理論篇』白桃書房）.
―――.2013. Internal Control―Integrated Framework. The Framework. New York, NY: COSO（八田進二・箱田順哉監訳［2013］『内部統制の統合的フレームワーク』日本公認会計士協会出版局）.
Dehejia, R.H. and S.Wahba. 2002. Propensity Score-Matching Methods for Nonexperimental Causal Studies. *The Review of Economics and Statistics* 84（1）: 151-161.
DeFond, M.L. and C.S. Lennox. 2011. The effect of SOX on small auditor exits and audit quality.

Journal of Accounting and Economics 52 (1) : 21-40.

DeZoort, F.T., D.R. Hermanson and R.W. Houston. 2003. Audit committee support for auditors: The effects of materiality justification and accounting precision. *Journal of Accounting and Public Policy* 22 (2) : 175-199.

———. 2008. Audit Committee Member Support for Proposed Audit Adjustments: Pre-SOX versus Post-SOX Judgments. *Auditing: A Journal of Practice & Theory* 27 (1) : 85-104.

Dhaliwal, D., C. Hogan, R. Trezevant and M. Wilkins. 2011. Internal Control Disclosures, Monitoring, and the Cost of Debt. *The Accounting Review* 86 (4) : 1131-1156.

Doyle, J., W. Ge and S. McVay. 2007. Determinants of weaknesses in internal control over financial reporting. *Journal of Accounting and Economics* 44 (1-2) : 193-223.

———.2007. Accruals Quality and Internal Control over Financial Reporting. *The Accounting Review* 82 (5) : 1141-1170.

Earley, C.E., V.B. Hoffman., J.R. Joe. 2008. Reducing Management's Influence on Auditors' Judgments: An Experimental Investigation of SOX 404 Assessments. *The Accounting Review* 83 (6) : 1461-1485.

Ege, M.S. 2015. Does Internal Audit Function Quality Deter Management Misconduct? *The Accounting Review* 90 (2) : 495-527.

Engel.E., R.M. Hayes and X. Wang. 2007. The Sarbanes-Oxley Act and firms' going-private decisions. *Journal of Accounting and Economics*. 44 (1-2) : 116-145.

Engel, E., R.M. Hayes and X. Wang. 2010. Audit committee compensation and the demand for monitoring of the financial reporting process. *Journal of Accounting and Economics* 49 (1-2) : 136-154.

Erkens, D.H. and S.E. Bonner. 2013. The Role of Firm Status in Appointments of Accounting Financial Experts to Audit Committees. *The Accounting Review* 88 (1) : 107-136.

Ettredge, M., J. Heintz, C. Li and S. Scholz. 2011. Auditor Realignments Accompanying Implementation of SOX 404 ICFR Reporting Requirements. *Accounting Horizons* 25 (1) : 17-39.

Felix, Jr. W.L. and M.Niles. 1988. Research in Internal Control Evaluation. *Auditing: A Journal of Practice & Theory* 7 (2) : 43-60.

Feng, M., W. Ge, S. Luo and T. Shevlin. 2011. Why do CFOs become involved in material accounting manipulations? *Journal of Accounting and Economics* 51 (1-2) : 21-36.

García Lara, J.M., B.G. Osma and F. Penalva. 2007. Board of Directors' Characteristics and Conditional Accounting Conservatism: Spanish Evidence. *European Accounting Review* 16 (4) : 727-755.

Ge, W. and S. McVay. 2005. The Disclosure of Material Weaknesses in Internal Control after the Sarbanes-Oxley Act. *Accounting Horizons* 19 (3) : 137-158.

Geiger, M.A., K. Raghunandan and D.V. Rama. 2006. Auditor decision-making in different litigation environments: The Private Securities Litigation Reform Act, audit reports and audit firm size. *Journal of Accounting and Public Policy* 25 (3) : 332-353.

Geiger, M.A. and D.V. Rama. 2003. Audit Fees, Nonaudit Fees, and Auditor Reporting on Stressed Companies. *Auditing: a Journal of Practice & Theory* 22 (2) : 53-69.

Goh, B.W. 2009. Audit Committees, Boards of Directors, and Remediation of Material Weaknesses in Internal Control. *Contemporary Accounting Research* 26 (2) : 549-579.

Goh, B.W. and D. Li. 2011. Internal Controls and Conditional Conservatism. *The Accounting Review* 86（3）: 975-1005.
Gordon, L.A. and A.L. Wilford. 2012. An Analysis of Multiple Consecutive Years of Material Weaknesses in Internal Control. *The Accounting Review* 87（6）: 2027-2060.
Graham, L. and J.C. Bedard. 2013. The Influence of Auditor and Client Section 404 Processes on Remediation of Internal Control Deficiencies at All Levels of Severity. *Auditing: A Journal of Practice & Theory* 32（4）: 45-69.
Gul, F.A. and S. Leung. 2004. Board leadership, outside directors' expertise and voluntary corporate disclosures. *Journal of Accounting and Public Policy* 23（5）: 351-379.
Gupta, P.P., T.R. Weirich and L.E. Turner. 2013. Sarbanes-Oxley and Public Reporting on Internal Control: Hasty Reaction or Delayed Action? *Accounting Horizons* 27（2）: 371-408.
Hammersley, J.S., L.A. Myers and J. Zhou. 2012. The Failure to Remediate Previously Disclosed Material Weaknesses in Internal Controls. *Auditing: A Journal of Practice & Theory* 31（2）: 73-111.
Hasnan, S., R.A. Rahman and S. Mahenthiran. 2013. Management Motive, Weak Governance, Earnings Management, and Fraudulent Financial Reporting: Malaysian Evidence. *Journal of International Accounting Research* 12（1）: 1-27.
Hay, D.C., W.R. Knechel and N. Wong. 2006. Audit Fees: Meta-analysis of the Effect of Supply and Demand Attributes. *Contemporary Accounting Research* 23（1）: 141-191.
Hermanson, H.M. 2000. An Analysis of the Demand for Reporting on Internal Control. *Accounting Horizons* 14（3）: 325-341.
Hogan, C.E. and M.S. Wilkins. 2008. Evidence on the Audit Risk Model: Do Auditors Increase Audit Fees in the Presence of Internal Control Deficiencies. *Contemporary Accounting Research* 25（1）: 219-242.
Hogan, C.E. and R.D Martin. 2009. Risk Shifts in the Market for Audits: An Examination of Changes in Risk for "Second Tier" Audit Firms. *Auditing: A Journal of Practice & Theory* 28（2）: 93-118.
Hoitash, U., R. Hoitash and J.C. Bedard. 2009. Corporate Governance and Internal Control over Financial Reporting: A Comparison of Regulatory Regimes. *The Accounting Review* 84（3）: 839-867.
Hoitash, R., U. Hoitash. and J.C. Bedard. 2008. Internal Control Quality and Audit Pricing under the Sarbanes-Oxley Act. *Auditing: A Journal of Practice & Theory* 27（1）: 105-126.
Holder, A.D., K.E. Karim and A. Robin. 2013. Was Dodd-Frank Justified in Exempting Small Firms from Section 404b Compliance? *Accounting Horizons* 27（1）: 1-22.
Holland, P.W. 1986. Statistics and Causal Inference. *Journal of the American Statistical Association* 81（396）: 945-960.
Hulley, S.B., S.R Cummings, W.S.Browner, and T.B. Newman. 2013. Designign Clinical Research. Lippincott Williams & Wilkins（木原雅子・木原正博訳［2016］『医学的研究のデザイン（第4版）』メディカル・サイエンス・インターナショナル）.
Hopwood, W., J.C. McKeown and J.F. Mutchler. 1994. A Reexamination of Auditor versus Model Accuracy within the Context of the Going-Concern Opinion Decision. *Contemporary Accounting Research* 10（2）: 409-431.
Hunt, A.K. and A. Lulseged. 2007. Client importance and non-Big 5 auditors' reporting

decisions. *Journal of Accounting and Public Policy* 26 (2) : 212-248.
Jain, P.K. and Z. Razaee. 2006. The Sarbanes-Oxley Act of 2002 and Capital-Market Behavior: Early Evidence. *Contemporary Accounting Research* 23 (3) : 629-654.
Karamanou, I. and N. Vafeas. 2005. The Association between Corporate Boards, Audit Committees, and Management Earnings Forecasts: An Empirical Analysis. *Journal of Accounting Research* 43 (3) : 453-486.
Khurana, I.K. and K.K. Raman. 2004. Litigation Risk and the Financial Reporting Credibility of Big 4 versus Non-Big 4 Audits: Evidence from Anglo-American Countries. *The Accounting Review* 79 (2) : 473-495.
Kim, J-B., B.Y. Song and L. Zhang. 2011. Internal Control Weakness and Bank Loan Contracting: Evidence from SOX Section 404 Disclosures. *The Accounting Review* 86 (4) : 1157-1188.
Kim, K., E. Mauldin and S. Patro. 2014. Outside directors and board advising and monitoring performance. *Journal of Accounting and Economics* 57 (2-3) : 110-131.
Kim, Y. and M.S. Park. 2009. Market uncertainty and disclosure of internal control deficiencies under the Sarbanes-Oxley Act. *Journal of Accounting and Public Policy* 28 (5) : 419-445.
Kinney, Jr, W.R. 2000. Research Opportunities in Internal Control Quality and Quality Assurance. *Auditing: A Journal of Practice & Theory* 19 (Supple-ment) : 83-90.
Kinney, Jr, W.R. and M.L. Shepardson. 2011. Do Control Effectiveness Disclosures Require SOX 404 (b) Internal Control Audits? A Natural Experiment with Small U.S. Public Companies. *Journal of Accounting Research* 49 (2) : 413-448.
Klamm, B.K., K.W. Kobelsky and M.W. Watson. 2012. Determinants of the Persistence of Internal Control Weaknesses. *Accounting Horizons* 26 (2) : 307-333.
Klein, A. 2002. Economic Determinants of Audit Committee Independence. *The Accounting Review* 77 (2) : 435-452.
Knechel, W.R., V. Naiker. and G. Pacheco. 2007. Does Auditor Industry Specialization Matter? Evidence from Market Reaction to Auditor Switches. *Auditing: A Journal of Practice & Theory* 26 (1) : 19-45.
Krishnan, G.V. and W. Yu. 2012. Do Small Firms Benefit from Auditor Attestation of Internal Control Effectiveness? *Auditing: A Journal of Practice & Theory* 31 (4) : 115-137.
Krishnan, J. 2005. Audit Committee Quality and Internal Control: An Empirical Analysis. *The Accounting Review* 80 (2) : 649-675.
Krishnan, J. and Y. Zhang, 2005. Auditor Litigation Risk and Corporate Disclosure of Quarterly Review Report. *Auditing: A Journal of Practice & Theory* 24 (Supplement) : 115-138.
Krishnan, J., D. Rama and Y. Zhang. 2008. Costs to Comply with SOX Section 404. *Auditing: A Journal of Practice & Theory* 27 (1) : 169-186.
Krishnan, J. and J.E. Lee. 2009. Audit Committee Financial Expertise, Litigation Risk and Corporate Governance. *Auditing: A Journal of Practice & Theory* 28 (1) : 241-261.
Krishnan, J., Y. Wen. and W. Zhao. 2011. Legal Expertise on Corporate Audit Committee and Financial Reporting Quality. *The Accounting Review* 86 (6) : 2099-2130.
Lam, K.C.K. and Y. M. Mensah. 2006. Auditors' decision-making under going-concern uncertainties in low litigation-risk environments: Evidence from Hong Kong. *Journal of Accounting and Public Policy* 25 (6) : 706-739.
Landsittel, D.L. and L.E. Rittenberg. 2010. COSO: Working with the Academic Community.

Accounting Horizons 24 (3) : 455-469.

Landsman, W.R., K.K. Nelson and B.R. Rountree. 2009. Auditor Switches in the Pre — and Post — Enron Eras: Risk or Realignment? *The Accounting Review* 84 (2) : 531-558.

Laux, V. and D.P. Newman. 2010. Auditor Liability and Client Acceptance Decisions. *The Accounting Review* 85 (1) : 261-285.

Lawrence, A., M. Minutti-Meza and P. Zhang. 2011. Can Big 4 versus Non-Big 4 Differences in Audit-Quality Proxies Be Attributed to Client Characteristics? *The Accounting Review* 86 (1) : 259-286.

Lennox, C.S. and C.W. Park. 2007. Audit Firm Appointments, Audit Firm Alumni, and Audit Committee Independence. *Contemporary Accounting Research* 24 (1) : 235-258.

Lennox, C. and J.A. Pittman. 2010. Big Five Audits and Accounting Fraud*. *Contemporary Accounting Research* 27 (1) : 209-247.

Leone, A.J. 2007. Factors related to internal control disclosure: A discussion of Ashbaugh, Collins, and Kinney (2007) and Doyle, Ge, and McVay (2007). *Journal of Accounting and Economics* 44 (1-2) : 224-237.

Leuz, C. 2007. Was the Sarbanes-Oxley Act of 2002 really this costly? A discussion of evidence from event returns and going-private decisions. *Journal of Accounting and Economics* 44 (1-2) : 146-165.

Li, C., L. Sun and M. Ettredge. 2010. Financial executive qualifications, financial executive turnover, and adverse SOX 404 opinions. *Journal of Accounting and Economics* 50 (1) : 93-110.

Lin, S., M. Pizzini, M. Vargus and I.R. Bardhan. 2011. The Role of the Internal Audit Function in the Disclosure of Material Weaknesses. *The Accounting Review* 86 (1) : 287-323.

Liu, M.H.C., S.L.Tiras and Z.Zhuang. 2014. Audit committee accounting expertise, expectations management, and nonnegative earnings surprises. *Journal of Accounting and Public Policy* 33 (2) : 145–166.

Liu, X. and D.K. Chan. 2012. Consulting revenue sharing, auditor effort and independence, and the regulation of auditor compensation. *Journal of Accounting and Public Policy* 31 (2) : 139-160.

Lopez, T.J., S.D. Vandervelde and Y-J. Wu. 2009. Investor perceptions of an auditor's adverse internal control opinion. *Journal of Accounting and Public Policy* 28 (3) : 231-250.

MacGregor, J. 2012. Audit committee equity holdings, the risk of reporting problems, and the achievement of earnings thresholds. *Journal of Accounting and Public Policy* 31 (5) : 471-491.

Magilke, M.J., B.W. Mayhew and J.E. Pike. 2009. Are Independent Audit Committee Members Objective? Experimental Evidence. *The Accounting Review* 84 (6) : 1959-1981.

Mande, V. and M. Son. 2013. Do Financial Restatements Lead to Auditor Changes? *Auditing: A Journal of Practice & Theory* 32 (2) : 119-145.

Masli, A., G.F. Peters, V.J. Richardson and J.M. Sanchez. 2010. Examining the Potential Benefits of Internal Control Monitoring Technology. *The Accounting Review* 85 (3) : 1001-1034.

Mayper,A.G., M. S. Doucet and C. S. Warren.1989. Auditors Materiality Judgments of Internal Accounting Control Weaknesses. *Auditing:A Journal of Practice & Theory* 9 (1) :72-86.

McVay, S.E. 2011. Discussion of Do Control Effectiveness Disclosures Require SOX 404 (b) Internal Control Audits? A Natural Experiment with Small U.S. Public Companies. *Journal of Accounting Research* 49 (2) : 449-456.

Munsif, V., K. Raghunandan and D.V. Rama. 2012. Internal Control Reporting and Audit Report Lags: Further Evidence. *Auditing: A Journal of Practice & Theory* 31 (3): 203-218.

Munsif, V., K. Raghunandan, D.V. Rama and M. Singhvi. 2011. Audit Fees after Remediation of Internal Control Weaknesses. *Accounting Horizons* 25 (1): 87-105.

Myllymäki, E-R. 2014. The Persistence in the Association between Section 404 Material Weaknesses and Financial Reporting Quality. *Auditing: A Journal of Practice & Theory* 33 (1): 93-116.

Nagy, A.L. 2010. Section 404 Compliance and Financial Reporting Quality. *Accounting Horizons* 24 (3): 441-454.

Naiker, V. and D.S. Sharma. 2009. Former Audit Partners on the Audit Committee and Internal Control Deficiencies. *The Accounting Review* 84 (2): 559-587.

National Commission on Fraudulent Financial Reporting. 1987. The National Commission on Fraudulent Financial Reporting (鳥羽至英・八田進二訳 [1991] 『不正な財務報告 結論と勧告』白桃書房).

Nelson, K.K., R.A. Price and B.R. Rountree. 2008. The market reaction to Arthur Andersen's role in the Enron scandal: Loss of reputation or confounding effects? *Journal of Accounting and Economics* 46 (2-3): 279-293.

Ogneva, M., K.R. Subramanyam and K. Raghunandan. 2007. Internal Control Weakness and Cost of Equity: Evidence from SOX Section 404 Disclosure. *The Accounting Review* 82 (5): 1255-1297.

O'Reilly, V.M., M.B. Hirsch, P.L. Defliese and H.R. Jaenicke. 1990. Montgomery's Auditing Eleventh Edition. Coopers & Lybrand, NY, John Wiley & Sons inc (中央監査法人訳 [1998] 『モンゴメリーの監査論』中央経済社).

Piot, C. and R. Janin. 2007. External Auditors, Audit Committees and Earnings Management in France. *European Accounting Review* 16 (2): 429-454.

Prawitt, D.F., J.L. Smith and D.A. Wood. 2009. Internal Audit Quality and Earnings Management. *The Accounting Review* 84 (4): 1255-1280.

Rice, S.C. and D.P. Weber. 2012. How Effective Is Internal Control Reporting under SOX 404? Determinants of the (Non-) Disclosure of Existing Material Weaknesses. *Journal of Accounting Research* 50 (3): 811-843.

Raghunandan, K. and V. Rama. 2006. SOX Section 404 Material Weakness Disclosures and Audit Fees. *Auditing: A Journal of Practice & Theory* 25 (1): 99-114.

Rose, J.M., C.S. Norman and A.M. Rose. 2010. Perceptions of Investment Risk Associated with Material Control Weakness Pervasiveness and Disclosure Detail. *The Accounting Review* 85 (5): 1787-1807.

Rosenbaum, P.R. and D.B. Rubin. 1983. The central role of the propensity score in observational studies for causal effects. *Biometrika* .70 (1): 41-55.

Ruhnke, K. and M. Schmidt. 2014. Misstatements in Financial Statements: The Relationship between Inherent and Control Risk Factors and Audit Adjustments. *Auditing: A Journal of Practice & Theory* 33 (4): 247-269.

Sharma, V.D. and E.R. Iselin. 2012. The Association between Audit Committee Multiple-Directorships, Tenure, and Financial Misstatements. *AUDITING: A Journal of Practice & Theory* 31 (3): 149-175.

Sharma, V.D., D.S. Sharma and U. Ananthanarayanan. 2011. Client Importance and Earnings Management: The Moderating Role of Audit Committees. *Auditing: A Journal of Practice & Theory* 30(3): 125-156.

Shaw, W.H. and W.D. Terando. 2014. The Cost of Compliance to Sarbanes-Oxley: An Examination of the Real Estate Investment Industry. *Auditing: A Journal of Practice & Theory* 33(1): 177-186.

Simunic, D.A. 1980. The Pricing of Audit Services: Theory and Evidence. *Journal of Accounting Research* 18(1): 161-190.

Singhvi, M., K. Raghunandan and S. Mishra. 2013. Market reactions to appointment of audit committee directors post-SOX: A note. *Journal of Accounting and Public Policy* 32(1): 84-89.

Smith, J.L. 2012. Investors' Perceptions of Audit Quality: Effects of Regulatory Change. *Auditing: A Journal of Practice & Theory* 31(1): 17-38.

Sun, J. and G. Liu. 2011. Industry specialist auditors, outsider directors, and financial analysts. *Journal of Accounting and Public Policy* 30(4): 367-382.

Trottman, K.T. and R. Wood. 1991. A Meta-Analysis of Studies on Internal Control Judgments. *Journal of Accounting Research* 29(1): 180-192.

Van de Poel, K. and A. Vanstraelen. 2011. Management Reporting on Internal Control and Accruals Quality: Insights from a "Comply-or-Explain" Internal Control Regime. *Auditing: A Journal of Practice & Theory* 30(3): 181-209.

Wallace, W. 1986. Auditing Monographs. Wadsworth Pub Co（千代田邦夫・盛田良久・百合野正博・朴大栄・伊豫田隆俊訳［2007］『ウォーレスの監査論　自由市場と規制市場における監査の経済的役割』同文舘出版）.

Ye, K. 2014. Independent director cash compensation and earnings management. *Journal of Accounting and Public Policy* 33(4): 391-400.

Zhang, I.X. 2007. Economic consequences of the Sarbanes–Oxley Act of 2002. *Journal of Accounting and Economics* 44(1-2): 74-115.

Zhang, Y., J. Zhou and N. Zhou. 2007. Audit committee quality, auditor independence, and internal control weaknesses. *Journal of Accounting and Public Policy* 26(3): 300-327.

Zhao, Y. and K.H. Chen. 2008. Staggered Boards and Earnings Management. *The Accounting Review* 83(5): 1347-1381.

Zhou, H. 2007. Auditing standards, increased accounting disclosure, and information asymmetry: Evidence from an emerging market. *Journal of Accounting and Public Policy* 26(5): 584-620.

相沢哲. 2006.「会社法および会社法施行規則にみる内部統制の考え方」『企業会計』58(5): 104-110.

青木英孝. 2002.「取締役会の改革とコーポレート・ガバナンス：執行役員制度導入の要因分析」『日本経営学会誌』8: 3-14.

赤堀勝彦. 2007.「内部統制とリスクマネジメント」『神戸学院法学』37(2): 1-53.

あずさ監査法人・KPMG. 2009.『内部統制ガイドブック第2版』東洋経済新報社.

阿部泰久. 2011.「企業の立場からみた内部統制制度の簡素化」『企業会計』63(7): 52-57.

新井義洋. 2013.「「内部統制システムの監査―機中における監査の方法を中心に―」の解説」『旬刊経理情報』1367: 32-36.

飯島寛一・関岡保二・大槻敏江. 2011.「企業の永続性とコーポレート・ガバナンス」『中央学

院大学商経論叢』25（2）：137-154.
飯室進康.2011.「内部統制簡素化における実務上の留意点」『企業会計』63（7）：44-51.
五十嵐達朗.2005.「内部統制改善の視点―統制環境を中心に」『企業会計』57（3）：40-47.
池島真策.2009.「取締役の善管注意義務と内部統制システムに関する問題」『法学研究』82（12）：359-378.
池田裕之.2012.「開示制度がもたらした内部統制への影響」『会計・監査ジャーナル』24（2）：79-85.
池田唯一.2007.「金融商品取引法上のディスクロージャー整備における内部統制報告制度の位置づけ」『企業会計』59（5）：18-25.
池田唯一.2011.「内部統制基準改訂の経緯とポイント」『企業会計』63（7）：18-26.
石島隆.2008a.「情報の信頼性保証のためのIT統制」『日本情報経営学会誌』28（3）：73-82.
石島隆.2008b.「内部統制ケイパビリティのフレームワーク」『日本生産管理学会論文誌』14（2）：49-54.
石島隆.2014.「海外子会社における不正会計に対応する内部統制」『内部統制』6：91-103.
石﨑忠司.2015.「企業不祥事の原因」『経理研究』58：135-155.
市古勲.2007.「日本における内部統制制度化の現状：コーポレート・ガバナンスの観点から」『東海学園大学研究紀要．経営・経済学研究編』12：3-15.
稲house正晴.2002a.「コーポレート・ガバナンスと取締役会」『桃山学院大学経済経営論集』44（3）：153-183.
稲house正晴.2002b.「コーポレート・ガバナンスと経営者報酬」『桃山学院大学経済経営論集』43（4）：67-97.
井上泉.2008.「会社法における内部統制システムの整備と監査に関する試論」『日本経営倫理学会誌』15：85-94.
井上泉.2012.「執行役員制度のコーポレート・ガバナンス上の諸問題」『日本経営倫理学会誌』19：49-58.
井上真由美・池田広男.2010.「日本のコーポレート・ガバナンスとアクティビストファンドの関係」『日本経営学会誌』25：3-14.
井上善弘.2007.「保証業務の概念フレームワークの観点からみた内部統制監査の意義」『香川大学經濟論叢』80（1）：15-34.
井上善弘.2008.「SECによる内部統制評価のための解釈指針：原則ベースのアプローチ」『香川大学經濟論叢』81（1）：63-90.
井上善弘.2009a.「ダイレクト・レポーティングとしての内部統制監査」『産業經理』68（1）：63-74.
井上善弘.2009b.「内部統制監査報告書の特徴について」『商経学叢』56（1）：147-163.
今井祐.2013.「海外から見た我が国コーポレート・ガバナンスの問題点と経営規律の強化策」『日本経営倫理学会誌』20：241-250.
岩井浩一.2012.「JOBS法の成立と米国IPO市場の今後の動向」『野村資本市場クォータリー』16（2）：125-136.
岩倉正和.2005.「社外取締役・社外監査役と内部統制・内部監査・コンプライアンス」『企業会計』57（7）：32-37.
岩崎俊彦.2016.「企業集団の親子会社間における内部統制の実態と課題」『旬刊商事法務』2093：35-43.
上村達男.2006.「証券市場の内部統制」『企業と法創造』3（3）：12-18.

上村浩. 2011.「内部統制に関連する非監査業務にかかる報酬と監査報酬の関係」『一橋商学論叢』6 (1): 77-87.
内川正夫. 2011.「アメリカ企業改革法（SOX法）と会計・監査への影響: サーベイ」『京都学園大学経営学部論集』21 (1): 147-182.
梅村悠. 2010.「内部統制に関する情報開示制度の意義と正確性の確保」『上智法学論集』53 (3): 101-140.
梅村悠. 2012.「内部統制に関する情報開示制度の意義と課題―米国SOX法における認証に伴う経営者の責任を中心として」『私法』74: 260-267.
江藤栄作. 2008.「有効な内部統制のための重要ポイント「不備」「重要な欠陥」はこう判断する」『旬刊経理情報』1187: 57-62.
遠藤啓之. 2015.「東証コーポレートガバナンス・コード」『LEC会計大学院紀要』13: 21-35.
遠藤信吉. 2007.「内部統制に貢献する内部通知システム」『産業能率大学紀要』28 (1): 1-37.
遠藤元一. 2015.「海外腐敗行為リスクに対する内部統制態勢」『内部統制』7: 71-82.
王昱. 2012.「中国企業の内部統制とその課題」『内部統制』4: 53-61.
大倉雄次郎. 2008a.「企業競争下における内部統制システムの在り方」『關西大學商學論集』52 (6): 69-87.
大倉雄次郎. 2008b.「CSR（企業の社会的責任）動向調査結果から見た内部統制の在り方（下）」『關西大學商學論集』53 (3): 43-62.
大越教雄. 2012.「買収防衛策導入企業のガバナンスと株式市場の評価」『日本管理会計学会誌』20 (1): 23-35.
大崎貞和. 2002.「米国における不正会計疑惑とSECによる制度改革提案」『資本市場クォータリー』6 (1): 44-52.
大崎貞和. 2006.「米国における内部統制監査制度見直しの動き」『資本市場クォータリー』10 (1): 59-67.
大塚祐一. 2012.「内部統制報告制度における企業情報開示の現状と課題」『日本経営倫理学会誌』19: 59-69.
岡恭彦. 2008.「内部統制の有効性評価への課題」『企業会計』60 (11): 102-103.
岡崎一浩. 2011.「内部統制報告制度導入に関する実証研究」『内部統制』3: 136-143.
岡嶋慶. 2004.「イギリス・プロフェッショナル監査と不正の摘発」『三田商学研究』47 (1): 259-274.
岡村雅仁. 2015.「米国における内部統制報告制度と監査報酬の情報開示」『県立広島大学経営情報学部論集』7: 151-162.
岡本浩一・王晋民・本多・ハワード・素子. 2006.『内部告発のマネジメント―コンプライアンスの社会技術―』新曜社.
岡本大輔・古川靖洋・大柳康司・安國煥・関口了祐・陶 臻彦. 2012.「コーポレートガバナンスと企業業績」『三田商学研究』44 (4): 223-254.
奥田真也・佐々木隆志・中島真澄・中村亮介. 2012.「内部統制システムと監査の質の決定要因」『企業会計』64 (10): 102-108.
奥田真也・高原利栄子・鈴木健嗣. 2007.「IPO企業におけるコーポレート・ガバナンス構造の決定要因」『年報経営分析研究』23: 43-50.
奥村裕司. 2007.「内部統制の有効性判断」『季刊企業リスク』4 (3): 40-46.
奥西康宏. 1998a.「監査基準書第78号とCOSO報告書の関係: 内部統制の構成要素を中心に」『修道商学』39 (1): 101-146.
奥西康宏. 1998b.「経営者のための内部統制の展開の検討: 米国文献を中心に」『修道商学』38 (2)

: 129-187.
小佐野広. 2001.『コーポレート・ガバナンスの経済学―金融契約理論からみた企業論―』日本経済新聞社.
小野哲. 2007.「内部統制による企業への影響：コストとシステムの視点を中心としながら」『經營と經濟：長崎工業經營專門學校大東亞經濟研究所年報』86（4）: 31-62.
海道ノブチカ・風間信隆. 2009.『コーポレート・ガバナンスと経営学―グローバリゼーション下の変化と多様性―』ミネルヴァ書房.
柿崎環. 2007.「米国における最近の内部統制実務の展開と内部監査人の役割」『月刊監査研究』33（10）: 8 -18.
柿崎環. 2010.「証券市場と内部統制 米国におけるSOX法内部統制の現状と課題」『企業と法創造』7（1）: 101-109.
柿崎環. 2016.「海外子会社等による贈収賄リスクと内部統制」『旬刊商事法務』2092: 20-28.
笠原武朗. 2006.「会社法と内部統制」『企業と法創造』3（3）: 18-25.
加藤達彦. 2008.「内部統制の透明化が市場の信頼性に及ぼす影響」『會計』173（6）106-120.
金光淳. 2015.「コーポレイト・レピュテーションは企業統治とパフォーマンスを向上させるか―企業ソーシャル・キャピタルに注目した企業統治研究のフロンティア―」『京都産業大学総合学術研究所所報』10: 13-37.
蟹江章. 2003.「コーポレート・ガバナンスにおける監査委員会の機能と課題」『經濟學研究』53（3）: 271-282.
蟹江章. 2005.「内部統制議論の変遷と課題」『企業会計』57（3）: 18-25.
蟹江章. 2007.「財務諸表監査と内部統制監査」『經濟學研究』56（4）: 47-57.
蟹江章編. 2008.『会社法におけるコーポレート・ガバナンスと監査』同文舘出版.
蟹江章・盛田良久. 2009.「内部統制報告制度の実態と課題」『企業会計』61（10）: 75-88.
蟹江章. 2010a.「内部統制報告制度はどこに向かうのか」『企業会計』62（1）: 132-133.
蟹江章. 2010b.「内部統制報告制度の現在地と目的地」『月刊監査役』569: 48-55.
蟹江章. 2011a.「フランスにおける内部統制とリスク・マネジメントのフレームワーク」『經濟學研究』61（1・2）: 23-40.
蟹江章. 2011b.「フランスにおける内部統制報告制度の運用と事例」『經濟學研究』61（3）: 3 -19.
神山哲也. 2004.「改訂されたOECDコーポレート・ガバナンス原則」『資本市場クォータリー』8（1）: 22-29.
神山哲也. 2011.「ドッド・フランク法による米国ガバナンス規制の強化」『野村資本市場クォータリー』14（4）: 118-125.
河合秀敏. 1990.「アメリカ監査の変革―内部統制構造と監査リスク―」『會計』138（2）: 203-213.
川上剛太郎. 1990.「内部監査機能のサイクルと内部統制」『會計』137（4）: 538-551.
川島正孝. 2006.「業務の有効性・効率性と内部統制」『企業と法創造』3（3）: 25-32.
監査人・監査報酬問題研究会. 2012.『わが国監査報酬の実態と課題』日本公認会計士協会出版局.
兼田克幸. 2008.「金融商品取引法上の内部統制報告制度の意義及び諸課題」『法學新報』114（11/12）: 135-163.
兼田克幸. 2009.「内部統制報告制度の社会的役割及び制度上の諸課題」『企業法研究』21: 1 -21.
兼田克幸. 2010.「内部統制報告制度の更なる充実・強化に向けて」『月刊監査研究』36（3）: 1 - 9.

神田秀樹. 2006.「新会社法と内部統制のあり方」『旬刊商事法務』1766: 35-40.
木内仁志. 2007.「「重要な欠陥」に関する判断ポイント」『旬刊経理情報』1166: 26-30.
菊池敏夫・飯島寛一・大槻敏江. 2010.「わが国におけるコーポレート・ガバナンスと経営慣行の特質：2009年度のアンケート調査結果を中心として」『中央学院大学商経論叢』24（2）: 73-85.
岸牧人. 1999.「内部統制の有効性評価と監査人の心証形成」『商學論究』47（2）: 183-194.
岸牧人. 2009.「内部統制監査における証明機能」『商経学叢』56（1）: 165-180.
北川道男. 2013.「コーポレート・ガバナンスと内部監査」『政経研究』49（3）: 541-558.
記虎優子. 2012.「会社法に基づく内部統制システム構築の基本方針の時系列分析：改定理由とその公表時期の関係」『総合文化研究所紀要』29: 16-39.
記虎優子・奥田真也. 2014.「内部統制システム構築の基本方針についての適時開示がリスクに与える影響」『年報経営分析研究』30: 22-33.
木村史彦. 2009.「業種分類の信頼性比較―日経業種分類、東証業種分類、およびGICS業種分類の比較分析―」『現代ディスクロージャー研究』(9): 33-42.
姜相熙. 2009.「企業価値の向上と内部統制システムの役割―オムロンとクボタの事例研究を中心として」『企業会計』61（4）: 136-141.
金融庁企業会計審議会. 2007.『財務報告に係る内部統制の評価及び監査の基準並びに財務報告に係る内部統制の評価及び監査に関する実施基準の設定について（意見書）』企業会計審議会.
金融庁企業会計審議会. 2013.『財務報告に係る内部統制の評価及び監査の基準並びに財務報告に係る内部統制の評価及び監査に関する実施基準の改訂について（意見書）』企業会計審議会.
久保克行. 2010.『コーポレート・ガバナンス　経営者の交代と報酬はどうあるべきか』日本経済新聞出版社.
久保克行・広田真一・宮島英昭. 2005.「日本企業のコントロールメカニズム：経営理念の役割」『企業と法創造』1（4）: 113-124.
久保惠一. 2010.「内部統制基準改訂の方向性」『季刊企業リスク』8（1）: 72-74.
久保田潤一郎. 2009.「内部統制と企業倫理の関係性」『日本経営倫理学会誌』16: 173-182.
栗濱竜一郎. 1999.「現代の財務諸表監査における内部統制」『經濟學研究』48（3）: 202-215.
栗濱竜一郎. 2000.「財務諸表監査における内部統制の評価の意義」『經濟學研究』50（1）: 100-116.
栗元秀樹. 2003.「リスク管理・内部統制に関する研究会報告書の概要―リスクマネジメントと一体となって機能する内部統制―」『旬刊商事法務』1670: 49-55.
黒川秀子. 2013.「コーポレート・ガバナンス論の諸問題―日本における議論の再検討―」『桃山学院大学環太平洋圏経営研究』14: 97-121.
胡大力. 2010.「内部統制報告制度（J-SOX）への対応とその効果にかかる実証分析」『税経通信』65（4）: 193-202.
胡大力. 2014.「内部統制の質，監査クライアントの交渉力と監査報酬」『現代監査』24: 137-148.
呉曉青. 2011.「独立取締役とコーポレート・ガバナンス」『一橋法学』10（2）: 265-285.
伍井利夫. 2013.「内部監査人の経験と経営への貢献度自己評価の関係」『内部統制』5: 67-75.
小池聖一・パウロ. 2013.「不正リスクに対応する内部統制・内部監査」『企業会計』65（7）: 63-70.
小柿徳武. 2003.「内部統制に関する外部報告制度：アメリカおよびイギリスの状況を中心に」『龍

谷法学』35（4）：932-965.
後藤雅敏. 1996.「会計情報と企業の所有構造」『研究年報, 經營學・會計學・商學』42下巻：117-136.
小西一正. 1998.「SASにおける内部統制の動向と我が国の監査への影響」『奈良県立商科大学「研究季報」』9（2）：9 -17.
小西一正. 2004.「財務報告に関係する内部統制の検討：サーベインス・オクスリー法に関わる内部統制を中心として」『奈良産業大学紀要』20: 39-50.
小西一正. 2008.「内部統制報告書の制度化について―アンケート調査からの現状と問題点―」『企業会計』60（12）：89-94.
小林毅. 2007.「機関投資家がコーポレートガバナンスに与える影響」『中京大学経済学論叢』18: 185-192.
小松義明. 2006.「ドイツ監査基準による内部統制システムの概念」『産業経理』66（1）：43-50.
小松義明. 2007.「ドイツ監査制度におけるリスク早期認識システムの概念―内部統制システムの観点から」『経営行動研究年報』16: 105-110.
境睦・任雲. 2007.「経営者株式報酬制度のメリットと問題点：今後の日本企業における経営者報酬制度の最適化に向けて」『経営政策論集』6（2）：1 -21.
坂井恵. 2009.「トップダウン型リスク・アプローチに基づく内部統制評価の要点―コントロール・アプローチからリスク・アプローチへ―」『企業会計』61（9）：33-41.
坂井恵. 2010.「全社的な内部統制の評価方法―コントロール・アプローチからリスク・アプローチへ」『企業会計』62（2）：108-119.
坂井恵. 2015.「内部統制報告の本質への接近（2）：会計責任の観点から」『千葉商大論叢』53（1）：79-96.
坂本頼彦. 2005.「財務報告に係る経営者の内部統制評価」『企業会計』57（3）：26-33.
坂根純輝. 2011.「内部統制における監査とレビュー―英米の監査範囲・監査手続との比較を中心として―」『経営学研究論集』54: 1 -24.
坂根純輝. 2012.「内部統制監査と信頼性の保証～ダイレクトレポーティング方式の検討を中心として～」『経営学研究論集』55: 1 -29.
佐久間義浩. 2006.「内部統制の進化とコーポレートガバナンス―比較制度分析からのアプローチ」『経済論叢』178（1）：16-32.
佐久間義浩. 2007.「内部統制の生成と発展―日本における制度化の観点から」『経済論叢』179（5・6）：400-419.
佐久間義浩. 2008.「財務報告に係る内部統制の検証―委員会設置会社と監査役会設置会社における裁量的会計発生高の比較をつうじて―」『産業経理』68（2）：96-106.
佐藤孝雄. 2000.「コーポレート・ガバナンスにおける監査役の役割―昨今の監査役論に対する実務家からの提言―」『日本経営倫理学会誌』7：53-61.
澤田善次郎. 2008.「リスクマネジメントと内部統制」『日本生産管理学会論文誌』15（1）：57-62.
CIAフォーラム. 2010.「日米の内部統制報告制度と内部監査」『月刊監査研究』36（3）：65-81.
品川陽子・土田義憲. 2009.「内部統制評価の品質向上のポイント」『企業会計』61: 26-41.
篠崎恒夫. 2008.「日本におけるコーポレート・ガバナンスの新動向」『産研集集』36: 1 -10.
篠田朝也. 2015.「ファミリービジネスの財務と経営管理：上場製造業の質問票調査にもとづく実証分析」『年報財務管理研究』26: 13-28.
柴田英樹. 2008.「動的内部統制論」『人文社会論叢 社会科学篇』19: 1 -17.
柴田英樹. 2009.「内部統制監査と不正摘発・防止監査の関係」『人文社会論叢 社会科学篇』22：

1-18.
島信夫. 2008.「内部統制監査と財務諸表監査の連続性について」『釧路公立大学紀要. 社会科学研究』20: 109-125.
清水惠子. 2010.「制度としての内部統制の課題：身の丈にあった内部統制」『経営システム』20 (3): 129-132.
清水惠子. 2015.「日本の企業文化と内部統制」『内部統制』7: 92-98.
胥鵬. 1998.「株式持合, 所有構造, 資本構成と規制の総合作用」『経済志林』66 (1): 281-310.
新日本有限責任監査法人編. 2014.『改訂COSOフレームワークを活用した内部統制「改善」の実践マニュアル』同文舘出版.
杉本泰治・高城重厚. 2001.『大学講義　技術者の倫理入門』丸善出版.
鈴木輝夫. 2005.「財務諸表に係る内部統制の文書化について」『企業会計』57 (11): 29-41.
鈴木輝夫. 2007.「内部統制の評価手続の全体像」『旬刊経理情報』1159: 10-24.
鈴木裕司. 2009.「内部統制報告の「初年度開示」徹底分析」『旬刊経理情報』1224: 65-70.
鈴木芳治. 2015.「社外役員の実効性に関する研究：社外役員と内部監査部門の連携を中心に」『年報財務管理研究』26: 108-115.
須田一幸編. 2008.『会計制度の設計』白桃書房.
須田一幸・佐々木隆志・中島真澄・奥田真也. 2011a.「内部統制とガバナンスに関する日米比較 (一)」『會計』179 (6): 122-138.
須田一幸・佐々木隆志・中島真澄・奥田真也. 2011b.「内部統制とガバナンスに関する日米比較 (二)」『會計』180 (1): 115-129.
住田清芽. 2007.「評価範囲の決定方法とその妥当性の考え方」『旬刊経理情報』1166: 16-22.
住田清芽. 2009.「金融商品取引法に基づく内部統制評価及び監査の１年目の結果について」『企業会計』61 (9): 18-25.
住田清芽. 2011.「簡素化における監査上の留意点と今後の課題」『企業会計』63 (7): 58-67.
関雄太・岩谷賢伸. 2007.「米国資本市場の競争力低下と規制改革を巡る議論—資本市場規制に関する委員会中間報告」『資本市場クォータリー』10 (3): 75-86.
銭峰. 2012.「ベンチャー企業における内部統制システム構築の重要性」『福山市立女子短期大学紀要』39: 17-24.
孫美灵. 2012.「中国における内部統制制度の導入：アンケート調査による導入コスト分析」『會計』181 (6): 818-831.
高田敏文. 2003.「一般に認められた内部統制概念の検討」『企業会計』55 (4): 46-52.
高田敏文・内山峰男・小倉親子・兼田克彦・中村元彦・藤原英賢・町田祥弘. 2010.「内部統制報告制度の効果に関する実態調査と実証研究」『内部統制』2: 109-125.
高田敏文・李袁琳. 2011.「監査リスクファクターの識別—内部統制監査の失敗事例を手掛かりとして—」『産業経理』71 (2): 32-55.
高田康行. 2009.「２年目の内部統制」『旬刊経理情報』1211: 8-16.
高橋弘幸. 2006.「内部統制システムと監査役の役割」『企業会計』58 (5): 111-115.
高原利栄子. 1999.「内部統制システムの有効性に関する研究」『商學論究』46 (5): 107-119.
高原利栄子. 2008.「わが国内部統制監査の理論的検討課題」『商経学叢』55 (1): 371-376.
高原利栄子. 2015.「わが国の内部統制監査報告書における評価結果に関する実態分析」『企業会計』75 (3): 134-151.
多賀谷充. 2005.「財務報告に係る内部統制—経営者による評価と報告—」『企業会計』57 (10): 31-34.

多賀谷充. 2007.「経営者評価の留意点」『企業会計』59 (5)：50-57.
瀧田輝己. 2016.「内部統制監査制度についての一考察」『税経通信』71 (4)：147-156.
武井一浩. 2007.「「内部統制監査役監査基準」の解説 (上)」『旬刊商事法務』1798：4 -15.
武井一浩. 2007.「「内部統制監査役監査基準」の解説 (下)」『旬刊商事法務』1799：66-78.
武井一浩. 2009.「財務報告内部統制への監査役監査」『旬刊商事法務』1854：125-127.
武田和夫. 2010.「不祥事防止に向けた監査体制のあり方」『社会とマネジメント』8 (1)：45-54.
竹中啓之. 2015.「日本版「コーポレートガバナンス・コード」をどのように捉えるのか―これまでの会社支配論・企業統治論との関係について―」『商経論叢』66：1 -24.
田口聡志. 2010.「内部統制監査制度の比較制度分析：内部統制監査制度生成を巡る人間心理とその動態に係る分析的物語アプローチ」『経済論叢』184 (3)：113-129.
田口聡志. 2015.『実験制度会計論―未来の会計をデザインする』中央経済社.
田中弘隆. 2007.「内部統制の不備の評価の考え方」『旬刊経理情報』1159：25-32.
田端哲夫. 2008.「利害調整のための内部統制」『東海学園大学研究紀要. 経営・経済学研究編』13：61-77.
千代田邦夫. 1990.「内部統制概念の変容―経営者不正の摘発とリスク分析との関連において」『會計』138 (6)：836-850.
千代田邦夫・鳥羽至英編. 2011.『会計監査と企業統治』中央経済社.
土田義憲. 2005.「リスク・アプローチによる内部統制評価の体制と手順」『企業会計』57 (11)：18-28.
土田義憲. 2006.「内部統制システムに対する取締役及び監査役の取組み」『企業会計』58 (5)：116-122.
土田義憲. 2008.「監査役の内部統制監査における内部監査人の活用」『経理研究』51：342-354.
土田義憲. 2010.「リスクベースの監査と内部統制の有効性監査の相違」『企業会計』62 (2)：75-79.
土屋守章・岡本久吉. 2003.『コーポレート・ガバナンス論―基礎理論と実際』有斐閣.
津田秀雄. 2004.「英国企業における取締役の内部統制システムの構築責任」『生駒経済論叢』2 (1)：107-120.
手塚仙夫. 2005.「有効な内部統制の構築―関係者の役割と連携―」『企業会計』57 (11)：42-48.
手塚仙夫. 2007.「財務報告に係る内部統制の監査」『企業会計』59 (5)：41-49.
鳥羽至英. 1994.『監査基準の基礎 第 2 版』白桃書房.
鳥羽至英. 2006.「内部統制シンポジウムの狙い」『企業と法創造』3 (3)：7 -12.
鳥羽至英. 2007.『内部統制の理論と制度　執行・監督・監査の視点から』国元書房.
鳥羽至英. 2010.「内部統制監査初年度の状況と課題―財務諸表監査と内部統制監査を一体的に実施する意味について」『企業と法創造』7 (1)：91-98.
鳥羽至英・秋月信二・永見尊・福川裕徳. 2015.『財務諸表監査』国元書房.
内藤文雄. 2011.『財務諸表監査の考え方 (改訂版)』税務経理協会.
中井誠. 2011.「株主アクティビズムとガバナンス構造」『四天王寺大学紀要』51：383-393.
中井和敏. 2009.「内部統制と経営管理」『現代経営経済研究』2 (3)：59-84.
永石一郎. 2004.「内部統制システム構築義務とその主張・立証責任の構造」『一橋法学』3 (2)：355-394.
中岡孝剛. 2013.「社会科学分野における統計的因果推論のためのマッチング手法の活用―企業金融の研究における適用とその問題―」『商経学叢』59 (3)：147-169.
中島真澄. 2010.「キャッシュ・フロー予測における内部統制報告制度の影響：SEC基準適用日

本企業に基づく実証研究」『年報経営分析研究』26: 62-73.
中島真澄. 2011.『利益の質とコーポレート・ガバナンス―理論と実証―』白桃書房.
中島真澄. 2013.「内部統制報告規制が利益の質と裁量行動に与えた影響」『年報経営分析研究』29: 37-46.
長瀬毅. 2007.「新規株式上場企業の利潤率と株式所有構造：株式構成の内生性に関する考察」『流通經濟大學論集』41 (3)：235-250.
中西敏和・関孝哉編. 2015.『上場会社におけるコーポレート・ガバナンスの現状分析平成27年度版（別冊商事法務No.398）』商事法務.
長畑周史. 2008.「内部統制と経営判断の関係について」『法学政治学論究』76号: 237-255.
中村映美. 2009.「内部統制システムのモニタリング―COSOの『内部統制システムのモニタリングに係るガイダンス（公開草案）』を中心に」『立命館経営学』47 (5)：71-91.
長吉眞一. 2003.「内部統制の3層構造」『立正経営論集』36 (1)：111-144.
長吉眞一. 2013.『監査意見形成の構造と分析』中央経済社.
成田礼子. 2011.「海外展開している企業の内部統制と今後の課題」『内部統制』3: 144-153.
西田裕志. 2011.「「財務報告に係る内部統制の監査に関する実務上の取扱い」の改正案について」『企業会計』63 (7)：36-43.
日本監査役協会. 2008.『別冊商事法務No.322監査役・監査委員会の実態―日本企業の企業統治の現状―』商事法務.
日本取締役協会監修. 2011.『独立取締役の現状と課題―社外取締役から独立取締役へ―（別冊商事法務No.359）』商事法務.
日本内部監査協会CIAフォーラム内部統制監査制度研究会. 2006.「実効性ある内部統制を促進する制度構築の条件―内部統制の評価と監査の制度化に向けた提言―」日本内部監査協会.
野田博. 2005.「取締役会の構成と取締役の責任―ソフトロー研究との架橋の観点から―」『企業会計』57 (1)：25-31.
野村昭文. 2005.「本公開草案の背景と経緯」『企業会計』57 (10)：23-26.
野村昭文. 2007.「内部統制の評価と報告」『企業会計』595: 35-40.
野村昭文. 2008.「『内部統制報告制度に関するQ&A』（追加Q&A）について」『企業会計』60 (9)：97-103.
野村修也. 2006.「内部統制への企業の対応と責任」『企業会計』58 (5)：98-103.
箱田順哉・池永朝昭・泉淳一・神林比洋雄・上木恒弘・橋本尚・八田進二・樋口尚文・堀江正之・松井隆幸・森本親治・頼廣圭祐. 2014.「COSO内部統制報告書改訂版がわが国に及ぼす影響」『内部統制』6: 84-90.
橋本尚. 2005.「内部統制の基本的枠組み」『企業会計』57 (10)：27-30.
橋本尚. 2007.「基準・実施基準の考え方及び内部統制の基本的枠組み」『企業会計』59 (5)：26-34.
簱本智之. 2010.「「企業における内部統制の大綱」発表時における会計制度の考察」『産業經理』70 (1)：23-30.
八田進二. 1997.「カナダにおける内部統制の議論」『産經經理』57 (2)：33-43.
八田進二. 2001.「内部監査とコーポレート・ガバナンス―内部統制を核としての検討」『企業会計』53 (1)：82-88.
八田進二. 2002a.「「内部統制」―国際的な概念規定の導入」『企業会計』54 (5)：48-53.
八田進二. 2002b.「「内部統制規定」の法制化の動向―米国での事例を参考にして」『企業会計』54 (3)：68-69.

八田進二. 2003.「内部統制概念の変遷と国際的動向─米国とわが国の場合を中心に」『企業会計』55（4）: 35-45.
八田進二. 2004.「「監査基準」の改訂と今後の監査上の課題」『青山経営論集』38（4）: 26-41.
八田進二. 2005a.「企業情報等の開示充実に向けた課題：会計・監査・ガバナンス三位一体の改革の必要性」『青山経営論集』40（1）: 1 -19.
八田進二. 2005b.「本公開草案の意義と課題」『企業会計』57（10）: 18-22.
八田進二. 2006a.「わが国の内部統制報告制度の課題と展望」『会計プロフェッション』2: 131-146.
八田進二. 2006b.「企業情報の開示と監査─拡大するディスクロージャーと厳格化する監査」『會計』169（3）: 335-349.
八田進二. 2007.「わが国の内部統制報告制度の概要と実務上の課題」『会計プロフェッション』3: 97-113.
八田進二・町田祥弘. 2007.『【逐条解説】内部統制基準を考える』同文舘出版.
八田進二. 2012.「企業不正と内部統制との関わり」『会計プロフェッション』7: 147-158.
八田進二. 2014.「ガバナンスをめぐる最新動向と内部統制問題」『会計プロフェッション』10: 139-151.
八田進二. 2015.「ガバナンス改革をめぐる課題と内部統制問題」『会計検査研究』52: 5 -10.
服部治. 2002.「企業倫理によるコーポレート・ガバナンスの形成」『金沢星稜大学論集』36（2）: 111-123.
花崎正晴・寺西重郎編. 2003.『コーポレート・ガバナンスの経済分析　変革期の日本と金融危機後の東アジア』東京大学出版会.
濱上孝一. 2005.「財務報告に係る外部監査人の内部統制監査」『企業会計』57（3）: 34-39.
林光. 2014.「JGSS統計分析セミナー2013―傾向スコア・ウェイティング法を用いる因果分析―」『日本版総合的社会調査共同研究拠点研究論文集』12: 107-127.
檜田信男. 1994.『近代「監査基準」精鋭』税務経理協会.
檜田信男. 2015.「内部統制の評価─PCAOB「統合検査報告書」の視点からの「内部統制報告書」の検討─」『商学論纂』56（5-6）: 327-358.
平松一夫. 2001.「わが国におけるコーポレート・ガバナンス改革論：会計・ディスクロージャーの視点から」『商學論究』48（4）: 51-71.
廣瀬治彦. 2007.「財務諸表監査と内部統制監査との関係」『旬刊経理情報』1166: 12-16.
廣瀬 治彦・濱上 孝一・深町 克実・戸田 栄・岩尾 健太郎. 2009.「内部統制評価のファイナル・チェック」『旬刊経理情報』1203: 10-23.
藤井範彰. 2006.「会計のプロが教える！「内部統制」5つのツボ」『週刊東洋経済』6043: 32-34.
藤川信夫. 2007.「内部統制に関する日米の比較法的考察─米国SOX法を踏まえた日本版SOX法の検討」『日本法學』73（2）: 751-824.
藤川祐輔. 2009.「SOX法および日本版SOX法の背景─内部統制を中心に」『中村学園大学・中村学園大学短期大学部研究紀要』41: 229-235.
藤原俊雄. 2012.「企業集団内部統制の開示と監査役・監査人監査」『企業会計』64（4）: 115-120.
淵田康之. 2012.「欧米で再び高まる監査法人改革論」『野村資本市場クォータリー』15（3）: 148-160.
淵田康之. 2013.「コーポレート・ガバナンス規制の論拠を問う動き」『野村資本市場クォータリー』16（3）: 81-92.
古井仁. 2004.「日本企業におけるコーポレート・ガバナンス改革について」『亜細亜大学国際関

係紀要』13（2）: 119-156.
古庄修. 1995.「英国におけるコーポレート・ガバナンスと財務報告問題:「キャドベリー報告書」の検討を中心として」『経営学紀要』3（1）: 49-75.
古庄修. 2000.「OECDのコーポレート・ガバナンス原則:「情報開示と透明性」の諸勧告を中心として」『経営学紀要』8（1）: 83-117.
方芳. 2011.「コーポレート・ガバナンスと利益調整：委員会設置会社制度の有効性」『年報経営分析研究』27: 51-60.
星野崇宏. 2003.「調査データに対する傾向スコアの適用」『品質』33（3）: 44-51.
星野崇宏・繁桝算男. 2004.「傾向スコア解析法による因果効果の推定と調査データの調整について」『行動計量学』31（1）: 43-61.
堀江正之. 1998.「リスク管理監査についての序説的検討」『會計』153（6）: 83-93.
堀江正之. 2003.「eビジネスにおける内部統制―情報セキュリティ管理の最新動向と内部統制の課題」『企業会計』55（4）: 75-83.
堀江正之. 2006a.「内部統制の「有効性」とはなにか―内部統制の有効性をめぐる理論上の壁―」『産業經理』66（2）: 57-66.
堀江正之. 2006b.「内部統制情報の開示と監査の論点」『會計』169（3）: 350-361.
堀江正之. 2008a.「「変わる内部監査」から「変える内部監査」へ」『企業会計』60（5）: 18-24.
堀江正之. 2008b.「内部統制の構成要素としての統制環境の意味」『會計』174（4）: 595-607.
堀江正之. 2009a.「内部統制からERMへの転換が企業監査に及ぼす影響」『會計』176（4）: 587-600.
堀江正之. 2009b.「外部委託に関わる内部統制の考え方」『産業經理』69（2）: 91-99.
堀江正之. 2014.「再委託先の内部統制評価を巡る課題」『會計』186（5）: 555-567.
本合暁詩. 2010.「コーポレート・ガバナンスに外国人株主が与える影響―経営者報酬・ストックオプション導入の実証研究を通じて」『経営行動科学』23（2）: 93-106.
増田靖・公江祐輔. 2010.「内部統制報告制度の現状と課題」『内部統制』（2）: 126-139.
町田祥弘. 2002.「金融機関における内部統制問題と外部監査人の関与」『産業經理』61（4）: 78-86.
町田祥弘. 2003.「内部統制報告の国際的動向」『企業会計』55（4）: 67-74.
町田祥弘. 2004.『会計プロフェッションと内部統制』税務経理協会.
町田祥弘. 2005a.「財務報告に係る内部統制の監査」『企業会計』57（10）: 35-39.
町田祥弘. 2005b.「内部統制報告制度の見直し」『企業会計』57（7）: 84-85.
町田祥弘. 2005c.「内部統制評定にかかる監査人の判断の国際比較」『産業經理』65（3）: 69-81.
町田祥弘. 2005d.「内部統制評定における外部監査人の判断」『會計』167（2）: 233-247.
町田祥弘. 2006.「内部統制報告制度導入の意義と課題」『証券アナリストジャーナル』44（11）: 101-113.
町田祥弘. 2008.「内部統制構築の現状と課題」『旬刊経理情報』1179: 10-13.
町田祥弘. 2009.「内部統制報告実務における焦点と課題」『産業經理』69（1）: 65-77.
町田祥弘. 2011.「内部統制監査の課題と展望」千代田邦夫, 鳥羽至英編『会計監査と企業統治』中央経済社: 371-420.
町田祥弘. 2012a.「内部統制報告制度の現状」『企業会計』64（1）: 72-78.
町田祥弘. 2012b.「監査時間の国際比較に基づく監査の品質の分析」『會計』181（3）: 354-367.
町田祥弘. 2016.「企業集団における内部統制の研究（3）: 企業集団における内部統制の整備と運用：実態」『旬刊商事法務』2091: 30-37.

松井隆幸. 1999a.「内部統制概念と内部統制の構成要素（1）」『企業会計』51（12）: 110-112.
松井隆幸. 1999b.「内部統制概念と内部統制の構成要素（2）」『企業会計』51（13）: 126-127.
松井隆幸. 2003.「企業価値向上に向けた内部統制概念」『企業会計』55（4）: 60-66.
松井隆幸. 2007.「内部統制報告制度が内部監査に与える影響」『会計・監査ジャーナル』19（9）: 90-98.
松井隆幸. 2012.「取締役及び監査役の内部統制責任に関する判断における内部監査の役割」『会計プロフェッション』8: 213-225.
松井隆幸. 2013.「取締役及び監査役の内部統制責任に関する判断における内部監査の役割」『会計プロフェッション』8: 213-225.
松井隆幸. 2014.「第三のディフェンス・ラインとしての内部監査」『会計プロフェッション』9: 177-190.
松田千恵子. 2007.「内部統制の実務的課題と今後の展開」『青山マネジメントレビュー』11: 22-33.
松本祥尚. 2007a.「内部統制監査の財務諸表監査への統合化―投資リスクの観点から」『会計・監査ジャーナル』19（11）: 68-74.
松本祥尚. 2007b.「内部統制監査制度化の実効性」『現代社会と会計』1: 69-84.
松本祥尚. 2016.「企業集団における内部統制の研究（2）: 企業集団における内部統制概念の展開」『旬刊商事法務』2091: 21-29.
松本芳彦. 2008.「内部統制の構築について」『企業会計』60（4）: 86-87.
三木孝則・茹原愛. 2008.「内部統制報告制度への対応状況―アンケート調査報告」『季刊企業リスク』5（3）: 70-77.
水口雅夫. 1994.「「経営者支配」仮説とコーポレート・ガバナンス」『九州産業大学商經論叢』34（3）: 165-189.
水野行雄. 2009.『平成21年度3月決算会社適用初年度　内部統制報告書の事例と分析』新日本法規出版.
南成人. 2010.『内部統制評価にみる「重要な欠陥」の判断実務』中央経済社.
三輪加奈・菅澤貴之. 2010.「JGSS統計分析セミナー2009―傾向スコアを用いた因果分析―」『日本版総合的社会調査共同研究拠点研究論文集』10: 285-296.
三輪晋也. 2009.「日本企業における取締役会の規模と構成の決定要因」『年報財務管理研究』20: 1 -14.
三輪晋也. 2010.「日本企業の社外取締役と企業業績の関係に関する実証分析」『日本経営学会誌』25: 15-27.
宮川雅巳. 2004.『統計的因果推論』朝倉書店.
宮島英昭編. 2008.『企業統治分析のフロンティア』日本評論社.
宮島英昭. 2011.『日本の企業統治』東洋経済新報社.
麦島哲. 2011.「内部統制に関わる監査役の法的責任に関する考察」『社会科学論集』5: 57-70.
向山敦夫. 1999.「わが国のコーポレート・ガバナンス構造と会計制度:「安心」と「信頼」のメカニズム」『日本大学経済学部経済科学研究所紀要』28: 53-63.
毛利直広. 2003.「内部監査からみた内部統制」『企業会計』55（4）: 84-85.
持永勇一. 2005.「財務報告に係る内部統制評価と監査結果の報告」『企業会計』57（10）: 40-44.
持永勇一. 2008.「内部統制構築における企業の対応と監査人の対応」『旬刊経理情報』1179: 14-17.
森實. 1992.『リスク指向監査論』税務経理協会.

森實. 1997.「企業倫理の内部統制化について」『産業經理』57（1）: 2 -11.
森實. 1998.「内部統制の中核的要素について」『産業經理』58（2）: 12-21.
森田多恵子. 2016.「企業集団における内部統制の研究（5）: 裁判例にみる企業集団における内部統制」『旬刊商事法務』2092: 29-36.
森田弥生. 2008.「内部統制と財務報告不正」『企業会計』60（8）: 106-107.
矢澤憲一. 2004.「コーポレート・ガバナンスと裁量的会計発生高: 取締役会の構造を中心として」『一橋論叢』131（5）: 509-527.
矢澤憲一. 2010.「内部統制の実証分析―決定因子, 利益の質, 証券市場の評価」『インベスター・リレーションズ』4: 3-28.
矢澤憲一. 2012a.「内部統制監査のコストと効果―監査の質の解明に向けたニューアプローチ―」『証券アナリストジャーナル』50（5）: 39-48.
矢澤憲一. 2012b.「監査報酬評価モデルの研究Ⅱ―内部統制監査の導入に焦点を当てて（2007-2011）」『青山経営論集』47（1）: 79-97.
矢島幸恵. 2014.「国際規制にみる財務報告からリスク報告に係る内部統制への新展開」『旬刊商事法務』2022: 27-36.
弥永真生. 2016.「企業集団における内部統制の研究（1）: 会社法の下での企業集団における内部統制」『旬刊商事法務』2090: 4 -12.
柳川高行・船田眞里子. 2002.「日本の大企業のコーポレート・ガバナンス構造の特質: アンケート調査を素材に」『白鴎大学論集』16（2）: 161-207.
山岸俊男. 1998.『信頼の構造―こころと社会の進化ゲーム―』東京大学出版会.
山口聖. 2011.「イベント後のROA分析におけるコントロール・ファームの選択法」『経営財務研究』31（2）: 2 -19.
山口利昭. 2011.「内部統制報告制度の見直しと今後の実務対応」『旬刊商事法務』1934: 4 -18.
山口朋泰. 2011.「実体的裁量行動の要因に関する実証分析」『日本管理会計学会誌』19（1）: 57-76.
山浦久司. 2001.「実態監査機能強化の要求と内部統制報告書の導入」『企業会計』53（1）: 75-80.
山浦久司. 2003.「リスク・アプローチ監査と内部統制」『企業会計』55（4）: 53-59.
山浦久司. 2004.「内部統制概念の拡充と財務諸表監査機能の進化」『明治大学社会科学研究所紀要』42（2）: 205-217.
山浦久司. 2006.「「保証業務の概念的枠組み」の意義と論点」『会計論叢』1: 3 -15.
山田善隆. 2010.「証券市場と内部統制 内部統制監査実務初年度の状況と今後の課題」『企業と法創造』7（1）: 98-100.
山田昭広. 1991.「米国における「内部統制の統合的機構」草案の概要」『旬刊商事法務』1252: 19-23.
山本達司. 2009.「株式所有構造と利益マネジメント」『日本管理会計学会誌』17（2）: 3 -21.
結城秀彦. 2013.「新COSOフレームワークの概要と活用可能性」『経理情報』1356: 55-59.
吉武一. 2015.「日本内部監査協会「内部監査基準」の改訂についての解説と考察」『会計論叢』10: 71-90.
吉武一. 2016.「企業集団における内部統制の研究（7）: 企業集団における内部監査機能の実態と課題」『旬刊商事法務』2093: 44-54.
吉見宏. 2003.「米国における内部統制欠陥事例」『企業会計』55（4）: 96-99.
吉見宏. 2009.「内部統制基準制定の契機―西武鉄道等の事例との関連―」『經濟學研究』58（4）: 217-222.

吉村典久. 2010.「日本における内部統制報告制度の導入に関する一考察」『和歌山大学経済学会研究年報』14: 433-448.
李湘平. 2008.「コーポレート・ガバナンスの視点からみた監査役の位置づけ」『經濟學研究』57 (4): 205-220.

索　引

英　数

COSOレポート ………………………… 20
Enterprise Risk Management-Integrated
　Framework ………………………… 22
ERM ……………………………………… 10
Guidance on Monitoring Internal Control
　Systems …………………………… 22
ITへの対応 ……………………………… 49
JOBS法 ………………………………… 125

あ　行

アクルーアルズの質 …………………… 29
一般社団法人日本内部監査協会 ……… 258
売上高成長率 …………………………… 168

か　行

海外会社等の保有割合 ………………… 271
海外子会社 ……………………………… 165
海外投資家保有割合 …………………… 274
会計専門家 ……………………… 227, 247
開示すべき重要な不備 ………… 123, 153
会社代表者による有価証券報告書の記載内容
　の適正性に関する確認書 …………… 70
会社法 …………………………… 17, 71
株式所有構造 …………………………… 283
監査委員会 ……………………………… 147
監査人の交代 …………………………… 151
監査人の責任 …………………………… 102
監査報酬 ………………………………… 116
監査法人の規模 ………………………… 173
監査法人の交代 ………………………… 175
監査役会の規模 ………………… 234, 245

監査役会の性質 ………………………… 282
監査役会の独立性 ……………………… 246
監査役と外部監査人とのコミュニケーション
　……………………………………… 237
監査役の性質 …………………………… 234
監査役の独立性 ………………………… 235
監査役の持株比率 ……………………… 245
監査役又は監査委員会 ………………… 148
簡素化 …………………………… 118, 122

企業規模 ………………………………… 161
企業における内部統制の大綱 ………… 53
企業の創意工夫を活かした監査人の対応の確保
　……………………………………… 118
期待ギャップ …………………………… 68
業種別分類 ……………………………… 155
業務監督 ………………………………… 206
業務の有効性及び効率性 ……………… 26
金額的な重要性の判断 ………………… 131
銀行他金融機関 ………………………… 274
金融機関の持株比率 …………………… 271
金融商品取引法 ………………… 17, 73

経営者交代 ……………………………… 191
経営者による評価 ……………………… 82
経営者の意向及び姿勢 ………………… 38
経営者の主張 …………………………… 89
経営者の出自 …………………… 192, 197
経営者の性質 …………………… 184, 282
経営者の年齢 …………………… 192, 196
経営者の評価手続 ……………………… 97
経営者不正 ……………………………… 187
経営方針及び経営戦略 ………………… 39
傾向スコアマッチング ………… 158, 160
継続企業の前提に関する情報 ………… 172

決算・財務報告プロセス ………………… 93	所有と経営の分離 ……………………………7
権限と職責 ……………………………… 41	人的資源に対する方針と管理 ………… 41
公益通報 ………………………………… 65	設立年数 ……………………………… 163
コーポレート・ガバナンス ………………6	全社的な内部統制 ……………………… 92
子会社の数 …………………………… 164	全社的な内部統制の不備 ……………… 132
個人投資家 …………………………… 275	全社的リスクマネジメント（ERM）…… 10
個人投資家の保有割合 ……………… 271	全般的内部統制 ………………………… 96
コストの問題 …………………………… 78	組織が有する誠実性及び倫理観 ……… 37
	組織構造及び慣行 ……………………… 40

さ　行

た　行

財務的特徴 …………………………… 145	代表取締役の親族 …………………212, 246
財務報告に係る内部統制の評価及び監査の基準並びに財務報告に係る内部統制の評価及び監査に関する実施基準の設定について（意見書） ………………………………… 76	ダイレクト・レポーティング ………… 110
財務報告の信頼性 ……………………… 26	訂正内部統制報告書 ………………137, 280
事業活動に関わる法令等の遵守 ……… 33	統制活動 ………………………………… 45
資産の保全 …………………………20, 34	統制環境 ………………………………… 37
市場別分類 …………………………… 156	同族経営 ……………………………… 189
質的な重要性の判断 ………………… 132	独立的評価 ……………………………… 49
資本コスト …………………………… 106	ドッドフランク-ウォールストリート改革及び消費者保護法 ……………………… 125
社外監査役 …………………………… 237	トップダウン型のリスク・アプローチ … 109
社外監査役の役割 …………………… 240	取締役会及び監査役又は監査委員会の有する機能 …………………………………… 40
社外性 ………………………………… 224	
社外取締役 …………………………… 220	取締役会の規模 ……………………… 212
社外取締役の性質 …………………220, 282	取締役会の性質 ……………………… 202
社外取締役の役割 …………………… 223	取締役会の持株比率 ………………… 212
収益性 ………………………………… 170	取締役の性質 ………………………… 282
従業員の平均年齢 …………………… 163	トレッドウェイ委員会 ………………… 69
重要な欠陥 …………………………121, 153	
上位10株主 …………………………… 274	

な　行

上位10株主の持株比率 ……………… 270	内部監査 ……………………………… 256
情報と伝達 ……………………………… 46	内部監査組織 ………………………19, 260
ジョブ・ローテーション …………… 257	

索 引

内部監査人	257
内部監査人協会	258
内部監査の規模	265, 283
内部監査の充実	284
内部牽制組織	19
内部告発	63
内部通報制度	64

内部統制監査と財務諸表監査の一体的実施
……………………………………… 112

内部統制監査の意義	88
内部統制監査のコスト	113
内部統制監査報告書	101
内部統制基準	17
内部統制の概念	55
内部統制の基本的要素	35
内部統制の限界	60
内部統制の構成要素	35
内部統制の効率的な運用手法	120
内部統制の是正	151
内部統制の不備	130
内部統制の不備の区分	110
内部統制の本質	18
内部統制の目的	25
内部統制の問題	4
内部統制の有効性	135, 243
内部統制報告制度	76, 128
内部統制報告の意義	81
日常的モニタリング	48

日本版コーポレートガバナンス・コード
……………………………… 8, 204, 236

年度別分類	153

は 行

批判的な論調	77
負債コスト	107
不正事案	286
不正の「機会」	138
米国企業改革法	69
法的責任	152
法律専門家	227, 247
保証水準	91

ま 行

ミナハン委員会	69
ミナハン委員会報告書	42
持株比率	193, 197, 270
モニタリング	47
モニタリング活動	268
モニタリング機能	202

ら 行

リスク・アプローチ	98
リスク・アプローチの概念	56
リスク管理・内部統制に関する研究会	79
リスク事象	123
リスクの回避	45
リスクの対応	45
リスクの評価と対応	43
ルールベース	117
連邦海外腐敗行為防止法	68

【著者紹介】

藤原　英賢（ふじわら　ひでたか）
追手門学院大学経営学部准教授。博士（経営学）（東北大学）。
2008年3月東北大学大学院経済学研究科博士課程後期修了。
2009年4月より愛知淑徳大学大学院ビジネス研究科助教。
2011年4月より追手門学院大学経営学部専任講師，2014年4月より現在に至る。

〈主要業績〉
An Empirical Research on the Audit of Financially Distressed Companies in Japan : On the Evaluation of Management Plans（Best Award In recognition of the Best Doctoral Student Paper受賞：19th Asian-Pacific Conference on International Accounting Issues）
「内部統制の問題を開示した企業の性質と問題の深刻度に関する研究」（一般社団法人日本内部監査協会第28回青木賞受賞）。

平成29年4月15日　　初版発行　　　　　　　略称：内部統制有効性

内部統制の有効性とコーポレート・ガバナンス

著　者　Ⓒ　藤　原　英　賢
発行者　　　中　島　治　久

発行所　**同文舘出版株式会社**

東京都千代田区神田神保町1-41　　　　〒101-0051
電話　営業(03)3294-1801　　　　　編集(03)3294-1803
振替　00100-8-42935　　　　　　　http://www.dobunkan.co.jp

Printed in Japan 2017　　　　　　　　製版：一企画
　　　　　　　　　　　　　　　　　　印刷・製本：萩原印刷

ISBN978-4-495-20551-5

JCOPY 〈出版者著作権管理機構 委託出版物〉
本書の無断複製は著作権法上での例外を除き禁じられています。複製される場合は，そのつど事前に，出版者著作権管理機構（電話 03-3513-6969, FAX 03-3513-6979, e-mail: info@jcopy.or.jp）の許諾を得てください。